DATZ - Aquarienbücher

Werner Baumeister

Meeresaquaristik

Werner Baumeister

Meeresaquaristik

2., völlig neubearbeitete Auflage

101 Farbfotos
 25 Schwarzweißfotos
 88 Zeichnungen
 12 Tabellen

VERLAG
EUGEN
ULMER

Umschlagfoto: Der Eichhörnchenfisch *Holocentrus rufus* bleibt zwar relativ klein, benötigt aber dennoch geräumige Aquarien. Er ist dämmerungsaktiv und braucht daher Unterstände oder Höhlungen.

Foto Seite 2: Kaiserfische, wie hier der relativ kleinbleibende *Holacanthus tricolor*, sind geradezu Modefische und inzwischen auch teilweise wieder erhältlich.

Die Deutsche Bibliothek – CIP-Einheitsaufnahme

Baumeister, Werner:
Meeresaquaristik / Werner Baumeister – 2., völlig neubearb. Aufl. – Stuttgart
(Hohenheim) : Ulmer, 1998
(DATZ-Aquarienbücher)
ISBN 3-8001-7390-5

© 1998 Verlag Eugen Ulmer GmbH & Co.
Wollgrasweg 41, 70599 Stuttgart (Hohenheim)
Printed in Germany
DTP & Produktion: Ursula Stammel
Lektorat: Michael Kokoscha
Druck und buchbinderische Verarbeitung: Friedrich Pustet, Regensburg

Vorwort

Seit jeher trachtet der Mensch danach, in seiner unmittelbaren Umgebung auch Tiere anzusiedeln. Bereits die alten Ägypter hielten sich Hunde und Katzen, und auch heute noch gehören diese Tiere zu den beliebtesten Haustieren. In weitaus größerer Zahl werden jedoch Fische in den Aquarien der Liebhaber gehalten, und die Zahl der Aquarianer steigt noch immer.

Sicherlich liegt dies in der zunehmenden Verarmung unserer Natur begründet, zerstören wir doch durch unsere egoistische Verhaltensweise Biotop um Biotop und Tierart um Tierart. Vielleicht liegt aber gerade in der Beschäftigung mit der Natur, und unsere Aquarien sind ein kleines Stück daraus, die Chance, daß sich die Menschen ihrer Umwelt stärker bewußt werden und sich mehr als bisher für ihre Erhaltung interessieren und engagieren.

Innerhalb der Aquaristik gilt die Meeresaquaristik als die „Hohe Schule". Noch vor zehn oder zwanzig Jahren war diese Aussage sicher auch richtig. Inzwischen sind aber die Voraussetzungen geschaffen worden, die es jedem ermöglichen, die Meeresaquaristik erfolgreich zu betreiben. In beiden Fachrichtungen der Aquaristik kann man natürlich die Schwierigkeiten bis an die Grenze des Machbaren ausdehnen. So ist es sicher wesentlich einfacher, ein lediglich mit Lampe, Heizer, Abschäumer und Schnellfilter ausgerüstetes Meerwasserbecken mit einigen Einsiedlerkrebsen, Garnelen und Schleimfischen zu betreiben als ein mit empfindlichen Pflanzen und Fischen besetztes Aquarium zu pflegen, das einen Ausschnitt aus einem Amazonasbiotop darstellen soll.

Gerade die Wasseraufbereitung, die in Laienkreisen als die eigentliche Schwierigkeit der Meeresaquaristik gilt, ist in dem aufgezeigten Beispiel für das Süßwasserbecken ungleich schwieriger, werden hier doch aufwendige Umkehrosmoseanlagen benötigt, um geeignete Wasserverhältnisse zu erreichen. Eine genaue Kenntnis der Wasserchemie ist dabei selbstverständliche Voraussetzung.

Nun soll hier nicht der Eindruck entstehen, die Meeresaquaristik sei besonders einfach und jedem Anfänger in der Aquaristik vorbehaltlos zu empfehlen. Im Gegenteil. Gerade auf diesem vielfältigen Gebiet gilt es für den Aquarianer, sein Wissen ständig zu erweitern und zu verbessern.

Ein dauerhafter Erfolg in der Meeresaquaristik setzt permanentes Engagement, gute Beobachtungsgabe und – last but not least – einen nicht zu schmalen Geldbeutel voraus. Alles in allem fast dieselben Voraussetzungen, wie sie auch für die Süßwasseraquaristik gelten.

Wirklich kompliziert wird die Meeresaquaristik aber dann, wenn der Aquarianer versucht, ein kleines Stück Korallen- oder Felsriff in seinem Heim zu verwirklichen, wenn er also wirbellose „Niedere" Tiere mit Fischen und Pflanzen vergesellschaften will. Dann darf man allerdings von der „Hohen Schule" der Aquaristik sprechen. Und wem es dazu noch gelingt, einzelne Meerestiere nachzuzüchten, der darf sich getrost als Experte auf diesem Gebiet bezeichnen.

Leider ist die Zucht von Meerestieren noch nicht so erfolgreich, daß es gelingt,

auf ständige Importe zu verzichten. Allein schon daraus ergibt sich die große Verantwortung, die wir Meeresaquarianer für die uns anvertrauten Lebewesen haben.

Ein Schmuckstück im Wohnzimmer kann ein Seewasseraquarium zwar sein; es muß dabei aber stets auch ein Objekt ständiger Beobachtung, Pflege und Wissenserweiterung bleiben. Wer also lediglich einen attraktiven und exklusiven Zimmerschmuck sucht, sollte die Finger von der Meeresaquaristik lassen. Als Prestigeobjekt taugen Meerestiere nicht. Sie würden eine derartige Behandlung auch kaum lange überleben.

Dieses Buch wäre nicht möglich gewesen ohne die Mithilfe und Beratung durch befreundete Aquarianer, den Zoofachhandel und die Geräteindustrie. Mein besonderer Dank gilt daher all denen, die durch intensive Gespräche und Diskussionen zum Gelingen dieses Buches beigetragen haben. Besonders danke ich Herrn Rolf Hebbinghaus (Löbbecke-Museum + Aquazoo, Düsseldorf), Herrn Kleinmann und Herrn Landes von der Firma Kölle-Zoo und ihren Mitarbeitern, Herrn N. Tunze (Tunze-Aquarientechnik), Herrn K. G. Preis † (Preis-Aquaristik), Herrn Sander und Mitarbeitern (Sander-Aquarientechnik), Dr. M. Türkay (Forschungsinstitut Senckenberg), Herrn W. Weidel (Marine Aquaristik) und allen beteiligten Mitarbeitern des Ulmer-Verlages für die kritische Durchsicht und die liebevolle Ausstattung des Buches.

Stuttgart, Frühjahr 1998
Werner Baumeister

Inhaltsverzeichnis

*Periclimenes impe-
rator* ist eine der
interessanten Sym-
biosegarnelen, die
auf Seeanemonen
leben.

Inhaltsverzeichnis

Das Meeresaquarium und seine Technik

Geeignete Aquarien

Die Urväter der Aquaristik hatten noch mit ständig undichten Aquarien, rostenden Metallrahmen und giftigem Kitt, meist gewöhnlichem Fensterkitt, zu kämpfen. Noch heute hat die Aquaristik den unausrottbaren Ruf, auf Schränken, Teppichböden und dem wertvollen Perser häßliche Wasserflecken oder gar Salzkrusten zu hinterlassen. Inzwischen gibt es diese Probleme kaum mehr. Die Becken sind über Jahrzehnte hinweg vollkommen dicht, und rostende Rahmen werden nicht mehr verwendet. Auch der schnell brüchig werdende Fensterkitt ist von modernen Materialien abgelöst worden.

Im Handel erhält man heute praktisch nur noch eine Art von Becken: das mit farblosem oder schwarzem Silikonkautschuk verklebte **Ganzglasaquarium**. Dieser Silikonkautschuk ist extrem alterungsbeständig (man geht heute von einer Haltbarkeit von mindestens 20 bis 30 Jahren aus) und verbindet sich mit dem Glas so innig, daß auf einen Rahmen zur zusätzlichen Stabilität verzichtet werden kann. Wer aus optischen Gründen trotzdem einen Zierrahmen wünscht, erhält Aquarien mit Kunststoffrahmen oder solchen aus eloxiertem und eingefärbtem Aluminium in allen gängigen Größen. Notwendig sind solche Rahmen keinesfalls, auch nicht bei größeren Aquarien.

Befürchtungen, daß geklebte Aquarien ohne Rahmen platzen könnten, sind bei korrekter Aufstellung des Beckens unbegründet. Da die Druckbelastung der Scheiben auf die Höhe der Wassersäule und nicht auf Länge oder Breite des Behälters zurückzuführen ist, sind heute selbst mehrere Meter lange Becken möglich. Lediglich die obere Öffnung wird mit mehr oder weniger breiten Glasstreifen quer verstrebt, um ein seitliches Ausbeulen der Scheiben zu verhindern.

Bei Becken unter 120 cm Länge kann man auf solche Verstärkungen meist verzichten, sollte jedoch auf schmale Glasstreifen entlang der Front- und Rückenscheibe bestehen, da diese die erwähnte Verformung der Scheiben bei Aquarien dieser Größenordnung wirkungsvoll verhindern und außerdem das Auflegen von Deckscheiben, falls gewünscht, ermöglichen.

Trotzdem sollte man beim Kauf auf ausreichende Glasstärke und -qualität achten. Für ein Becken mit den Maßen 120 cm × 40 cm × 50 cm (Länge × Tiefe × Höhe) sind 8–10 mm Glasstärke erforderlich. Es gibt für die einzelnen Beckengrößen genaue Glasstärkentabellen, die von allen führenden Herstellern eingehalten werden. Wer ein Markenfabrikat kauft, braucht sich um solche Dinge nicht selbst zu kümmern. Diese Becken sind in jeder Hinsicht einwandfrei. Ein verantwortungsbewußter Zoohändler bietet ohnehin nur solche Fabrikate an.

Ein großer Vorteil silikonverklebter Glasbecken ist, daß man die Klebekanten auch bei älteren Becken leicht überprüfen kann. Nach einigen Jahren können nämlich Algen unter die Klebestellen wachsen, vor allem wenn man den Silikonfalz mit Klingenreinigern verletzt. Dies kann mit der Zeit zu Undichtigkeiten führen. Man erkennt das Problem aber rechtzeitig und

10

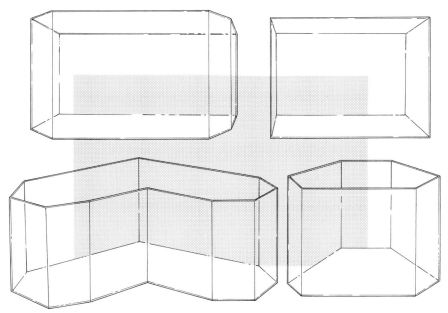

Verschiedene
Aquarienformen.

kann die Stellen wieder mit Silikonkleber abdichten. Allerdings läßt sich die Reparatur in der Praxis nicht ohne Leerung des Aquariums durchführen, und eine sichere Dichtigkeit ist so auch kaum mehr garantiert. Besser ist in einem solchen Fall die komplette Neuverklebung. Vor allem der schwarze Silikonkleber soll ein Durchwachsen von Algen sicher verhindern. Es kommt heute also nur noch äußerst selten zu Undichtigkeiten.

Der Selbstbau von geklebten Glasbecken lohnt kaum. Zum einen ist sauberes, spannungsfreies Verkleben nicht ganz einfach. Hundertprozentig sauberes Entfetten, ein völlig ebener Untergrund und viel Übung sind vor allem dazu nötig. Außerdem kommt man beim Selbstbau kaum noch billiger weg, denn vor allem die Standardbeckengrößen werden immer wieder besonders günstig angeboten. Es lohnt sich also, solche preiswerten Angebote wahrzunehmen.

Bei der Wahl des Beckens bedenke man, daß Behälter, die höher als etwa 60 cm sind, eine bequeme Wartung nicht

mehr zulassen. Ohne sich auf einen Stuhl zu stellen, erreicht man dann mit der Hand den Beckengrund nicht mehr. Ansonsten kann der Behälter nicht groß genug sein. Becken unter 80 cm Länge eignen sich zwar auch für bestimmte Tiere, sind über längere Zeit aber schwerer gesund zu erhalten als größere.

Eine typische Standardgröße für ein Meerwasseraquarium wäre beispielsweise ein Becken mit einem Fassungsvermögen von etwa 250 Litern. Die Form spielt zunächst keine große Rolle. Vor allem größere Zoohandlungen bieten solche Standardgrößen zu besonders günstigen Preisen an. Jederzeit fertigen aber die Lieferanten Becken in Sondergrößen und -formen. So kann man das Aquarium optimal an die gegebenen Wohnverhältnisse anpassen. Besonders hübsch sind fünf- oder sechseckige Behälter, sogenannte Panoramabecken, die sich oft gut in die Einrichtung integrieren lassen und auch eine wirkungsvolle Einrichtungsgestaltung ermöglichen.

Aquarien eignen sich auch als Raumteiler. In diesem Fall muß man aber berück-

11

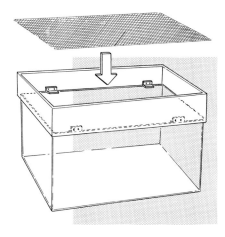

Abdeckrahmen für ein Aquarium. Ein eingelegter, mit Nylonnetz bespannter Rahmen verhindert, daß Fische aus dem Becken springen.

sichtigen, daß die gesamte Technik in der Mitte oder an einer Seite des Beckens untergebracht werden muß. Als ideal erweist sich hier wie in den meisten Fällen die Unterbringung der Filteranlage im Unterschrank, wobei bereits beim Kauf eventuell notwendige Bohrungen oder Aussparungen vorgesehen werden müssen. Es ist also entscheidend, schon beim Kauf die komplette Technik auszuwählen, um sie entsprechend berücksichtigen zu können.

Vor allem in Zoos und Schauaquarien werden auch Behälter aus Zement oder **Eternit** verwendet. Gegenüber den geklebten Glasbecken bestehen allerdings einige Nachteile. Zementbecken müssen erst gründlich gewässert werden, um das Baumaterial zu entgiften. Eternitbecken benötigen eine Kunststoffversiegelung, und die Bearbeitung ist gesundheitlich bedenklich (früher Asbest, heute andere Zuschlagstoffe). Außerdem erfordert der Bau solcher Becken einige Erfahrung. Dem Anfänger kann man hiervon nur abraten. Für Bauherren kann allerdings ein Zementbecken durchaus eine Alternative sein. Man sollte aber in jedem Fall Experten mit einschlägiger Erfahrung hinzuziehen und das Vorhaben auch mit dem Architekten durchsprechen. Im Zweifelsfall ist ein großes, in die Wand integriertes Glasbecken stets der sicherere Weg.

Die gelegentlich angebotenen **Plexiglasaquarien** verkratzt man beim Putzen leicht. Außerdem hat Plexiglas eine geringe Wärmeleitfähigkeit, was im Sommer zu einer noch stärkeren Erwärmung des Wassers führen kann als sie ohnehin oft stattfindet. Deckscheiben aus Plexiglas verbiegen sich unter der Wärmeeinwirkung der Lampen und hängen dann durch. Man kann Plexiglasbecken aber gut als Ersatz- oder Quarantänebecken einsetzen. Als Schaubecken sind sie nicht geeignet. Schon das Entfernen der unvermeidlichen Algenbeläge an den Scheiben verkratzt das weiche Material und macht es bald unansehnlich. Für den Hobbyaquarianer bleiben also letztlich nur die bewährten und preiswerten geklebten Ganzglasbecken übrig, nicht zuletzt auch wegen des günstigen Preises.

Soll man die Aquarien abdecken?

Immer wieder taucht die Frage auf, ob man Seewasseraquarien abdecken soll oder nicht. Ästhetisch betrachtet sind nicht abgedeckte Becken schöner, und die stärkere Wasserverdunstung schadet weder dem Aquarienwasser (außer bei nitratreichem Ausgangswasser) noch unserer oft zu trockenen Raumluft.

Viele Aquarienbewohner springen aber gern und fallen dabei aus dem Becken. Die beste Methode, das zu verhindern, ist das Anbringen eines Holz- oder Kunststoffrahmens. Man fertigt einen genau über die Beckenoberkante passenden Rahmen aus imprägniertem oder kunststoffversiegeltem Holz oder aus Kunststoffplatten an und versieht ihn innen mit einer schmalen Leiste oder einem Kunststoffwinkel als Auflage (siehe Abbildung oben). Der Rahmen muß mindestens 15 cm hoch sein. Er dient damit gleichzeitig auch als Blendschutz für den Beobachter.

12

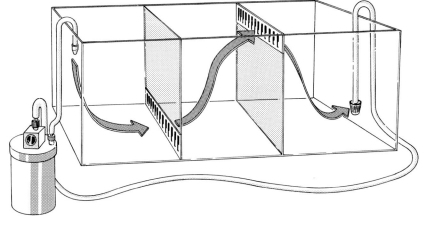

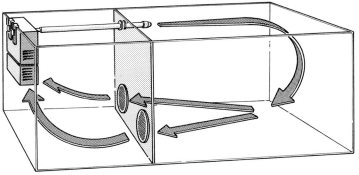

Verschiedene Möglichkeiten, Aquarien mit Glasscheiben zu unterteilen.

Selbstverständlich kann man auch herkömmliche Deckscheiben verwenden. Auf ihnen bilden sich jedoch laufend häßliche Salz- und Algenbeläge, die ständig entfernt werden müssen, da sie sonst zuviel Licht schlucken. Glas wirkt außerdem als Filter für bestimmte kurzwellige Strahlen (UV) und beeinflußt so auch das Lichtspektrum (siehe Kapitel Beleuchtung).

Plexiglas wirkt zwar zunächst nicht als Lichtfilter, verbiegt sich aber, wie bereits erwähnt, bei Erwärmung und hängt schon bald bis ins Wasser durch. Beim Reinigen verkratzen diese Deckscheiben leicht und werden dadurch schnell trübe und lichtundurchlässig. Die Frage, ob Abdeckung oder nicht, ist also auch von praktischen Erwägungen abhängig, letztendlich aber Geschmackssache.

Unterteilung und Kopplung von Aquarien

Zum Halten von Einzeltieren oder kleineren Lebensgemeinschaften, die sich gegenseitig gefährlich werden könnten, kann man größere Becken auch unterteilen. So ist es möglich, räuberische Krebse einzeln zu halten und ihre interessante Lebensweise zu beobachten, ohne auf andere, harmlose Tiere verzichten zu müssen.

Gleichzeitig hat man durch ein abgeteiltes Becken auch die Wassermenge eines großen Beckens zur Verfügung und dadurch stabilere Wasserverhältnisse als in kleinen Einzelbecken. Die teuren Filtergeräte braucht man dann nicht für jedes Becken zusätzlich anzuschaffen. Ein Ei-

13

weißabschäumer reicht auch für ein mehrfach unterteiltes Becken; lediglich Umwälzpumpen und Schnellfilter sind zusätzlich nötig. Die Abbildung auf Seite 13 zeigt verschiedene Möglichkeiten, wie man größere Aquarien mit Glasscheiben teilt und trotzdem eine einwandfreie Wasserzirkulation aufrechterhält.

Natürlich kann man auch mehrere Becken miteinander koppeln. Die einfachste Methode ist nach wie vor die Verbindung mit einem U-Rohr, das einfach über den Rand der zu verbindenden Becken gehängt wird. Ein Nippel und ein kleiner Schlauch mit einem Absperrhahn am höchsten Punkt des Rohres dienen zum Entlüften. Trotzdem bilden sich immer wieder gefährliche Luftblasen, die schließlich zur Unterbrechung des Wasserstromes führen können. Eines der Becken wird dann solange vollgepumpt, bis es überläuft. Diese Lösung ist also nicht ideal und sollte nur vorübergehend eingesetzt werden.

Besser geeignet sind seitliche Bohrungen mit Plastikrohren als Verbindung (siehe Abbildung rechts). Für das Rohr, an dem die Umwälzpumpe sitzt (oder der Schnellfilter), genügt die Wahl eines Durchmessers, der dem der Pumpendüse entspricht. Für das Rücklaufrohr sollte man aus Sicherheitsgründen mindestens den doppelten Durchmesser vorsehen. Die notwendigen Bohrungen muß man bereits vor dem Kauf dem Händler angeben. Er läßt sie dann sachgerecht durchführen. Das Rücklaufrohr muß beidseitig mit einem Schutzkäfig gesichert werden, um zu verhindern, daß durchkriechende Tiere hineingelangen oder eingesaugte Algenstücke den Rückfluß behindern.

Durch zusammengeschaltete Becken wird jedoch zweifellos die Krankheitsübertragung von Becken zu Becken erleichtert, und Wasserverschmutzungen wirken sich natürlich sofort auf alle Insassen des Systems aus. Vorteilhaft ist aber auf jeden Fall die absolut gleiche Wasserqualität, was das Umsetzen von Tieren, sei es zum Fotografieren oder zur Zucht, wesentlich erleichtert. Ansonsten müßten sie jedesmal wieder neu an das Wasser im anderen Aquarium angepaßt werden. Hinzu kommt, daß besonders kleine Lebewesen in großen Becken kaum sinnvoll gepflegt oder beobachtet werden können. Hier empfiehlt sich geradezu ein kleines, in den Kreislauf eines großen Beckens geschaltetes Aquarium.

Aufstellung eines Aquariums

Beim Aufstellen von Aquarien sind einige wichtige Punkte zubeachten: Becken müssen auf stabilen Unterschränken oder Rahmenkonstruktionen aufgestellt werden, die auf der Oberseite völlig plan sind. Solche Unterschränke können mit etwas Geschick entweder selbst gebaut oder fertig vom Aquarienhandel bezogen werden. Auf Wunsch werden sie „maßgeschneidert".

Unter das Becken legt man eine dünne Platte aus Styropor, Neopren oder ähnlichen Materielien (im Zoofachhandel erhältlich), die exakt auf die Größe der Bodenplatte zugeschnitten worden ist. Diese Unterlage hilft, kleine Unebenheiten auszugleichen, verhindert dadurch gefährliche Spannungen und isoliert zusätzlich nach unten.

Das Becken muß mit der Wasserwaage ausgerichtet werden. Becken, die leicht schräg stehen, können beim Füllen unter Umständen platzen. Sowohl die Längskante als auch die Querkante des Beckenoberrandes dienen als Anlage für die Wasserwaage. Durch Abhobeln oder Unterlegen des Unterschrankes mit Leisten erreicht man schließlich ein gerade stehendes Becken. Ungeeignet sind Schränke mit verstellbaren Schraubfüßen, die sich nur bei kleineren Becken einwandfrei verstellen lassen. Bei schweren Aquarien drücken sie sich außerdem zu stark in den Boden ein.

14

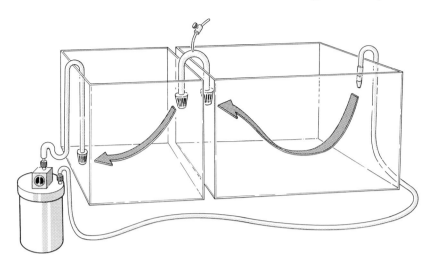

Verschiedene Mög-
lichkeiten, Aquarien
miteinander zu
verbinden.

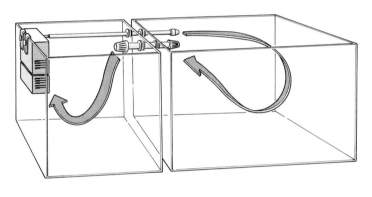

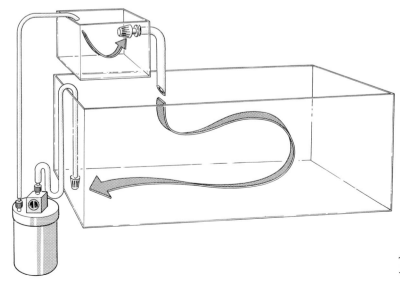

15

Füllen Sie das Becken nach erfolgter Aufstellung bis zur Hälfte mit Wasser und kontrollieren sie dann nochmals mit der Wasserwaage. Durch das Gewicht drücken sich nämlich die Füße des Unterschrankes gelegentlich ungleichmäßig in den Boden. Ist das Becken erst eingerichtet und mit Wasser gefüllt, kann nichts mehr verändert werden.

Ein Becken von 120 cm Länge wiegt mit Einrichtung und Wasser mindestens 200 kg. Bei alten Fachwerkhäusern muß daher die Balkenlage beachtet werden, die man aus den Plänen des Hauses ersehen kann. Aber auch Neubauten vertragen nicht jede Belastung. Auf jeden Fall stellt man größere Becken nie einfach in die Mitte des Raumes, sondern dicht an eine tragende Wand oder noch besser in eine Ecke. Dort stehen sie auf jeden Fall sicherer. In unsicheren Fällen und bei Beckenendgewichten ab etwa 400 kg ist es besser, einen Fachmann (Baustatiker, Architekt) hinzuzuziehen.

Für Süß- und Seewasseraquarien gibt es die verschiedensten, mehr oder weniger geschmacklosen Hintergrundbilder zu kaufen. Für unser Seewasserbecken reicht ein kräftig blauer Karton (oder direkt auf die Rückwand aufgetragene blaue, wasserlösliche Wandfarbe aus dem Baumarkt) als Rückwand. Die blaue Farbe vermittelt den Eindruck der Tiefe und entspricht durchaus den natürlichen Gegebenheiten. Man klebt den Karton an die hintere Glasscheibe und dichtet den Spalt oben an der Aquarienkante mit Silikonkleber oder wasserfestem Klebeband ab. Dadurch verhindert man das Eindringen von Salz zwischen Karton und Scheibe.

Immer wieder wird der Bau von Rückwandpanoramen empfohlen. Dadurch soll dem Aquarium eine größere Tiefe und somit ein natürlicheres Aussehen verliehen werden. Leider veralgt aber die hintere Scheibe mit der Zeit so stark, daß man von der mühevoll gestalteten Landschaft kaum noch etwas sieht. Der gewollte Effekt verschwindet also bald hinter dem unvermeidlichen Algenüberzug.

Einrichtung und Dekoration

Bevor man mit der eigentlichen Einrichtung beginnt, müssen die technischen Geräte wie Heizung, Filter, Abschäumer und Beleuchtung installiert werden. Wie man hier vorgeht, ist in den jeweiligen Kapiteln nachzulesen. Hier soll nur die Einrichtung mit Bodengrund und Steinen erläutert werden. Auf jeden Fall ist dabei aber der Platzanspruch für die genannten Geräte zu berücksichtigen.

Abhängig von der späteren Zusammenstellung der Beckeninsassen wird man das Aquarium mit Steinen unterschiedlicher Größe in verschiedene Reviere gliedern. Ist man sich noch nicht sicher, welche Tierarten gehalten werden sollen, so ist es auf alle Fälle angebracht, möglichst vielgestaltige Felsaufbauten mit zahlreichen Löchern und Höhlen aufzubauen, die mit Kies- oder Sandflächen abwechseln. Auf diese Weise finden die verschiedensten Tiere einen ihnen zusagenden Platz.

Lediglich bei der Einrichtung von Spezialaquarien verzichtet man auf Vielgestaltigkeit (und ästhetischen Anspruch) zugunsten der Lebensansprüche der entsprechenden Tiere oder Pflanzen. Im systematischen und im biologischen Teil findet man genügend Angaben über die Lebensräume der einzelnen Aquarieninsassen. Diese Angaben und die dazugehörigen Fotos sollen helfen, ein den natürlichen Gegebenheiten entsprechendes Biotop möglichst genau nachzugestalten und damit unseren Aquarientieren vernünftige Lebensbedingungen zu bieten.

Unter größere Steinaufbauten sollte man, um Scheibenbruch zu vermeiden, ein Stück Plexiglas legen. Am besten bedeckt

So werden Steine übereinander geschichtet, um möglichst viele Höhlen als Verstecke zu erhalten.

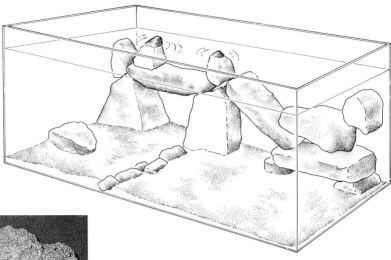

Geeignete Gesteinsmaterialien. Links: jugoslawisches Lochgestein; Mitte: Kalkstein aus dem Mittelmeerraum; rechts: Kalktuff.

In großen Aquarien lassen sich imposante Rifflandschaften aufbauen.

17

man damit gleich die gesamte Bodenscheibe. Dann kann auch bei späteren Veränderungen der Einrichtung nichts mehr schiefgehen. Unter besonders schwere Aufbauten kann noch eine dünne Styropor- oder Styrodurplatte gelegt werden, die zusätzliche Sicherheit bietet, da trotz größter Vorsicht unter Umständen kleine Steinchen unter die Plexiglasplatte gelangen, die dann bei Belastung die Bodenscheibe beschädigen könnten.

Um naturgetreu wirkende Biotope, wie Korallen- oder Felsriffe, nachbilden zu können, braucht man poröses, löcheriges Gestein. Hierfür eignen sich vor allem Kalktuff, aber auch Dolomit oder Urgestein ohne Einschlüsse giftiger Mineralien oder Metalle. Grundsätzlich sollte man Kalkstein bevorzugen, da er als pH-Wert-Puffer wirksam wird. Diese Pufferwirkung ist allerdings umstritten.

Sicher ist, daß Kalkstein sich schon deshalb als Dekorationsmaterial eignet, weil er meist ansprechend geformt ist und so weich ist, daß man ihn gut bearbeiten kann. Mit Hammer und Meißel kann man größere Stücke entsprechend anpassen, und mit der Bohrmaschine kann man Löcher bohren, etwa zum Verankern von Röhrenwürmern. Kalkstein entspricht außerdem am ehesten den natürlichen Gegebenheiten im Riff, da die Steinkorallen, die das Riff aufbauen, selbst Skelette aus Kalk besitzen.

Dekorationsgestein kann man leicht mit Salzsäure auf seine Beschaffenheit testen. Man schüttet dazu einige Tropfen Salzsäure (HCl) auf das zu untersuchende Gesteinsmaterial. Bei Kalkstein sprudelt es sofort, bei allen anderen Gesteinen geschieht nichts. Wer keine Salzsäure im Haus haben möchte, kann für den gleichen Versuch auch Essigessenz benutzen.

Beim Gestalten der Aufbauten muß darauf geachtet werden, daß die Steine sicher stehen und nicht umfallen können. Manche Fische oder Krebse graben gerne und bringen so ganze Steinaufbauten zum Einstürzen. Die Folgen kann man sich leicht ausmalen. Man beginnt daher sinnvollerweise mit den großen Steinen und schichtet sie so aufeinander, daß möglichst viele Löcher und Höhlen entstehen. Diese dienen dann später unseren Tieren als Unterschlupf.

Manche Aquarianer versuchen, beim Aufbau Hohlräume hinter Steinaufbauten zu vermeiden oder mit Kies aufzufüllen. Dies geschieht aus Angst, bestimmte Tiere könnten sich dahinter verstecken, so daß man sie nie zu Gesicht bekäme. Dieses Unterfangen ist aber sinnlos. Viele Tiere brauchen Verstecke, und mit Geduld und Einfühlungsvermögen kann man auch sehr scheue Arten beobachten. Die meisten Tiere gewöhnen sich bald an ihren Lebensraum und verlieren dann ihre anfängliche Scheu. Spätestens bei der Fütterung bekommen wir sie wieder zu Gesicht.

Lediglich bei speziellen Fotoaquarien muß man hier Abstriche machen. In diesen oft spartanisch eingerichteten Becken sollten aber die „Fotomodelle" nur kurz verbleiben. Als Daueraufenthalt sind sie nicht geeignet.

Zur Erstellung aufwendigerer Aufbauten oder zum gezielten Verbergen von technischen Geräten kann man auch einzelne Steine miteinander oder mit den Scheiben des Aquariums verkleben. Man verwendet dazu denselben Silikonkautschuk, der auch für den Aquarienbau verwendet wird. Auf porösem Kalktuff hält er allerdings schlecht. Glattes, festes Urgestein oder Dolomit lassen sich jedoch gut verkleben.

Eine praktische Methode ist das Verdübeln der Steine mit Plastikrohren. Dazu werden in die Steine Löcher gebohrt und in diese Plastikrohre gesteckt; eventuell verklebt man das Ganze zusätzlich mit Silikonkautschuk. Auf diese Weise kann man sich ganze Gruppen kleinerer Steine zusammenbauen und so leichter hohe Aufbauten gestalten (siehe Abbildung Seite 17). Vor allem die porösen Kalktuffsteine

18

lassen sich so sicher miteinander verbinden und notfalls auch wieder voneinander trennen. Mehr Möglichkeiten für Veränderungen und Umgestaltungen erhält man aber durch geschichtete Aufbauten, vor allem wenn einzelne Steine im Laufe der Zeit durch Lebende Steine oder durch Kolonien von Wirbellosen ersetzt werden sollen.

Gelegentlich werden für das Verkleben von Aufbauten oder für die Herstellung ganzer Rückwände verschiedene Kunststoffschäume oder Epoxydharze empfohlen. Vor ihnen kann nur gewarnt werden. Bei keinem dieser Werkstoffe läßt sich eine Gefährdung der Aquarientiere durch sich herauslösende Giftstoffe ausschließen. Vorsicht gilt auch bei der Verwendung von Plastikeimern und anderen Kunststoffartikeln. Sie müssen stets lebensmittelecht sein! Hier hilft nur die genaue Information vor dem Kauf.

Tote Korallenstöcke gehören nicht in das Becken

Weit verbreitet ist die Unsitte, tote Korallenstöcke mit in die Einrichtung einzubeziehen. Diese Korallen werden in ihren Herkunftsländern aus den lebenden Riffen herausgeschlagen, wo sie Jahre und Jahrzehnte für ihr Wachstum benötigt haben. Würden die Sammler nur von Stürmen ans Ufer geworfene Korallenbruchstücke oder Teile aus der Schuttzone (siehe Abbildung auf Seite 107) sammeln, so wäre die Angelegenheit halb so schlimm. Der Händler verlangt aber einwandfreie, unverletzte Stöcke, und so macht sich der Aquarianer oder Korallensammler mitschuldig an der Zerstörung der Riffe.

Spätestens nach wenigen Monaten sind die künstlich weiß gebleichten Korallen ohnehin total mit Algen überwachsen und müssen mit scharfen Laugen wieder gereinigt werden. Aus diesem Grund empfehlen manche Autoren gar, zwei komplette Sätze Korallen anzuschaffen und die jeweils veralgten im Wechsel mit den gereinigten, noch „wunderschön weißen" auszutauschen.

Man kann diese Methode schon als den Gipfel der Ignoranz bezeichnen. Jeder Taucher kennt die „wunderschön weiße" Farbe von Korallenstöcken als die Farbe des Todes, denn nur abgestorbene oder vom Dornenkronenseestern (*Acanthaster plancii*) kahlgefressene Korallen sehen tatsächlich weiß aus. Doch auch in der Natur sind diese toten Korallen bald grün vor Algen und passen so viel besser ins Bild des lebenden Korallenriffs.

In unseren Aquarien wollen wir ein Stückchen Natur nachbilden. Mit toten Korallenstöcken gelingt uns das nie. Lediglich für bestimmte Krebsarten (*Trapezia*, *Alpheus*), die in Korallenstöcken leben, oder für einige spezialisierte Fische ist die Anschaffung einiger kleinerer Stücke zu verantworten. Ansonsten haben tote Steinkorallen in Liebhaberbecken nichts verloren.

Letztendlich ist die Einrichtung eines Aquariums Geschmackssache. Eine einigermaßen naturgetreue Gestaltung sollte aber im Vordergrund stehen. Der Fantasie und dem Geschick des einzelnen sind hier kaum Grenzen gesetzt, solange auf die Bedürfnisse der später gehaltenen Arten Rücksicht genommen wird. Die verschiedenen Biotopaufnahmen ab Seite 98 sollen hierzu als Anregung dienen.

Materialien für den Bodengrund

Eine besondere Rolle kommt in der Seewasseraquaristik dem Bodengrund zu. Er dient nicht nur als Lebensraum für verschiedene Wirbellose und Fische, sondern hat auch eine biologische, für die Wasserqualität entscheidende Funktion. In ihm finden wichtige Umsetzungs- und Abbauprozesse statt, die die Wasserqualität stabil halten. Voraussetzung dafür ist ein reiches Bodenleben.

19

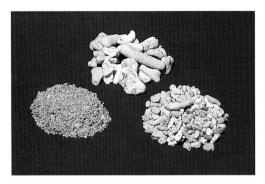 

Links oben:
Verschiedene Bodengrundmaterialien.
Links: Foraminiferensand,
Mitte: grober Korallenbruch,
rechts: feiner Korallenbruch.

Rechts oben:
Grundeln und Pistolenkrebse (*Cryptocentrus cinctus* und *Alpheus* sp.) machen sich durch ihre Lebensweise auch nützlich: Sie lockern den Bodengrund durch ihr ständiges Graben.

Nicht alle Substrate sind als Bodengrund gleichermaßen geeignet. Günstig ist die Verwendung von lockerem, nicht verklebendem Korallensand verschiedener Körnung. Hervorragend bewährt hat sich auch **Foraminiferensand**. Dieser Bodengrund ist ideal für die meisten Ansprüche, da er frei von scharfen Ecken und Kanten ist und grabende Tiere sich nicht verletzen können. Selbst Lippfische kommen mit diesem Bodengrund gut zurecht und graben sich darin ein. Außerdem läßt er sich leicht reinigen. Da beide Materialien ausschließlich aus Kalk bestehen, fungieren sie gleichzeitig als pH-Wert-Puffer.

Der wesentlich billigere **Quarzsand**, der für manche Lippfische ebenfalls geeignet wäre, ist nur bedingt zu gebrauchen, denn er neigt zum Verkleben und bewirkt keine pH-Wert-Pufferung.

Oft ist es sinnvoll, verschiedene Bodengrundmaterialien und -körnungen zu verwenden. Die einzelnen Zonen werden dann aber durch größere Brocken oder Steine voneinander abgegrenzt, so daß sich die unterschiedlichen Substrate nicht zu sehr vermischen. Bei der Wahl der Körnung muß man die Sonderansprüche mancher Pfleglinge berücksichtigen. Der Brunnenbauer (*Opisthognathus aurifrons*) oder viele Knallkrebse (Alpheidae) benötigen zum Beispiel groben **Korallenschutt**, um ihre Wohnhöhlen zu bauen.

Prinzipiell ist aber feinerer Korallensand besser als Bodengrund geeignet. Bei zu grober Körnung setzt sich sonst nämlich Schmutz in den Zwischenräumen ab und sinkt bis auf die Bodenscheibe des Aquariums. Hier läßt er sich dann nur schwer wieder entfernen. Auch Nahrungsreste verschwinden auf diese Art und fangen dann an zu faulen.

Meistens wird der Bodengrund von hinten nach vorne abfallend eingefüllt, wobei am Beckenvorderrand noch eine mindestens 2–3 cm dicke Schicht vorhanden sein sollte. In der Praxis ebnen aber viele Tiere dieses Gefälle wieder ein, was aber nicht weiter schlimm ist. Für Zylinderrosen und andere sich eingrabende Tiere müssen noch dickere Schichten eingetragen werden. Dazu füllt man am besten hinter Steinen oder in Kunststoffgefäße die erforderliche Schichtdicke ein und „pflanzt" die Tiere dann direkt in das bevorzugte Substrat. Methoden hierfür findet man im systematischen Teil des Buches bei den Beschreibungen der betreffenden Tierarten.

Manche Aquarianer verzichten vollständig auf Bodengrund. Das ist zwar durchaus möglich, der Sinn ist aber schwer einzusehen. Wie schon erwähnt, wird der Bodengrund schon nach kurzer Zeit von Organismen besiedelt, die Giftstoffe im Wasser abbauen können. Man weiß inzwischen, daß hier der Nitratabbau in großem Umfang stattfindet. Außerdem benötigen, wie schon erwähnt, viele Wirbellose und Fische den Bodengrund als Lebensraum, Versteck oder Nachtquartier. Die *Caulerpa*-Algen

20

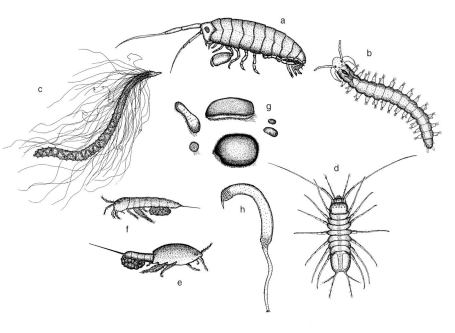

Kleinlebewesen im Seewasseraquarium:
a) Flohkrebs *Gammarus* sp. (Amphipoda),
b) Borstenwurm *Dorvillea* sp. (Polychaeta),
c) Borstenwurm *Chaetozone setosa* (Polychaeta),
d) Meerassel *Ligia* sp. (Isopoda),
e) Ruderfüßer *Tisbe furcata* (Copepoda),
f) Ruderfüßer *Laophonte cornuta* (Copepoda),
g) verschiedene Einzeller (Ciliata),
h) Spritzwurm (Sipunculidae).

verankern gern ihre Rhizoide darin, um sich festzuhalten und um die hier reichlich vorhandenen Nährstoffe aufzunehmen, die sie im Wasser nicht in dieser Konzentration finden können.

Unzählige Kleinlebewesen – vor allem kleine Borstenwürmer, Asseln und Flohkrebse – leben in den Zwischenräumen des Bodengrundes. Diese Interstitialfauna dient vielen Wirbellosen und Fischen (beispielsweise Mandarinfischen) als zusätzliche Nahrungsquelle (Abbildung oben). Manche heiklen Pfleglinge können nur so über die Runden gebracht werden. Richtig zusammengesetzter Bodengrund ist also eine Voraussetzung für reichhaltiges Leben in unseren Aquarien.

Die verschiedenen im Handel erhältlichen Bodengrundarten sind schon vorgewaschen und brauchen nur noch kurz durchgespült zu werden. Quarzsand und -kies müssen jedoch sorgfältig gewaschen werden. Dazu füllt man einen Plastikeimer zu einem Viertel mit dem Bodengrund und spült ihn mit scharfem Wasserstrahl durch. Das Schmutzwasser wird mehrfach abge-gossen. Erst wenn das Wasser im Eimer nach kräftigem Umrühren mit der Hand klar bleibt, kann der Sand in das Aquarium eingebracht werden.

Licht und Beleuchtung

Das Sonnenlicht ist der Motor allen tierischen und pflanzlichen Lebens auf der Erde. Der gesamte Nahrungskreislauf in den Meeren würde ohne die Sonne stillstehen. Nur durch die – nach menschlichem Ermessen – unerschöpfliche Energie unserer Sonne ist die Photosynthese möglich, die für den Stoffwechsel des Phytoplanktons und aller anderen Pflanzen unerläßlich ist. Das Phytoplankton aber ist die Grundlage der Nahrungsketten des Meeres. Es bildet die Grundlage der Ernährung des Zooplanktons, das sich aus allen möglichen Tierlarven und tierischen Kleinlebewesen zusammensetzt. Diese dienen wiederum größeren Tieren als Nahrung (siehe auch „Ernährung und Fütterung").

21

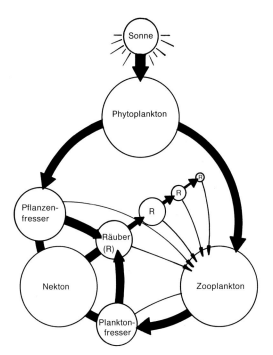

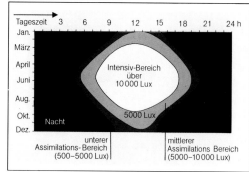

Oben: Jahreszeitlicher Verlauf der Horizontalbeleuchtungsstärke des Tageslichts in unseren Breiten. Zieht man am betreffenden Monat eine Linie, so kommt man auf die aktuelle Beleuchtungsstärke.

Links: Nahrungsnetz/-kette. Die dicken Pfeile stellen den Nahrungsfluß dar, die dünnen Pfeile zeigen den Weg der Larven.

Auch unsere Aquarien sind auf Licht angewiesen, und gerade Meerwasseraquarien benötigen oft besonders viel Licht hoher Qualität. Entscheidend sind sowohl die Lichtmenge als auch die spektrale Lichtzusammensetzung. Über die Problematik der Beleuchtung wurde in der letzten Zeit viel diskutiert. Leider machen sich viele Aquarianer von den Lichtansprüchen ihrer Tiere und Pflanzen völlig falsche Vorstellungen. Die mehr oder weniger sach- und fachkundigen Autoren verschiedener Publikationen tragen ihr übriges zur Verwirrung bei. Daher soll hier etwas näher auf die Problematik und auf praktikable Lösungen eingegangen werden.

Über eines müssen wir uns von vornherein im klaren sein. Die Intensität natürlichen Sonnenlichts können und wollen wir nicht nachahmen. An einem sonnigen Sommertag in den Tropen treten mittags auf waagerechten Flächen, also auch auf der Wasseroberfläche, Beleuchtungsstärken von bis zu 100 000 Lux auf, und selbst an einem trüben Wintertag (Regenzeit) werden hier noch 800 Lux erreicht. Mit den besten Aquarienleuchten erreichen wir gerade 10 000 bis 50 000 lx an der Wasseroberfläche des Aquariums und müssen mit etwa 1 500 lx am Bodengrund zufrieden sein (je nach Beckentiefe).

Interessante Messungen lassen sich mit einem **Luxmeter** in einem wasserdichten Gehäuse machen. Das Gerät wird im Aquarium auf den Bodengrund gelegt. Die gemessenen Werte sind wesentlich exakter als Schätzungen oder Messungen mit einem Foto-Belichtungsmesser.

Für die Tropen kann man, abgesehen von den kurzen Regenzeiten, ganzjährig von der Situation im Juni/Juli ausgehen. In Wirklichkeit kann man sogar eine noch intensivere Sonneneinstrahlung voraussetzen, da durch die Äquatornähe und den dort fast senkrechten Sonnenstand die

22

Wonach beurteilt man die Stärke der Aquarienbeleuchtung?

Bei Diskussionen über die Beleuchtung von Aquarien werden immer wieder Begriffe verwendet, die nicht jedem geläufig sind und häufig falsch eingeordnet werden. Daher sollen hier die wichtigsten Meßgrößen und Bezeichnungen, die für uns Aquarianer wichtig sind, erläutert werden.

Die Einheiten Lumen und Lux sind lichttechnische Größen, die sich auf den subjektiven Eindruck beziehen, die ein durchschnittlicher Mensch in bezug auf die Lichtintensität erhält. Für Pflanzen oder die photosynthetisch aktiven Zooxanthellen sind jedoch nicht zwangsläufig die gleichen Lichtfarben wichtig, die Menschen besonders gut wahrnehmen können. Von daher sind die Angaben in Lux oder Lumen beim Vergleich von Leuchtmitteln für uns bestenfalls Anhaltswerte.

Mit der Einheit **Lumen** (lm) wird der Lichtstrom bezeichnet. Mit der Lumenangabe kann man ganz gut verschiedene Leuchtmittel miteinander vergleichen. Wenn man die Lumenangabe einer Leuchtstoffröhre auf den Stromverbrauch bezieht, wird man feststellen, daß Leuchtstoffröhren am meisten Licht pro Watt abgeben. Dies ändert natürlich nichts daran, daß man nur mit HQL- oder HQI-Lampen sehr hohe Beleuchtungsstärken erreichen kann, die allerdings durch einen hohen Stromverbrauch erkauft werden müssen. Für die einer HQI-Lampe entsprechende Beleuchtungsstärke würde man wohl sechs bis zehn Leuchtstoffröhren benötigen, die aber kaum über einem Aquarium Platz finden könnten.

Maßeinheit für die Beleuchtungsstärke ist das **Lux**, das den Lichtstrom bezogen auf eine Fläche angibt (lx = lm/m²). Diese Einheit ist wie das Lumen auf das menschliche Auge bezogen und daher nur für unser Lichtempfinden geeignet. Allerdings sind die meisten handelsüblichen Geräte auf die Lux-Messung geeicht. Um hier genau arbeiten zu können, gibt es sogar Unterwasser-Luxmeter, die man beispielsweise auf den Aquariengrund legt, um die Beleuchtungsstärke dort zu messen (Abbildung oben). Damit kann man feststellen, wieviel von der an der Wasseroberfläche wirksamen Beleuchtungsstärke noch in einer bestimmten Tiefe vorhanden ist (Abbildung Seite 24).

Um aber die tatsächlich für Pflanzen und Tiere interessanten Beleuchtungsverhältnisse bestimmen zu können, muß man weitere Begriffe einführen. Man spricht von der **photosynthetisch wirksamen Strahlung**, gemessen in mW/m² (Milliwatt pro m²). Dieser Wert muß aber auf eine Bezugsgröße angewendet werden, in unserem Fall auf 1000 Lux. Nun wird es immer schwieriger. Um die für ein Aquarium notwendige Beleuchtung ausrechnen zu wollen, müssen noch **Bestrahlungsstärke**, **Bestrahlungsabstand** und ein **Korrekturfaktor** berücksichtigt werden. Das Ergebnis daraus ist ein Wert, mit dem man genau die erforderlichen Leuchtkörper bestimmen kann.

Natürlich geht es auch einfacher und ohne komplizierte Berechnungen, wenn man sich an Erfahrungswerte hält. Im Kapitel Beleuchtung gibt es dazu genügend Tips. Weitere Begriffe können aber interessant werden. Der Begriff **Watt** sagt uns, wie hoch unsere Stromrechnung am Schluß ausfällt. Es kann daher durchaus wirtschaftlicher sein, eine teure 250-Watt-Lampe anstelle von zwei 150-Watt-Strahlern anzuschaffen, da die letzteren zusammen 300 Watt Strom verbrauchen und dadurch auf Dauer teurer sind.

Wichtig für die Bestimmung der Lichtfarbe ist die **Farbtemperatur**, angegeben in K (Grad Kelvin). Tageslicht hat (mittags bei Sonnenhöchststand) eine Farbtemperatur von 5000 K. Wer also eine möglichst tageslichtähnliche Beleuchtung sucht, muß nach einer Leuchte mit mindestens dieser Farbtemperatur suchen. Üblicherweise verwenden die Lampenhersteller aber eigene Codes für das Farbspektrum ihrer Leuchten. Osram etwa gibt für Leuchtstoffröhren eine bestimmte Zahl (beispielsweise 77 = Fluora) an. Bei HQL-Lampen wird die Bezeichnung DeLuxe angehängt und HQI-Strahler gibt es in den Ausführungen D (= Daylight) und NDL (Neutralweiß DeLuxe).

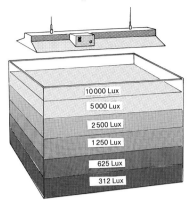

10 000 Lux

5 000 Lux

2 500 Lux

1 250 Lux

625 Lux

312 Lux

Abnahme der Lichtstärke im Aquarium mit zunehmender Wassertiefe (Anhaltswerte).

lichtschwachen Tageszeiten bei Sonnenaufgang und -untergang recht kurz sind.

Andererseits ist ein Tag in Äquatornähe das ganze Jahr über nur etwa zwölf Stunden lang, während er in Mitteleuropa im Hochsommer etwa 16 Stunden dauert. In den Tropen muß man also von täglich acht bis zehn Stunden intensivster Sonneneinstrahlung ausgehen, nur unterbrochen von Schlechtwetterperioden, die allerdings in Gegenden mit ausgeprägten Regenzeiten durchaus für längere „Dunkelperioden" sorgen können. Am Roten Meer etwa scheint die Sonne im angesprochenen Rahmen fast pausenlos. In den Monsungebieten Afrikas oder Asiens kann es zu tagelangen Regenfällen mit ständig bedecktem Himmel kommen. Es gibt also durchaus Unterschiede, die wir aber nur bedingt berücksichtigen können.

Nun spielt die Sonneneinstrahlung nur für die Lebewesen im Flachwasser eine größere Rolle, da bereits an der Wasseroberfläche, je nach Sonneneinstrahlwinkel, ein mehr oder weniger großer Teil des Lichtes reflektiert wird. Auf dem Weg durch das Wasser geht ein weiterer Teil verloren. Je trüber das Wasser, desto schneller wird es in den Meerestiefen „dunkel". In der Nordsee ist die Lichtmenge, die in das Wasser eindringt, in 10–20 m Tiefe kaum mehr meßbar, in den Tropen kann man jedoch noch in 30–40 m Wassertiefe ohne Blitzgerät

fotografieren, was beweist, daß hier noch relativ viel Licht vorhanden ist.

Auch in unseren Aquarien kommt nur ein Teil des an der Oberfläche zur Verfügung gestellten Lichtes am Bodengrund an. Wie aus der Abbildung links ersichtlich ist, ist die Lichtabnahme sogar erheblich. Man rechnet je 10 cm Wassertiefe mit 50 % Strahlungsverlust als Anhaltswert. Bei dieser Faustregel wird davon ausgegangen, daß sich der Beleuchtungskörper unmittelbar über der Wasseroberfläche befindet. In Wirklichkeit hängt man Aquarienleuchten aber, je nach Typ, 10–50 cm über der Wasseroberfläche auf, schon um eine gleichmäßige Ausleuchtung des Beckens zu erreichen und um die Lampenkörper vor Spritzwasser zu schützen. Die Beleuchtungsintensität reduziert sich dadurch nochmals.

Entscheidend für den tatsächlich notwendigen Lichtbedarf ist, welche Tiere und Pflanzen gehalten werden sollen und in welcher Zone sie in der Natur leben. Viele sessile Tiere, wie etwa Mördermuscheln oder lebende Steinkorallen, benötigen tatsächlich sehr viel Licht. Generell kann man sagen, daß alle Tiere, die als Symbiosepartner einzellige Algen, sogenannte Zooxanthellen oder Zoochlorellen, in ihrem Gewebe aufweisen, relativ lichthungrig sind. Dazu gehören besonders Steinkorallen und im Flachwasser lebende Weich- und Lederkorallen. Mittlere Lichtintensitäten benötigen viele Lederkorallen und die meisten Krustenanemonen sowie viele der beliebten Korallenanemonen (Corallimorpharia). Man setzt solche Arten dann etwas weiter unten im Becken auf Steine oder Felsaufbauten. Dort erhalten sie bei korrekter Beleuchtung die richtige Lichtmenge.

Nach unten, zum Bodengrund hin, nimmt das Licht schnell ab. Unter Steinen und in Höhlen bringt man lichtscheue Tiere unter, wie Schwämme oder manche Weichkorallen. An der Wasseroberfläche angesiedelt, würden sie schnell veralgen und absterben. Bewegliche Wirbellose und

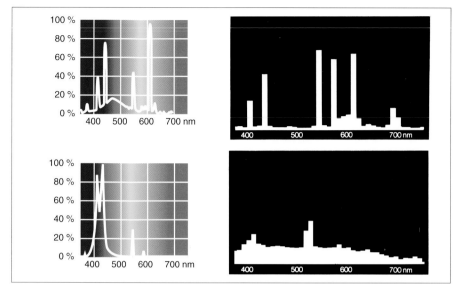

Lichtspektren verschiedener Leuchtmittel und des Tageslichts. Links oben: Aquastar. Rechts oben: HQL-R De Luxe. Links unten: Coralstar. Rechts unten: HQI/D.

Fische suchen sich ihren Lieblingsplatz ohnehin selbst, und die meisten Grünalgen wachsen dem stärksten Licht entgegen. Den Fischen und auch vielen Wirbellosen (Krebse, Stachelhäuter, Seescheiden und andere) ist die Beleuchtungsstärke oft gleichgültig. Bevor man sich also teure Lampen kauft, muß man sich zuerst über die später gewünschte Artenzusammensetzung im klaren sein.

Die Zusammensetzung des Lichtspektrums ist wichtig

Nun ist aber nicht nur die eigentliche Beleuchtungsstärke von Bedeutung, sondern auch die spektrale Zusammensetzung des Lichts, also die Lichtqualität. Pflanzen, wie unsere höheren Algen, brauchen für die Photosynthese nicht nur viel Licht, sondern stellen auch Ansprüche an das Farbspektrum der Lichtquelle. Bevorzugt werden vor allem die blauen und roten Anteile des Spektrums, also Wellenlängen um 450 und 650 nm (nm = Nanometer). Viele Pflanzen können sich zwar, das haben Versuche bewiesen, in großem Um-

fang auch auf andere Lichtfarben einstellen; günstig und natürlich sind aber auf alle Fälle Farbzusammensetzungen, die dem Tageslicht entsprechen. Die Abbildungen oben zeigen die Spektralzusammensetzungen häufig verwendeter Lampentypen.

Die in Aquarien gepflegten höheren Algen der Gattung *Caulerpa* kommen an ihren natürlichen Standorten in wenigen Metern Tiefe vor. Diese geringe Tiefe reicht bereits aus, um dem Sonnenlicht einen Großteil seines Rotanteils zu nehmen. Man nennt diesen Vorgang Extinktion. Die Abbildung auf Seite 26 zeigt diese Filterwirkung des Wassers. Schon in 5 m Tiefe ist also kaum mehr Rot vorhanden, und schon nach einigen weiteren Metern geschieht dasselbe mit Gelb, Orange und Grün. Nur der blaue Lichtanteil bleibt relativ lange Zeit erhalten.

Erst nach 50 oder 100 m, je nach Trübstoffanteil und Sonneneinstrahlung, wird es in tropischen Meeren endgültig dunkel. Für uns Aquarianer bedeutet das, daß lediglich die Algenarten des niedrigen Flachwassers einen gewissen Rotanteil des Sonnenlichts zur Verfügung ha-

25

Extinktion des
Tageslichts im Meer-
wasser.

natürlich nach wie vor, doch es hat sich herausgestellt, daß höhere Algen in dieser Hinsicht sehr anpassungsfähig sind. Dauerbeleuchtungen mit reinweißem Licht ergaben in Versuchen immer noch ein gutes Pflanzenwachstum.

Die Pflanzen gewöhnten sich im Versuchsverlauf sogar derartig an dieses Licht, daß viele schnell abstarben, nachdem plötzlich Lampentypen mit hohem Rot- und Blauanteil verwendet wurden. Diese Erkenntnisse relativieren also die Notwendigkeit von hohen Rot- und Blauanteilen in der Aquarienbeleuchtung etwas. Zumindest schnelle Wechsel in der Beleuchtungsqualität sollten also demnach nicht stattfinden.

Der UV-Anteil der verschiedenen Lampentypen ist unterschiedlich hoch, aber in der Praxis nicht kritisch. Den HQI-Lampen wird immer wieder ein besonders hoher UV-Anteil nachgesagt. Die Tabelle rechts zeigt, daß auch andere Lampen einen derartigen UV-Anteil haben können. Sowohl an UV-A als auch an UV-B sind ihnen die HQL-Lampen durchaus ebenbürtig.

Dies gilt natürlich nur für den Betrieb mit dem für die HQI-Lampen notwendigen UV-Sperrfilter. Eine Verwendung ohne diesen Filter wäre aber gefährlich und unverantwortlich! Ein trotz Sperrfilter noch übrigbleibender Rest an UV-Strahlung (der nach den VDE-Bestimmungen nur in ganz geringem Umfang anfallen darf) wird bei Verwendung von Deckscheiben oder von den eingeklebten Glasstegen herausgefiltert. Die Zeichnung rechts veranschaulicht dies deutlich. Ein weiteres Argument für „offene" Aquarien also. Die Erfolge bei der Verwendung von HQI-Lampen in Riffaquarien sind also nicht nur auf den UV-Anteil, sondern auch auf die Qualität und Intensität ihrer Strahlung zurückzuführen.

Über all diesen Überlegungen sollte man aber auch den ästhetischen Aspekt nicht vergessen. Unsere Aquarien sollen ja möglichst naturgetreu aussehen. Eine Be-

ben. Den vollen Anteil erhalten aber auch sie nie.

Der zweite Grund, warum Algen sogar bei ungünstiger Spektralzusammensetzung der Beleuchtungskörper gedeihen, ist erst seit wenigen Jahren bekannt. Bis dahin ging man davon aus, daß die Photosynthese die Rot- und Blauanteile des Sonnenlichts am stärksten ausnutzt. Das stimmt

26

Eigenschaften von verschiedenen Lichtquellen.

	Lichtaus-beute lm/W	Farbtempe-ratur K	Leistung W	Lebensdauer h	Strahlungsanteile		
					UV-B 280–315 nm mW/1 000 lm	UV-A 315–400 nm W/1 000 lm	sichtbar 400–800 nm W/1 000 lm
Normale Glühlampen	10–20	2 700–3 000	15–1 000	1 000–2 000	0–3	20–100	5–7
Halogen-Glühlampen	15–30	3 000–3 400	10–2 000	15–2 000	3–6	40–100	5–6
Fluoreszenzlampen (Leuchtstoffröhren)	40–100	2 600–7 500	4–215	7 500–10 000	0,05–30	20–200	2,8–5
Halogen-Metalldampf-lampen (HQI)	60–95	4 300–10 000	150–3 500	1 000–6 000	0,1–100	300–1 000	2,5–4
Quecksilberdampf-lampen ((HQL)	30–60	2 900–10 000	50–1 000	9 000–12 000	0,5–100	300–1 000	2–3
Mischlichtlampen	20–32	3 200–4 200	160–1 000	6 000	2–15	300–600	3–5
Natrium-Hochdruck-lampen	65–130	ca. 2 000	50–1 000	9 000–12 000	0,1–0,5	10–50	2–3
Natriumdampflampen	100–185	–	18–180	10 000–12 000	–	3–6	ca. 2
Tageslicht im Freien	–	3 000–30 000	–	–	1–30	300–600	ca. 5,5

leuchtung mit farblich ansprechendem Licht, das dem Tageslicht möglichst nahekommt, ist sowohl für den Betrachter als auch für die Beckeninsassen wohl am angenehmsten.

> Entscheidend für die Wahl der Beleuchtung sind also vier Punkte:
> – Artenzusammensetzung,
> – Beleuchtungsstärke; gemessen in Lux (Lumen pro m²),
> – Farbzusammensetzung,
> – ästhetisches Empfinden.
> Inwieweit erfüllen nun die derzeit erhältlichen Aquarienleuchten diese Bedingungen?

Lampen und Leuchten

Glühlampen

Glühbirnen sind für die moderne Aquaristik ungeeignet, denn sie erwärmen sich im Betrieb stark, und die Lichtausbeute

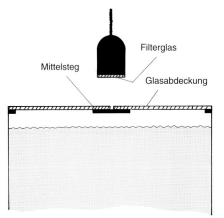

Filterglas
Mittelsteg
Glasabdeckung

Filterung der UV-Strahlung einer Lampe durch mehrere Glasschichten (Mittelsteg, Abdeckung, Sicherheitsfilterglas der Lampe selbst).

hält sich in engen Grenzen. Von ihrer Benutzung ist abzuraten. Ein guter Zoofachhändler wird keine mehr in seinem Sortiment haben.

Leuchtstoffröhren

Seit Jahrzehnten verwendet man nun schon Leuchtstoffröhren in der Aquaristik.

27

**Für Meerwasseraquarien
geeignete Leuchtstoffröhren (Beispiele).**

Rechte Spalte: Ein
Aquarium, das mit
Duplalux-Coral und
HQI-Lampen be-
leuchtet wird. Vorne
die betreffenden
Geräte und ihre
Leuchtmittel. Links
vorne das Vorschalt-
gerät (Werkfoto
Dupla).

	Riffbecken	Pflanzen-strahler	Spezial-lampen
Osram	Lumilux-Tageslicht LF 11/12 Lumilux-Neutralweiß LF 20/21	Fluora LF 77	Hellblau LF 67 Dulux LF 71
Philips	Tageslicht LF 86 Weiß LF 86		Blau LF 18 TL/03 (ultra Actinic)
Handels-marke	Aqua Coral		Marine Glo
Sylvania	Weiß Universal LF 125 Hellweiß LF 133	Gro-Lux Aquastar	

Durch die hohe Lichtausbeute, aber auch durch das immer wieder verbesserte Farbspektrum, haben sie auch heute noch ihren Platz in der Seewasseraquaristik. Hinzu kommt, daß sich Leuchtstoffröhren nur mäßig erwärmen und dadurch auch für Kaltwasser- oder Mittelmeerbecken gut geeignet sind.

Je nach Anforderungen kann man sich die passenden Lichtfarben aussuchen. Für Riffbecken ist eine Kombination verschiedener Lampenfarben günstig. Als optimal gilt die Verwendung einer Röhre mit hohem Blauanteil (etwa Marine Glow, Osram Lichtfarbe 67, Philips TL 03 Actinic, Aqua Coral) und, je nach Beckengröße, ein oder zwei Tageslichtröhren (beispielsweise Osram Lumilux Lichtfarbe 11, Life-Glo). Die blauen Lampen allein wirken unnatürlich, was durch die Tageslichtröhren gut ausgeglichen wird. Außerdem sind solche Lampen insgesamt wesentlich schwächer (Lumen) als die Tageslichtröhren.

Leuchtstoffröhren sollten bei Riffbecken über die gesamte Beckenlänge reichen, was sich gut bewerkstelligen läßt, da es die erwähnten Typen in Längen von 44–150 cm gibt (15–40 W).

Wie eingangs erwähnt, ist aber die Farbzusammensetzung der einzelnen Röhren nicht das allein Entscheidende, wenn nur die Lichtmenge dem Bedarf der später gehaltenen Tiere und Pflanzen gerecht wird. Auch hier gilt, daß die Lichtfarbe die günstigste ist, die dem Licht im betreffenden Biotop am nächsten kommt. Auf jeden Fall werden für Riffbecken drei bis vier Leuchtstoffröhren über die gesamte Beckenlänge gebraucht. Leider sind viele der käuflichen Aquarienlampen nur mit zwei Röhren ausgerüstet und somit für die meisten Ansprüche zu schwach.

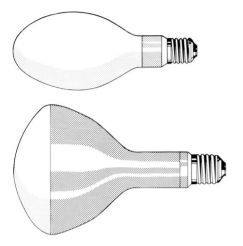

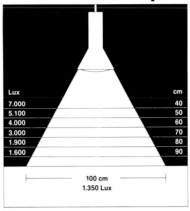

80 Watt HQL-Lampe

Lux	cm
7.000	40
5.100	50
4.000	60
3.000	70
1.900	80
1.600	90

100 cm
1.350 Lux

Brennerformen verschiedener HQL-Leuchten und damit erreichbare Beleuchtungsstärken in Abhängigkeit vom Abstand.

Die Tabelle links zeigt eine Auswahl geeigneter Röhrentypen verschiedener Hersteller und einige dazugehörige Werte. Wer Tiere aus dem tieferen Wasser halten will, dem genügen schon eine oder höchstens zwei Röhren über die ganze Beckenlänge. Auf die Lichtfarbe muß man bei Tiefenbewohnern weniger Rücksicht nehmen. Ideal sind hier Lampen mit hohem Blauanteil, um den Blauton des tieferen Wassers naturgetreu nachahmen zu können.

Leuchtstoffröhren werden normalerweise in Beleuchtungskästen untergebracht. Für die Meerwasseraquaristik sind diese Leuchten aber ungeeignet, da überall an den auf dem Beckenrand aufliegenden Teilen Salz hochkriecht und Krusten bildet.

Sie müssen also an Ketten oder Seilen über der Wasseroberfläche aufgehängt werden. Verspiegelte Röhren (etwa Osram Lumilux oder TLD Super von Philips) strahlen mehr Licht nach unten ab und helfen so, Strom zu sparen. Zum Hantieren am Aquarium sollte die Hängelampe nach oben verstellbar sein. Dies erreicht man, wenn man die Lampen mit einem Spiralzug aufhängt. Wasserdichte Fassungen der Röhren sind obligatorisch.

Quecksilberhochdrucklampen (HQL)

Diese Lampen sind für Süßwasseraquarien ab 80 cm Länge hervorragend geeignet. Es gibt sie in Stärken von 50 bis über

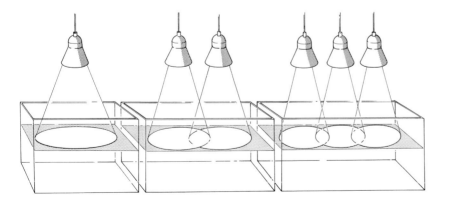

Je nach Beckenlänge werden unterschiedlich viele Leuchten benötigt.

29

150 Watt HQI-Brenner

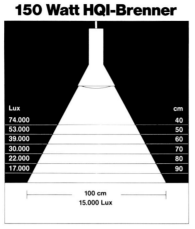

Lux	cm
74.000	40
53.000	50
39.000	60
30.000	70
22.000	80
17.000	90

|← 100 cm →|
15.000 Lux

Links: Brenner einer
HQI-Lampe und
damit erreichbare
Beleuchtungsstärke.

Rechts: Verschiedene
Ausführungen von
HQI-Leuchten.

200 Watt. Das Farbspektrum der
Lampen ist für diese Zwecke meist
günstig. Obwohl für Riffbecken
eigentlich ungeeignet, ist auch mit
ihnen ein gutes Algenwachstum im
Meeresaquarium möglich. *Caulerpa
prolifera* und *C. sertularoides* gedeihen oft so gut, daß sie alle zwei
Monate ausgelichtet werden müssen.
Um die dafür erforderliche Beleuchtungsstärke zu erreichen, braucht man
beispielsweise für ein 120 cm langes
Becken zwei 80-Watt-Strahler, die 30 cm
über der Wasseroberfläche aufgehängt
werden (siehe auch Abbildung Seite 29).

Bei Osram ist der Typ HQL-R-Deluxe
wegen des geeigneteren Spektrums den
normalen HQL-Lampen vorzuziehen. Er
wird zum Beispiel in der für kleinere und
mittlere Becken bewährten Flora-Set
Lampe eingesetzt. Philips empfiehlt die
HPL-Comfort-50-Watt-Lampe für die
MDK-300-Kombi-Leuchte. Andere Hersteller benutzen ähnliche Brenner. Von
den Anschaffungskosten her liegen HQL-
Leuchten eher unter dem Preis einer
Abdeckleuchte mit drei Leuchtstoffröhren (etwa Flora-Set von Osram).

Metalldampflampen (HQI)

Diese Lampen werden in ähnlicher Form
auch in Solarien verwendet und dürfen wegen ihres hohen UV-Anteils nur mit einem
Schutzfilter betrieben werden. Wird der
Filter weggelassen, so kann das zu üblen
Verbrennungen bei Tier und Mensch führen. Diese extrem lichtstarken Lampen besitzen, je nach verwendetem Brenner, eine
hervorragende Farbwiedergabe und ein
dem Tageslicht annähernd entsprechendes
Spektrum. Sie sind damit für Seewasseraquarien, vor allem für Riffbecken, bestens
geeignet. Zur Zeit gibt es hierfür sicher
keine bessere Beleuchtungsform. Gerade
für empfindliche Korallen und andere
Wirbellose mit Symbiosealgen sind sie fast
ein Muß, da hier sehr hohe Lichtstärken
benötigt werden. Der Preis der HQI-

30

Wie hängt man eine HQI-Lampe in der richtigen Höhe auf?

Für die Ermittlung der richtigen Aufhänghöhe sollte man einen Helfer haben. Eine Person hält die Leuchte zunächst sehr tief über das (leere!!) Aquarium. Die zweite Person hält die Handfläche oder einen weißen Karton dicht an die vordere Beckenkante. Nun wird die Lampe langsam höher gehängt, und zwar solange, bis der Lichtkegel die vordere Beckenkante gerade erreicht, gut sichtbar durch die helle Handinnenfläche. Zu hoch hängt eine Lampe dann, wenn der Lichtkegel über das Aquarium hinaus reicht. Leicht nachprüfen läßt sich dies auch an bereits in Betrieb befindlichen Aquarien, wenn man die ausgestreckte, waagerecht gehaltene Hand langsam näher an das Becken heranführt. Wird die Hand schon vor dem Erreichen der Aquarienvorderkante voll beleuchtet, hängt die Lampe zu hoch. Bei außergewöhnlichen Aquarienformen muß man diese Methode eventuell variieren.

Leuchten ist allerdings dementsprechend hoch.

Für ein 120 cm langes Becken reicht bereits eine Leuchte mit 150 Watt Leistung. Die Ecken des Beckens werden dann zwar nicht voll ausgeleuchtet, was aber die Unterbringung von verschieden lichtbedürftigen Arten erleichtert. Wer diese Beckengröße ganz ausleuchten will, verwendet besser zwei 70-Watt-Strahler in einer Doppelleuchte oder in getrennter Bauweise mit etwa 50 cm Abstand von-

31

einander. Allerdings gibt es die heute üblichen 10 000-K-Brenner nur in 150-, 250- und 400-Watt-Ausführungen (Osram Powerstar D, Aqua Medic 10 000). Das 70-Watt-Modell hat nur eine Farbtemperatur von 5000 K und ist damit besser für Süßwasseraquarien geeignet.

Der Abstand zwischen Lampe und Wasseroberfläche sollte je nach Beckenhöhe zwischen 10 cm (bei Becken um 1 m Höhe) und 50 cm (bei Becken unter 50 cm Höhe) betragen. Günstig ist eine variable Aufhänghöhe, um eine Anpassung der Beleuchtungsintensität an verschiedene Anforderungen zu ermöglichen. Man sollte HQI-Lampen keinesfalls zu dicht über dem Becken anbringen.

Die Aussage: „Man kann gar nicht zu stark beleuchten" ist völlig falsch, obwohl sie immer wieder gemacht wird. Selbst die im Flachwasser tropischer Korallenriffe vorkommenden *Sarcophyton*-Lederkorallen verbrennen regelrecht, wenn man sie zu sehr dem Licht aussetzt. Meist schließen sich bei zu geringem Beleuchtungsabstand die Polypen sofort; andere wiederum gedeihen zunächst einige Zeit noch ganz gut, um plötzlich regelrecht zusammenzufallen und sich aufzulösen. Die Tiere kann man dann nur noch retten, wenn man sie tiefer im Aquarium unterbringt oder die Lampen höher hängt.

Die Mindestentfernung zwischen einer Koralle und dem HQI-Strahler sollte etwa 40 cm betragen. Das bedeutet, daß man die Lampe bei einem 60 cm hohen Becken am besten 40 bis 50 cm über dem Wasserspiegel anbringt, um den gesamten Bereich direkt unter der Wasseroberfläche für lichthungrige Wirbellose nutzen zu können. Eine einfache, aber sichere Hilfe finden Sie auf der vorigen Seite.

Für HQI-Lampen gilt auch eine kürzere Einschaltzeit. Acht bis zwölf Stunden reichen meistens völlig aus, um selbst den anspruchsvollsten Flachwasserbewohnern gerecht zu werden. Den Rest des Tages genügen als Beleuchtung eine

oder höchstens zwei Leuchtstoffröhren (Blau), die mit einer gesonderten Schaltuhr versehen werden. Sie ermöglichen dem Betrachter noch gute Beobachtungsmöglichkeiten und machen das An- und Abschalten der HQI-Lampe für die Tiere erträglicher.

Auch den natürlichen Bedingungen im Riff kommt eine solche Mischbeleuchtung am nächsten. Erfahrungsgemäß bleiben sogar die Korallenpolypen nach dem Abschalten der HQI-Lampe noch einige Zeit geöffnet. Einige Tiere zeigen ihr arttypisches Verhalten sogar nur bei dieser Beleuchtung (Paarungsverhalten).

HQI-Lampen entwickeln beim Betrieb eine hohe Wärmemenge, die abgeführt werden muß. In Wohnungen, die im Sommer sehr warm werden (etwa Dachwohnungen) kann die Beleuchtung Wassertemperaturen von über 30 °C verursachen. An heißen Sommertagen sollte in kritischen Fällen die Einschaltdauer der Lampen verkürzt werden. Im Notfall kann man nur mit einer Leuchtstoffröhre beleuchten und sich so über die heiße Jahreszeit helfen (siehe auch Seite 55).

Nach Versuchen von HEBBINGHAUS (persönliche Mitteilung) können die Zooxanthellen von Steinkorallen bis zu sieben Tage ohne jegliche Beleuchtung auskommen, ohne abzusterben. Ein kurzzeitiges Abschalten der Beleuchtung an extrem heißen Tagen erscheint demnach also sinnvoller als hinzunehmen, daß sich das Aquarium zu sehr erwärmt.

Die Dauer der Beleuchtung

In den Tropen dauert der Sonnentag, vor allem in Äquatornähe, recht genau zwölf Stunden. Natürlich scheint auch hier die Sonne nicht pausenlos. Zur Zeit des Monsun kann sie manchmal tage- oder sogar wochenlang ausbleiben, wenn ausgedehnte Regengebiete durchziehen. Je nach verwendeter Beleuchtungsart und Aquarienbesatz sollten wir unsere Lampen daher zwischen acht und zwölf Stunden eingeschaltet lassen, um einigermaßen natürliche Verhältnisse zu erreichen.

Für Aquarien mit Steinkorallen benötigt man natürlich mehr Licht und somit auch längere Einschaltzeiten als für Becken mit Krustenanemonen und ähnlichen Schatten- oder Halbschattentieren.

Das Ein- und Ausschalten der Beleuchtung besorgt eine gewöhnliche Schaltuhr. Bei der Verwendung von blauen Leuchtstoffröhren in Kombination mit HQI-Strahlern empfiehlt es sich, mit getrennten Schaltuhren zu arbeiten. Die Leuchtstoffröhren werden dann vor den HQI-Strahlern eingeschaltet und brennen über die ganze Einschaltzeit hinweg, während die HQI-Strahler nur acht bis zwölf Stunden lang zugeschaltet werden, was für Riffaquarien stets ausreicht.

Um welche Uhrzeit die Beleuchtung nun morgens ein- und abends ausgeschaltet wird, hängt von unseren Lebensgewohnheiten ab und spielt für die Beckeninsassen keine Rolle. Die Tiere gewöhnen sich recht schnell an einen anderen Rhythmus. Wichtig ist nur, daß diese Leuchtzeiten dann auch auf Dauer eingehalten werden.

Leuchtmittel lassen mit der Zeit in der Leistung nach. Sie müssen also regelmäßig ausgewechselt werden. HQL- und HQI-Lampen halten in der Regel nicht viel länger als ein Jahr, während Leuchtstoffröhren erst nach etwa anderthalb bis zwei Jahren ausgetauscht werden müssen. Die volle Leuchtkraft läßt aber bei allen Lampentypen viel früher nach (40 bis 50 % im Jahr). Meistens wird daher ein jährlicher Austausch empfohlen.

Es empfiehlt sich auf alle Fälle, die neu erworbenen Lampen an geeigneter Stelle mit dem Kaufdatum zu kennzeichnen, um später abschätzen zu können, wann sie ersetzt werden müssen. Alle Lampentypen werden nämlich nur sehr langsam schwächer, und man bemerkt den Unterschied

zunächst nicht. Lediglich eine Messung mit dem Luxmeter (notfalls mit dem Belichtungsmesser der Kamera) kann hier als objektiver Vergleich dienen. Sind die gemessenen Werte (auf stets gleiche Meßbedingungen achten!) deutlich niedriger als beim Kauf der Lampe, so muß sie ausgewechselt werden. Zuverlässiger ist es aber stets, wenn man die Brenner jährlich wechselt, zumal auch das Farbspektrum unter dem Dauerbetrieb leidet.

Wie viele Lampen pro Meter Beckenlänge bei welcher Beckenhöhe notwendig sind, ist vom Lichtstrom, gemessen in Lumen, und dem Leuchtwinkel der jeweiligen Lampe abhängig. Generalisieren lassen sich solche Empfehlungen ohnehin nicht, da hier zu viele zusätzliche Faktoren mitspielen. Jedes Aquarium ist anders. Die Beispielaquarien im letzten Kapitel können als vorbildlich beleuchtet betrachtet werden. Diese Beleuchtungsvorschläge lassen sich sicher auch auf Ihr Aquarium übertragen. Im Zweifelsfall weiß der Zoofachhändler Rat, bei dem die Lampen gekauft werden.

Filterung und Abschäumung

Kaum ein Thema ist in letzter Zeit so kontrovers diskutiert worden wie die Filterung von Seewasseraquarien. Manche Autoren haben bestimmte Filtermethoden fast zur Weltanschauung erhoben, andere wollen einfach ihre Produkte an den Mann bringen. Jeder Anbieter verspricht wahre Wunder, die mit seinem einmaligen Produkt zu vollbringen sind. In Wirklichkeit kochen alle Hersteller mit dem gleichen Wasser. Wunder dürfen wir also keinesfalls erwarten. Versprechungen wie „nie wieder Wasserwechsel" oder ähnliche entbehren jeder realen Grundlage. Tatsächlich sind nur wenige Methoden für die Praxis geeignet.

33

Bei der Filterung werden zunächst mehrere Ziele verfolgt:
– optische Klärung des Wassers
– Entfernen von gelösten Schadstoffen
– Entfernung von unerwünschten Farbstoffen.

Die optische Klärung des Wassers

Die Aufgabe dieser „ersten Klärstufe" ist es, im Wasser schwimmende Partikel, wie Futterreste, aufgewirbelten Detritus oder abgestorbene Pflanzenteile, zu entfernen. Dies geschieht ausschließlich mit mechanischen Filtern. Im Zoofachhandel wird eine unüberschaubare Fülle solcher Filteranlagen angeboten. Fast alle haben aber eine viel zu geringe Leistung. Was für Süßwasserbecken ausreichen mag, ist für die Meeresaquaristik allemal zu wenig. Pumpen unter 400 l Förderleistung in der Stunde reichen höchstens für ein 100-l-Becken aus. Meerwasseraquarien benötigen also besonders leistungsstarke Filtersysteme.

Nur zwei Filtersysteme sind mit den erforderlichen Pumpenleistungen erhältlich. Neben den klassischen Topffiltern, die als Außenfilter fungieren, finden hauptsächlich Innenfilter Verwendung, die man auch Schnellfilter nennt. Man muß also klar zwischen Innen- und Außenfiltern unterscheiden. Beide Systeme werden von Elektromotoren angetrieben. Prinzipiell kann man beide Filtertypen in unseren Aquarien einsetzen.

Innenfilter

Solche Filter bestehen aus einem oben am Filter angebrachten Elektromotor, auf dessen Antriebsachse eine kleine Turbine sitzt. Der Wasserzufluß zum Turbinenrad erfolgt über ein Rohr, das mit Filtermasse umgeben ist. Zweckmäßigerweise finden hier Filterpatronen oder Filtermatten Ver-

wendung, die leicht gereinigt und nach mehrmaligem Auswaschen auch schnell ausgetauscht werden können. Die im Handel erhältliche Fertigpatronen oder in Lagen verpackte Filterwatte erfüllen diesen Zweck.

Bei neueren Geräten ist die Pumpe vollständig wasserdicht vergossen und kann deshalb nicht mehr verstauben oder versalzen. Diese Pumpen können auch untergetaucht betrieben werden. Die Turbine wird dabei nicht mehr über die schwer abzudichtende Motorachse, sondern durch einen Magnetläufer angetrieben. Die Filter sind praktisch wartungsfrei; lediglich das Turbinenteil und der Magnet müssen ab und zu gesäubert werden. Der Motor selbst kann nicht mehr verschmutzen (Staub, Salz).

Diese Filterpumpen haben allerdings eine Eigenschaft, die unter Umständen Probleme bereiten kann. Sie sind sozusagen wassergekühlt und erwärmen das Aquarienwasser daher geringfügig. Bei Warmwasseraquarien mag dies, vor allem im Winter, eher vorteilhaft sein. Man spart schließlich dadurch Heizenergie ein. Bei Kaltwasseraquarien geschieht das Gegenteil. Die erhöhte Temperatur muß vom Durchlaufkühler wieder heruntergekühlt werden. Wer also wärmeempfindliche Tiere halten will, sollte keine untergetauchten oder wassergekühlten Pumpen verwenden. Für unsere tropischen Meeresaquarien stellen sie aber die erste Wahl dar.

Außenfilter

Beim Außenfilter ist die Pumpe auf einem großen, mehrere Liter fassenden Kunststofftopf befestigt. Die zu- und abführenden Schläuche müssen, mit Abstellhähnen versehen, ins Becken geführt werden. Der Topf muß außerdem unterhalb des Wasserspiegels angebracht werden. Er wird mit Filtermaterial gefüllt, normalerweise mit Filterwatte oder einer Schaumstoffpatrone als Vorfilter. Ansonsten können beliebige Materialien eingefüllt werden,

Typischer Schnellfilter mit Wechselpatrone für den Inneneinbau (Werkfoto Tunze Aquaristik).

für unseren Zweck vor allem Korallengrus oder andere kalkhaltige Filtersubstrate.

Ein möglicher **Nachteil** ist, daß der große Filtertopf und die manchmal umständliche Handhabung zum Hinausschieben der unbedingt notwendigen, häufigen Reinigung verleiten können. Das Wasser bleibt zwar klar, aber der abgefilterte Schmutz befindet sich nach wie vor im Kreislauf und belastet das Wasser.

Die Leistung der Pumpe beim Topffilter bleibt trotz starker Verschmutzung nahezu gleich, da die lose aufgeschichtete Filterwatte fast immer einen Weg für den Wasserstrom freiläßt. Im Gegensatz dazu wird bei Innenfiltern die Strömung bei Verschmutzung sichtbar schwächer. Ein Signal, den Filter unbedingt zu reinigen.

Topffilter haben meist geringere Pumpenleistungen als die für Meeresaquarien angebotenen Innenfilter. Sie sollten daher nur für kleinere Aquarien verwendet werden. Die Schläuche müssen grundsätzlich gegen Herausrutschen und Undichtigkeit abgesichert werden.

Inzwischen haben sich einige Hersteller etwas zu diesen altbekannten Mängeln der Topffilter einfallen lassen. Als Filtermasse werden verschiedene Patronen angeboten. Sind sie verschmutzt, merkt man das sofort an der nachlassenden Leistung. Durch die Filterpatronen wird auch die Reinigung erleichtert.

Die Wasserpanscherei bei der Reinigung hat ebenfalls ein Ende gefunden. Die Schläuche werden bei den neuen Modellen durch eine am Filter befindliche Sicherung gegen Herausrutschen abgesichert. Bei der Reinigung werden diese Sicherungen einfach abgezogen. Beim neuen Eheim-Filter kann sogar der ganze Pumpenteil zusammen mit den angeschlossenen Schläuchen mit einem Griff abgenommen werden. Die Filtereinsätze dieses Systems lassen sich leicht herausnehmen und reinigen.

Ein **Vorteil** der Außenfilter ist, daß sich im Aquarium sich kein störendes Gerät befindet, das man mühsam mit der Deko-

Topffilter gibt es in vielen Leistungsstärken und Größen. Hier ein modernes Gerät mit Filtereinsätzen und zentraler, schnell lösbarer Schlauchbefestigung. Das Reinigen ohne Wasserplanscherei wird hier zum Kinderspiel (Werkfoto Eheim).

ration verbergen muß. Ein Plus vor allem bei kleinen Aquarien. Außerdem werden die Beckeninsassen bei der häufig notwendigen Reinigung nicht durch Hantieren im Becken gestört, ein vor allem bei scheuen und schreckhaften Tieren nicht zu unterschätzender Vorteil. Schließlich kann man in Topffiltern auch sehr leicht Filterkohleschichten unterbringen. Bei Innenfiltern geht das nicht so einfach.

Für beide Filtertypen, Innen- und Außenfilter, wählt man leicht auswechselbare Patronen aus Schaumstoff oder einem Kunstfasermaterial. In der Regel werden zu jedem Fabrikat passende Patronen in verschiedener Ausführung angeboten. Für Schnellfilter eignet sich am besten die im Zoofachhandel angebotene Filterwatte, die, wenn sie in Bahnen verpackt ist, leicht um das Filteransaugrohr gewickelt werden kann. Außer dieser Filterwatte und Filterpatronen kann auch ab und zu eine Schicht Aktivkohle zur Gelbstoffentfernung verwendet werden (siehe Seite 45).

Manche Hersteller bieten für ihre Schnellfilter vergrößerte Filterbehälter oder T-Stücke zum Anbringen von zwei

35

Filterpatronen an. Diese Erhöhung der Filterfläche ändert aber nichts an der eigentlichen (Schnell-)Filterleistung, verleitet aber zum selteneren Reinigen der Patronen, da diese nicht so schnell verschmutzt aussehen. Für Schnellfilter genügen normal große Filterpatronen völlig, die allerdings häufig, am besten alle zwei Tage, gereinigt werden müssen. Mindestens einmal in der Woche wird die Filterwatte oder -patrone abgenommen und unter fließendem Wasser so lange ausgewaschen, bis das ablaufende Wasser wieder einwandfrei klar ist. Nach mehrmaligem Auswaschen (vier- bis fünfmal) wird die Watte nicht mehr richtig sauber und muß ausgetauscht werden.

Für die Dimensionierung der Pumpen soll folgende Tabelle Anhaltspunkte geben:

Beckengröße und Pumpenleistung.

Beckengröße in cm	Anzahl der Pumpen	Literleistung/h
80	1	bis 600
100	1	600
120	1	600 bis 1 000
150	1–2	600 bis 1 000
200	2	je 1 000

Strömungspumpen

Die Pumpen des oder der installierten Schnellfilter sorgen in den meisten Fällen, richtig angebracht, für eine kräftige und ausreichende Strömung im Aquarium. Für größere Aquarien werden aber zusätzliche Strömungspumpen benötigt, die die Leistung des Schnellfilters ergänzen und erhöhen sollen.

Manche Wirbellose benötigen, zumindest zeitweise, sogar eine besonders starke Strömung und können mit einer kleinen Pumpe noch zusätzlich versorgt werden. Man muß aber stets bedenken, daß auch strömungsärmere Zonen etwa für Röhrenwürmer geschaffen werden müssen. Durch

Umlenkung oder gezieltes Abblocken der Strömung mit Steinen oder anderem Einrichtungsmaterial ist das jedoch leicht zu erreichen. Strömungsarme oder gar -freie Zonen sollten möglichst vermieden werden. Vollständig gelingen wird dies aber kaum.

Im Handel werden inzwischen auch **elektronisch steuerbare Pumpen** und die zugehörigen **Steuergeräte** zur Nachahmung von Strömungswechseln angeboten. Man benötigt dazu Pumpen, deren Leistung gesteuert werden kann. Zwingend notwendig sind solche Anlagen in Spezialaquarien, wo es auf möglichst naturgetreue Strömungsverhältnisse ankommen könnte (beispielsweise Wechsel der Strömungsrichtung durch Ebbe und Flut).

Aber auch in normalen Riffaquarien ist eine wechselnde Pumpenleistung durchaus sinnvoll. Vor allem die Selbstreinigung von Weichkorallen, Lederkorallen und anderen wird durch wechselseitig pulsierende Wasserströmungen erleichtert. Außerdem können sich durch Strömungswechsel kaum mehr tote Zonen bilden, an denen Detritus liegen bleibt. Selbst regelrechte Wellenbewegungen lassen sich durch steuerbare Pumpen nachahmen. Bei kleinen Aquarien genügt hierzu sogar schon eine Pumpe, deren Wasserstrom pulsiert; bei großen Becken werden meist zwei oder mehr Pumpen abwechselnd gesteuert.

Die Entfernung gelöster Schadstoffe

Die „zweite Klärstufe" der Aquarienfilterung ist für die Entfernung gelöster Schadstoffe verantwortlich. Bei der Fütterung, aber auch bei der Zersetzung von abgestorbenen Algen sowie durch die Ausscheidungen der Beckeninsassen entstehen Verbindungen, die das Wasser hochgradig belasten. Es handelt sich hier um die Abbauprodukte von Eiweißen,

Fetten, Kohlenhydraten und verschiedenen Zuckerverbindungen, die entfernt oder zu weniger giftigen Stoffen umgesetzt werden müssen.

Hier hat sich vor allem eine Kombination aus Eiweißabschäumung und Schnellfilterung und/oder biologischer Filterung als am effektivsten erwiesen. Generell unterscheidet man hierbei biologische von den rein physikalischen Verfahren. Beide funktionieren gut und lassen sich auch gemeinsam einsetzen. Hier sollen nur die wirklich bewährten Methoden vorgestellt werden.

Eiweißabschäumung

Die Einführung der Eiweißabschäumung bedeutete für die Meerwasseraquaristik eine kleine Revolution. Endlich war es möglich, auf physikalischem Wege vielerlei organische Giftstoffe in größerem Umfang dem Aquarienwasser zu entziehen und somit unschädlich zu machen. Mit einem Schnellfilter kombiniert, stellt die Eiweißabschäumung bereits ein komplettes System dar, das in fast allen Fällen eine hervorragende Wasserqualität gewährleistet. Zwei Systeme haben sich inzwischen durchgesetzt, die beide hervorragend funktionieren.

Membranpumpenbetriebene Abschäumer. Der Schaum wird durch das Einblasen von Luft in ein langes, senkrecht stehendes Rohr erzeugt. Der Eiweißschaum schiebt sich über den oberen Rohrrand hinaus und läuft in ein Auffanggefäß. Das Schaumrohr kann sowohl im als auch außerhalb des Aquariums angebracht werden.

Inzwischen gibt es für jede Beckengröße passende **Außenabschäumer** bis hin zu wahren Monstern für Großaquarien. Solche Abschäumer können in punkto Leistungsfähigkeit mit Motorabschäumern durchaus konkurrieren. Man kann sie gut in den Unter- oder Seitenschränken der Aquarien unterbringen. Auf diese Art sind

sie auch sehr leise und stören selbst in einem Wohnraum nicht.

Vor allem für kleinere Becken eignen sich **Innenabschäumer**, die durchaus zuverlässig funktionieren können (Abbildung Seite 38). Problematisch sind manchmal die Dosierung der Luftzufuhr und die ab und zu notwendige Reinigung, bei der solche Geräte jedesmal ausgebaut werden müssen. Modernere Einbaugeräte besitzen einen Absperrhahn am Schaumtopf, mit dem die entstehende Flüssigkeit regelmäßig abgelassen werden kann. Zur Luftzufuhr werden meist Lindenholzausströmer benutzt, in großen Geräten zwei bis drei Stück. Diese Ausströmer sorgen zwar für sehr feine Luftbläschen, veralgen jedoch schnell, verfaulen sogar nach einiger Zeit und müssen daher schon nach wenigen Wochen ersetzt werden.

Die Einstellung eines solchen Abschäumers ist nicht schwierig, erfordert aber etwas Geduld und regelmäßige Kontrolle. Zunächst stellt man die Luftzufuhr mit einem präzise arbeitenden Lufthahn so schwach ein, daß der Schaum höchstens bis zur Hälfte des Schaumrohres steigt.

Strömungspumpen. Links: mit vergossenem, wasserdichtem Motor. Rechts: mit luftgekühltem Motor (Werkfoto Tunze-Aquaristik).

37

Motorbetriebener Rotationsabschäumer, der im Aquarium als Innenabschäumer eingesetzt werden kann, aber bevorzugt im Unterschrank eingebaut wird (Werkfoto Tunze).

Innenabschäumer für kleinere Aquarien (Werkfoto Sander-Aquaristik).

Nach einem Tag Wartezeit wird der Lufthahn etwas weiter geöffnet. Der noch weiße Schaum steigt langsam höher. Alle paar Stunden kann man nun die Luftmenge erhöhen, und zwar so lange, bis der Schaum, an seinem oberen Rand – jetzt schmutzigbraungrün gefärbt – über das Rohr läuft.

Bei neu eingerichteten Aquarien kann es einige Zeit dauern, bis genügend Schaum entsteht. Füllt sich der Auffangbehälter nach zwei bis drei Tagen mit einer fast undurchsichtigen, braungrünen Flüssigkeit, ist der Abschäumer richtig eingestellt. Füllt sich der Schaumtopf innerhalb weniger Stunden und ist dabei die Flüssigkeit nur schwach verfärbt, so muß die Luftmenge wieder verringert werden. Man spricht bei richtiger Einstellung treffend von „trockenem" Schaum. Abgeschäumte Flüssigkeit darf übrigens auf keinen Fall ins Becken zurückgelangen, da sie giftig ist!

Injektorbetriebene Abschäumer. Wegen der schnellen Veralgung der Lindenholzausströmer bevorzugt man heute injektor-

betriebene Abschäumer. Für den Injektorbetrieb wird anstatt der Luftpumpe eine leistungsstarke Förderpumpe eingesetzt. Die Lindenholzausströmer werden durch die Injektordüse ersetzt, die das Wasser-Luft-Gemisch unter hohem Druck in das Steigrohr einspritzt. Solche Abschäumer sind nach der einfachen Grundeinstellung praktisch wartungsfrei. Natürlich muß, wie bei allen Abschäumern, der Schaumtopf ab und zu gereinigt werden.

Rotationsabschäumer. Eine Variante der injektorbetriebenen Abschäumer sind die Rotationsabschäumer. Hier wird durch eine starke Pumpe das mit Luft versetzte Wasser in einen Schäumbehälter eingeleitet und dort zur Rotation gebracht. Der dabei entstehende Schaum wird hochgeschoben und läuft oben in ein großes Auffanggefäß über. Solche Geräte werden auch Kontaktabschäumer genannt, da sie das zu reinigende Wasser nicht direkt mit der Pumpe in den Schaumtopf pressen, sondern das Aquarienwasser von unten durch ein Gitter nachführen (System Tunze).

Im Prinzip wirbelt die Pumpe immer das gleiche Wasser durch den Schaumbehälter. Da aber dieses Wasser mit der Zeit abgeschäumt ist und damit seine Zusammensetzung etwas verändert, kommt immer nur soviel verschmutztes Wasser in das Gerät, wie sauberes abfließt. Diese Methode gilt daher als besonders planktonschonend. Die Menge des anfallenden, braungrün gefärbten Schaums ist enorm, und der Topf muß daher alle paar Tage ausgespült werden. Ab und zu wird er außerdem mit einem weichen Schwamm gereinigt.

Injektorbetriebene Abschäumer oder Rotationsabschäumer sind zwar sehr leistungsfähig und leicht zu installieren und einzustellen, sie sind aber nicht gerade leise. Modifizierte Versionen bewährter Geräte sind allerdings inzwischen mit effektiven Schalldämpfern ausgestattet, die den geräuscharmen Betrieb auch im Wohnzimmer ermöglichen. Im Zweifels-

– Für eine einwandfreie Funktion aller Abschäumer ist es besonders wichtig, daß sie regelmäßig kontrolliert und entleert werden.

– Der Abschäumer muß ständig, also Tag und Nacht, betrieben werden. Ein Koppeln mit der für die Beleuchtung vorhandenen Zeitschaltuhr zur Geräuschreduzierung bei Nacht scheidet daher aus.

– Die richtige Einstellung und Installation eines Abschäumers erfordert besondere Sorgfalt. Achten Sie auf die in der Anleitung erwähnte richtige Einbautiefe (Wasserspiegel) und auf die daraus resultierende Stellung der Luftregulierungsdüse. Nur der schmutzige, trockene Schaum soll oben überlaufen.

– Bei der Fütterung bricht der Schaum im Rohr meist schlagartig zusammen. Lassen Sie sich nicht irritieren. Spätestens nach ein oder zwei Stunden funktioniert die Abschäumung wieder einwandfrei.

– Bei der Abschäumung werden möglicherweise bestimmte Stoffe mit ausgetrieben. Hierüber liegen leider keine zuverlässigen Untersuchungen vor. Zumindest einige Spurenelemente könnten verlorengehen. Daher ist der regelmäßige Wasserwechsel besonders wichtig. Eventuell können Spurenelemente zugegeben werden (siehe Seite 73).

– Manchmal entstehen bei der Abschäumung, vor allem bei der Neuinstallation, viele winzige Bläschen im Wasser. Verschwinden sie nach einigen Tagen nicht, so ist der Abschäumer defekt oder falsch eingebaut. Der Fachhandel kann hier helfen.

Links: Leistungsfähiger Dispergatorabschäumer (Werkfoto Weidl-Aquaristik).

fall empfiehlt sich auch hier der Einbau in ein separates Becken im Unterschrank.

Dispergator-Abschäumer. Dieser Abschäumer ist mit Sicherheit der Abschäumer mit dem geringsten Energieverbrauch bei höchster Leistung. Bei dieser Technik wird das von der Pumpe angesaugte Wasser gleich durch ein spezielles Laufrad mit stäbchenartiger Struktur sehr effektiv mit Luft durchsetzt und gelangt dann erst in das Schaumrohr des Abschäumers. Durch die hervorragende „Zerstäubung" kann bei gleicher Pumpenleistung mehr abgeschäumt werden.

Biologische Schadstoffentfernung

Bei der Abschäumung erfolgt die Entfernung der Schadstoffe auf physikalischem Wege. Von Kläranlagen her kennt man aber schon seit geraumer Zeit biologische Verfahren zur Abwasserreinigung. Inzwischen sind auch für die Aquaristik gut funktionierende Verfahren entwickelt wor-

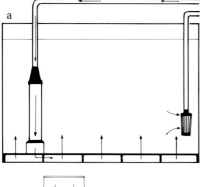

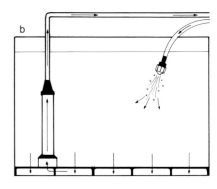

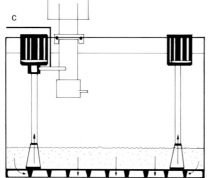

Verschiedene Unterbodenfiltersysteme.
a) Strömung von unten,
b) Strömung von oben,
c) in Kombination mit einem Eiweißabschäumer.

den. Anwendung finden solche mit vorwiegend aerober und solche mit gemischter, also aerober und anaerober Wirkungsweise. Entscheidend für den Abbau von Giftstoffen ist dabei die Zusammensetzung der Bakterienflora. Erwünscht sind vor allem die aeroben Bakterien (beispielsweise wandeln *Nitrosomonas* Ammonium in Nitrit um, *Nitrobacter* Nitrit in Nitrat).

Im Aquarium befinden sich aber immer auch anaerobe Bakterien. Diese anaeroben Bakterien sind vor allem dort zu finden, wo relativ wenig Sauerstoff vorkommt (etwa in und unter Lebenden Steinen). Dort findet ebenfalls ein umfangreicher Abbau von Schadstoffen statt. Schon deswegen sind Lebende Steine und ein ausreichend dicker Bodengrund wichtig.

Bei extremer organischer Belastung laufen in sauerstoffarmen Bereichen allerdings Reaktionen ab, die das empfindliche Aquarienwasser durch giftige Nebenprodukte

(etwa Schwefelwasserstoff, H_2S) belasten können. In gut geführten Aquarien sollten sie eigentlich nicht vorkommen. In geringem Umfang finden solche Vorgänge aber im tieferen Bodengrund laufend statt, wo sie zunächst kaum Schaden anrichten können. Bei den berüchtigten „Generalreinigungen" von Aquarien, bei denen der gesamte Bodengrund durchwühlt wird und alle Steine umgedreht werden, können durchaus ernstzunehmende Mengen von Schwefelwasserstoff frei werden und das Aquarienwasser verpesten. Daher sind solche „Generalreinigungen" zu vermeiden.

Zu den biologisch arbeitenden Filtern zählen im weitesten Sinne alle herkömmlichen Filtermethoden. Selbst der übliche Schnellfilter mit im Wasser hängendem Filtertopf oder die in der Süßwasseraquaristik häufig benutzten Topffilter arbeiten nach einiger Zeit auch biologisch. Diese Filter sollen aber hauptsächlich groben

Schmutz aus dem Wasser entfernen, was eine häufige Reinigung bedingt. Die Bakterienbesiedlung von biologischen Filtern benötigt aber einige Zeit und wird bei der Reinigung jedesmal zerstört. Alle Schnellfilter scheiden als biologische Filter schon deswegen grundsätzlich aus, obwohl sie in geringem Umfang ebenfalls biologisch „mitarbeiten".

Unterbodenfilter (Under-Gravel-Filter).

Eine Besonderheit sind Unterbodenfilter. Diese Filtermethode wird hauptsächlich in den USA angewandt. In Europa hat sie nie eine weitere Verbreitung gefunden. Im Gegenzug sind Abschäumer oder Rieselfilter in Amerika bis vor wenigen Jahren praktisch unbekannt gewesen. Bezeichnenderweise gibt es aber auch in den USA hervorragend funktionierende Seewasserbecken – ein Beweis, daß man auch mit dieser Methode zum Ziel kommen kann.

Trotzdem muß man auf einige Nachteile des Unterbodenfilters hinweisen. Keinesfalls darf das zu filternde Wasser durch den Bodengrund hindurch gesogen werden. In jedem Fall muß die Filterpumpe es von unten durch das Substrat drücken. Vor die Ansaugpumpe muß außerdem ein Vorfilter geschaltet werden, damit nicht der gesamte im Wasser befindliche grobe Schmutz in den Sand gedrückt wird und dort zu faulen beginnt. Außerdem sucht sich das Wasser nach einiger Zeit die Stellen im Bodengrund, die lockerer liegen und dem Wasserstrom weniger Widerstand entgegensetzen. Dadurch wird bald nicht mehr der ganze Bodengrund mit in die Filterung einbezogen, sondern nur ein kleiner Teil. Das Hauptargument der Verfechter der Unterbodenfilterung ist aber die große aktive Filterfläche, die der gesamte im Becken befindliche Bodengrund zweifellos darstellt, solange er noch gleichmäßig durchlässig ist.

Die Abbildung links zeigt die Funktionsweise eines solchen Filters. Trotz der

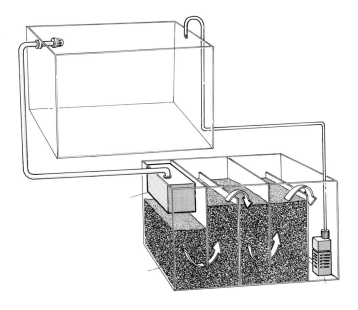

Korallengrusfilter.

durchaus vorhandenen schadstoffabbauenden Wirkung lehnen die meisten europäischen Aquarianer diese Methode ab. Ein feines Substrat, wie der ansonsten hervorragend geeignete Biofora-Foraminiferensand, läßt sich bei dieser Filtermethode ohnehin nicht verwenden, da er dem Wasser zu viel Widerstand entgegensetzt.

Korallengrusfilter. Diese Filtermethode hat sich inzwischen in vielen Aquarien bewährt und kann als Standardmethode bezeichnet werden. Das Aquarienwasser wird über einen Vorfilter in ein separates Becken geleitet, das mit mittelgrobem Korallengrus aufgefüllt ist. Auf der großen Oberfläche des verwendeten Substrates siedeln sich die notwendigen Bakterien in großer Zahl an. Das saubere Wasser wird mit einer Pumpe wieder in das Becken zurücktransportiert.

So einfach das Prinzip ist, so gut funktioniert es. Probleme gibt es unter Umständen nach langer Laufzeit, wenn der Korallengrus so verschleimt ist, daß die aktive Oberfläche für eine wirkungsvolle Reinigung zu klein wird, vor allem dann, wenn

41

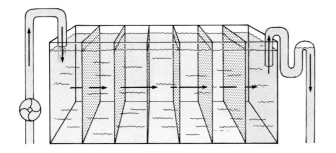

Flächenfilter.

Flächenfilter. Der nächste wichtige Schritt hin zur biologischen Filterung waren die bald entwickelten Flächenfilter. Den bekannten Effekt, daß bei der Reinigung eines Biofilters die Bakterienfauna auf einen Schlag zerstört wird und damit für Wochen unwirksam ist, umgeht der Flächenfilter durch eine wirksame Vorfilterung und durch die austauschbaren einzelnen Filterplatten.

Prinzipiell funktionieren Flächenfiltersysteme recht gut, vor allem wenn sie genügend groß dimensioniert werden. Leider setzen sich die verwendeten Filterplatten aus Gewebe oder Schaumstoff bald mit Kieselalgen und Bakterienschleim zu und müssen daher öfter gereinigt werden. Die jeweils frisch gereinigten Platten sind dann wieder für Wochen biologisch inaktiv (siehe Abbildung oben).Vermeiden läßt sich das jedoch, wenn man den Flächenfilter dunkel im Unterschrank unterbringt. Zumindest die Algen benötigen nämlich Licht zur Photosynthese; ihre Vermehrung kann so sicher verhindert werden. Dies gilt im übrigen auch für andere biologische Filter.

auf eine gute Vorfilterung verzichtet worden ist. Der Grus muß dann durchgespült werden, und der Filter benötigt danach wieder Wochen, um seine volle Wirkung zu entfalten. Geschieht dies in Etappen und mit Aquarienwasser (vom Wasserwechsel), kann man diesen Nachteil vermeiden.

Ähnlich wie beim Unterbodenfilter sucht sich das Wasser allerdings bald den leichtesten Weg, und so wirkt oft nur ein Teil des Filters aerob, während in den schlechter durchspülten Bereichen anaerobe Vorgänge stattfinden. Wie man heute weiß, sind auch diese Vorgänge für eine stabile Wasserqualität wichtig. Auch deswegen empfiehlt es sich, das kalkhaltige Substrat in unterschiedlicher Körnung zu verwenden. Dort, wo das Wasser vom Vorfilter auf das Substrat läuft (Abbildung Seite 41, erste Kammer) verwendet man gröberen Korallengrus. In den weiteren Kammern sollte der Korallengrus dann feiner werden. Damit erreicht man einen einigermaßen gleichmäßigen Durchfluß und eine hohe biologische Aktivität. Auch die Reinigung wird dadurch erleichtert.

Der Platzbedarf solcher Filter ist geringer als gemeinhin vermutet: 5 bis 10 % des Beckeninhaltes genügen für einen Korallengrusfilter vollständig. Die Abbildung auf Seite 41 zeigt einen Korallengrusfilter, bei dem lediglich der Vorfilter regelmäßig und ab und zu ein Teil des Filtersubstrats in der ersten Vorkammer gereinigt werden müssen. Solche Filter können jahrelange Standzeiten erreichen.

Rieselfilter. Unter den biologischen Verfahren scheint der Rieselfilter die durchdachteste Konstruktion zu sein. Er wird mit Erfolg vor allem in zoologischen Gärten, Schaubecken und Händleranlagen eingesetzt. Früher verwendete man ausschließlich sogenannte Rieselsäulen, in denen das Filtersubstrat, meist noch Korallengrus, in gelochten Etagen untergebracht war, über die das zu reinigende Wasser „rieselte". Heute gibt es kompaktere Anlagen, die in der Regel ausgereifte Konstruktionen darstellen.

Bei einer Eigenkonstruktion sind viele Punkte zu bedenken. Entscheidend ist vor allem eine gründliche Vorfilterung, da das Filtersubstrat selbst keinerlei Schmutzpartikel aufnehmen kann und diese den Filter sonst ungehindert passieren.

42

Sprühfilter (Variante des Rieselfilters) (Werkfoto Weidl-Aquaristik).

Ein Problem bei vielen Selbstbauanlagen ist die gleichmäßige Wasserverteilung über das gesamte Substrat. Professionelle Geräte enthalten oft Plexiglasrohre als Behälter für das Filtersubstrat, die oben mit einem Lochsieb ausgerüstet sind, auf die das zu filternde Wasser trifft und so einigermaßen gleichmäßig verteilt wird. Eine dann folgende Schicht aus speziell geformten Kunststoffteilen (beispielsweise Kunststoffigel) sorgt für eine zusätzliche Verteilung. Erst dann folgt das eigentliche Filtersubstrat.

Weitere Probleme können auch die hohe Wasserverdunstung und die Versalzung des ganzen Filters darstellen. Die Konstruktionen der führenden Hersteller sind alle mit eingepaßten Deckscheiben ausgestattet, die eine übermäßige Verdunstung und Versalzung wirksam verhindern. Völlig verschlossen werden dürfen Rieselfilter allerdings nicht, da sie sonst nicht mehr die für ihre Funktion wichtige Frischluft erhalten.

Vom Prinzip her funktionieren alle Rieselfilter grundsätzlich gleich. Aus dem Aquarium läuft das Wasser über ein Substrat mit möglichst großer Oberfläche. Auf diesem Substrat siedeln sich aerobe Bakterien an, die giftige Substanzen im Aquarienwasser zu weniger giftigen umsetzen. Das unterhalb des Substrats anfallende Wasser wird in einem Gefäß aufgefangen und von dort wieder ins Becken zurückgepumpt.

Die erste Generation der Rieselfilter arbeitete noch mit Korallengrus als Substrat für die Bakterien. Dieses Substrat hat aber die Eigenschaft, nach einiger Zeit durch die entstehende schleimige Bakterienschicht zu verkleben und dadurch die an sich ausreichend poröse Struktur zu verlieren. Dadurch geht nach einiger Zeit die für die Bakterienansiedlung nutzbare Fläche deutlich zurück. Außerdem ist der Wasserdurchfluß auch bei gröberer Körnung relativ schlecht und wird bei zunehmender Verschleimung noch schlechter.

Schon vor Jahren verwendete man in industriellen Luftwäschern tischtennisballgroße Kunststoffkonstruktionen mit sehr großer Oberfläche bei relativ kleinem Volumen. Diese Kunststoffigel erwiesen sich als ideal für aquaristische Zwecke, da sie aufgrund der originellen Konstruktion nicht so leicht verschleimen können. Als Filtermasse genügen 5 bis 10 % des Beckenvolumens, um den Bakterien die für die Reinigung des Wassers notwendige Fläche zur Verfügung stellen zu können. Diese Igel werden in ei-

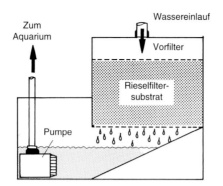

Links: Rieselfilter (Prinzip).

Rechts: Verschiedene Rieselfiltersubstrate.

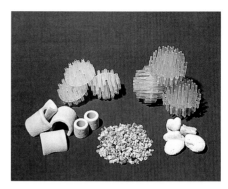

nem Behälter untergebracht, der über einer Auffangwanne hängt. Von oben rieselt nun das Wasser durch eine Schicht Filterwatte über ein Lochsieb in das Auffangbecken. Die Filterwatte dient als Vorfilter, während das Lochsieb das Wasser über dem Filtersubstrat gleichmäßig verteilt.

Inzwischen haben einige Aquarienzubehör-Hersteller eigene Filtersubstrate konstruiert, die teilweise noch bessere Eigenschaften als die Igel aufweisen. So können modifizierte Igel von verschiedenen Herstellern in allen biologisch arbeitenden Filtern ebenso eingesetzt werden wie die Sinter-Glasschwämme von Schott (Siporax) oder ähnliche Produkte.

Gerade die Schott-Glasschwämme oder gebrannte Filtersubstrate (beispielsweise Tunze Bio-Granulat) haben den Vorteil, daß sie wesentlich weniger Filterraum beanspruchen als die Bio-Igel (je 100 Liter etwa ein Liter Substrat). Außerdem bilden sich in den Hohlräumen dieser porösen Substrate immer Zonen, in denen sich auch anaerobe Bakterien ansiedeln können, die ebenfalls helfen, Giftstoffe abzubauen, ohne (wie eine stark verschmutzte Filterpatrone) das Wasser dabei zu belasten. Bei manchen Komplettlösungen wird dem aeroben Rieselfilter sogar ein anaerober „echter" Nitratfilter nachgeschaltet, der allerdings völlig anders funktioniert (siehe Nitratfilter).

Bis auf die Reinigung der Vorfilterstufe sind Rieselfilter völlig wartungsfrei. Ledig-

lich den Vorfilter sollte man alle zwei bis drei Wochen auswaschen und dabei auch den in der Förderpumpe befindlichen Filter nicht vergessen. Das Filtersubstrat des Rieselfilters läßt man nach Möglichkeit völlig unangetastet.

Sollte es allerdings nach einiger Zeit, normalerweise erst nach vielen Monaten, verschmutzt sein oder sich gar soweit zusetzen, daß der zügige Wasserdurchfluß nicht mehr gewährleistet ist, muß man zumindest einen Teil entnehmen und reinigen. Das Substrat wird durch kräftiges Rühren oder leichtes Abbürsten vom Schmutz befreit. Am besten benutzt man zum Spülen Salzwasser aus dem Aquarium, das man durch neu angesetztes wieder ersetzt. Dadurch verhindert man, daß sämtliche Bakterien auf dem Substrat absterben. Trotzdem erholt sich der Filter erst nach einiger Zeit von dieser Prozedur.

Wichtig bei allen Filtersubstraten ist, wie schon erwähnt, daß sie nicht dem Licht ausgesetzt werden, da sie sonst schnell veralgen. Entweder werden für die Rieselsäulen undurchsichtige Materialien verwendet (etwa eingefärbtes Plexiglas), oder der Behälter selbst wird abgedunkelt. Bei im Unterschrank eingebauten Geräten erübrigt sich eine solche Lösung.

Biologische Langsamfilter und Nitratfilter. Nitratfilter sind langsam durchströmte, allseits verschlossene Filter, die anaerob

Nitrat abbauen und eine Kohlenstoffquelle benötigen. Ähnlich funktionieren auch der Bio-Denitrator von Sera und andere Langsamfilter. Solche Filter sind durchaus funktionstüchtig; anstatt der Rieselfilterung oder gar der Eiweißabschäumung sollten sie jedoch nicht eingesetzt werden. Auch der gelegentliche Wasserwechsel muß trotz Nitratfilter durchgeführt werden.

Ein weiteres anaerobes Filtersystem wird vor allem in der Klärtechnik verwendet. Hier werden den anaeroben Filterbakterien genau dosierte Mengen Alkohol oder andere Kohlenstoffquellen als „Nahrung" zur Verfügung gestellt. Der technische Aufwand für eine solche Filteranlage ist aber sehr groß, zumal die Dosierung unter Aquarienverhältnissen bei entsprechenden Versuchen stets Probleme bereitet hat. Von solchen Filtersystemen muß also vorerst abgeraten werden. Für die Meeresaquaristik konzipierte Anlagen arbeiten mit Kohlenstoffquellen, die beispielsweise in Portionspackungen eingearbeitet sind. Sie sollen risikolos funktionieren.

Algenfilter. Auch Wasserpflanzen leben von Stoffen, die im Aquarium bei der Zersetzung von Stoffwechselprodukten entstehen. Sie verbrauchen sie als Düngemittel und setzen sie in Pflanzenmasse um. Dadurch werden diese Stoffe gebunden und unschädlich gemacht. Daher wurden schon früh Versuche unternommen, Algen in getrennten Becken unterzubringen und durch starkes Licht zu verstärktem Wachstum anzuregen. Tatsächlich reinigen solche Algenfilter, werden sie groß genug dimensioniert, das Aquarienwasser zusätzlich. Inzwischen ist man aber bestrebt, Algen bereits im eigentlichen Becken anzusiedeln. Da dies meist recht gut gelingt, sind zusätzliche Algenfilter kaum noch nötig. Ein starker Abschäumer wirkt außerdem mindestens genauso gut und ist weniger aufwendig, vor allem was den Platzbedarf betrifft.

Die Entfernung von Farbstoffen

Die Dauerfilterung mit Aktivkohle ist auch heute noch eine umstrittene Angelegenheit. Von verschiedenen populären Aquarianern wird sie aber, vor allem seit besonders hochwertige Aktivkohlen auf dem Markt sind, immer wieder empfohlen. Unbestritten kann Aktivkohle die unangenehm aussehenden Gelbstoffe, die in jedem Aquarium nach einiger Zeit entstehen, schnell entfernen.

Im Handel sind spezielle Kohle-Watte-Einlagen erhältlich, die zwischen Filterpatrone und Filter eingefügt werden können. Für einen Dauereinsatz kommen solche Einlagen selbstverständlich nicht in Frage, für eine kurzfristige Filterung oder zum

Was sind Gelbstoffe?	Wie stellt man Gelbstoffe fest?
Gelbstoffe entstehen aus der Oxidation phenolartiger Verbindungen, die wiederum beim bakteriellen Abbau von Eiweißverbindungen anfallen. Produziert werden diese Eiweißverbindungen von Pflanzen und Tieren im Süß- und Seewasseraquarium.	Normalerweise erkennt man verfärbtes Wasser mit bloßem Auge. Ein praktischer Gelbstoffindikator ist von Dupla-Aquaristik erhältlich. Bei seiner Anwendung wird die Gelbfärbung des Wassers mit einer Farbkarte verglichen. Ab einer bestimmten Verfärbung sollte dann mit Aktivkohle gefiltert werden, bis die gewünschte Entfärbung erreicht ist. In geringem Umfang findet der Gelbstoffabbau bereits in biologischen Langsamfiltern oder in anaerob arbeitenden Filtern statt, was aber nicht zu einer ausreichenden Reduzierung führt.
Leider sieht eine solche Gelbfärbung nicht nur unschön aus; sie hält auch einen nicht unerheblichen Teil des Lichts ab und verändert durch ihre Filterwirkung das Farbspektrum der Beleuchtung. Vor allem der nicht unwichtige UV-Anteil der Aquarienbeleuchtung wird dabei teilweise stark herausgefiltert. Aus wissenschaftlichen Versuchen ist außerdem bekannt, daß Gelbstoffe das Wachstum von Fischen stark hemmen können. Auch Wirbellose werden offensichtlich von hohen Gelbstoffkonzentrationen geschädigt. Gründe genug, diese schädlichen Stoffe gezielt zu entfernen.	Wer Aktivkohle nur zur Entfernung von Gelbstoffen einsetzen will, kann eine geringe Menge in einem Schnellfilter unterbringen oder im Vorfilter des Unterschrankbehälters plazieren. Eine Handvoll guter Aktivkohle filtert innerhalb weniger Stunden die Gelbstoffe sicher ab. Spätestens nach ein bis zwei Tagen kann das Ganze dann wieder aus dem Becken entfernt werden.

45

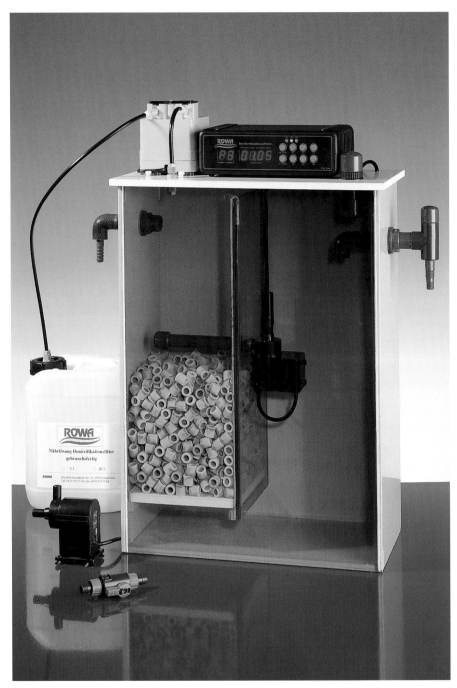

Nitratfilter
(Werkfoto Weidl-Aquaristik).

Entfernen von Medikamenten sind sie aber ausreichend.

Manche Aquarianer belassen die Aktivkohle allerdings längere Zeit im Aquarium. Hierfür ist der Einsatz der Kohle im Schnellfilter allerdings ungeeignet, da dieser ja ständig gereinigt werden muß. Besser ist dann die Unterbringung in Perlonsäckchen (Stücke alter Nylonstrümpfe) im biologischen Filter, am besten in der letzten Kammer vor dem Rücklauf ins Becken. Je besser vorgereinigt das Aquarienwasser auf die Aktivkohle trifft, desto länger hält ihre Wirkung an. Auch hier ist aber nach einiger Zeit (wenige Wochen) die Eigenschaft der Kohle, Gelbstoffe zu entfernen, erschöpft.

Aktivkohle wird aber genauso wie das andere Filtersubstrat von Bakterien besetzt. Es findet auf diese Art und Weise ein nicht zu unterschätzender Schadstoffabbau auf aerober und anaerober Basis statt. Diese biologische Wirkung aufgrund der Porosität der Aktivkohle setzt jedoch erst nach einigen Wochen oder Monaten ein. Die Kohle muß also für diesen Zweck, wie das sonstige Biofiltersubstrat, lange Zeit im Filter bleiben. Will man weiterhin Gelbstoffe entfernen, so muß man dies mit frischer Aktivkohle tun.

Aktivkohle darf in frischem Zustand keinesfalls in größeren Mengen eingesetzt werden. Bei der Verwendung solcher Mengen (etwa 1 kg auf 500 l Wasser) wurden schon Schädigungen der Wirbellosen festgestellt. Außerdem verändert sich die Zusammensetzung des Seewassers durch die plötzliche Entfernung von organischen Stoffen bei solchen Radikalkuren sehr schnell, was zu Problemen führen kann. Selbst der pH-Wert kann sich bei Überdosierungen deutlich erhöhen, da die Aktivkohle auch organische Säuren aus dem Aquarienwasser entfernen kann. Für ein 500-l-Aquarium genügen daher 500 g Aktivkohle völlig, um Gelbstoffe restlos zu entfernen. Meist reicht sogar die halbe Menge für eine ausreichende Reduzierung.

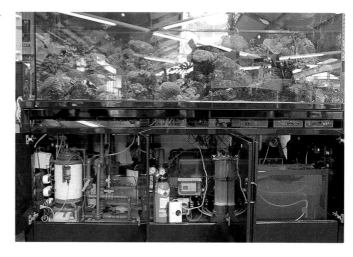

Ein Problem bei der Aktivkohle-Filterung ist auch, daß eigentlich niemand so recht weiß, welche Stoffe in welchem Umfang außer den zweifellos schädlichen Gelbstoffen denn nun eigentlich von der Aktivkohle noch entfernt (adsorbiert) werden. Vor allem ein Entzug von Spurenelementen wird des öfteren befürchtet. Man kann aber davon ausgehen, daß durch den regelmäßigen Wasserwechsel einige dieser Stoffe wieder ersetzt werden. Außerdem lassen sich Spurenelemente nachdosieren (siehe Seite 73).

Musteraquarium in einer Zoofachhandlung. Technisch ist heute alles machbar.

Die Filteranlage im Unterschrank

Aus verschiedenen Gründen empfiehlt man heute die Unterbringung der gesamten Filteranlage (mit Ausnahme der Schnellfilter) im Unterschrank. Da Aquarien, vor allem größere Becken, ohnehin einen eigens dafür angefertigten, stabilen Unterschrank benötigen, bietet sich diese Lösung fast immer geradezu an.

Kernstück einer solchen Anlage ist das **Unterschrankbecken**. Als beste Lösung für den Zulauf aus dem Aquarium in dieses Becken hat sich der **Oberflächenablauf** bewährt. Hier läuft das Wasser direkt von der Oberfläche in ein Überlaufrohr oder

47

Kunststoffrohre anstelle von Schläuchen

Seit einiger Zeit werden für die Verbindung von Aquarien und Filteranlagen, aber auch für die Verbindung von Aquarien untereinander, Kunststoffrohre aus Hart-PVC verwendet. Diese Verbindungen sind wesentlich sicherer und dauerhafter als Schlauchverbindungen. Einmal verklebt, sind die Rohre unlösbar miteinander verbunden. Schläuche altern mit der Zeit, werden dadurch spröde und können so leicht undicht werden. Daher werden moderne Anlagen heute fast ausschließlich verrohrt.

Passend zu den Rohren gibt es verschiedene Fittings und Armaturen, die jede denkbare Anordnung ermöglichen.

Die Plastikrohre werden zunächst auf die erforderliche Länge zugeschnitten. Für diese Arbeit benutzt man eine gewöhnliche Laubsäge mit entsprechendem Sägeblatt für Kunststoff. Die entstehenden unsauberen Kanten werden mit Schleifpapier begradigt. Dabei wird gleichzeitig die Klebefläche etwas aufgerauht. Mit einem speziellen Reiniger werden die Klebestellen entfettet. Dann wird die ganze Verrohrung mit den erforderlichen

Winkelstücken, Verschraubungen und Abstellhähnen zusammengesteckt. Erst wenn sämtliche Teile einwandfrei zusammenpassen, dürfen sie miteinander verklebt werden. Dazu verwendet man einen Spezialkleber für Hart-PVC (beispielsweise Tangit). Er wird dünn auf das zu verklebende Rohrteil aufgetragen, das dann in das vorgesehene Winkelstück gesteckt und sofort in die richtige Position gebracht wird. Innerhalb weniger Sekunden sind beide Teile unverrückbar miteinander verschweißt. Korrekturen sind jetzt keine mehr möglich. Jeder Fehler bei der Verrohrung kostet viel Geld, denn die Fittings können bei falscher Verklebung nur noch abgesägt und durch neue ersetzt werden.

Wer Durchführungen für Überlauf und Zulauf am Aquarium anbringen will, muß vor der Verrohrung die zugehörigen Fittings mit dem notwendigen Dichtband (Silikon-Dichtband) an der dafür vorgesehenen Bohrung im Aquarium installieren. Die Durchführung muß absolut dicht sitzen, da auch sie nach der Verklebung nicht mehr verdreht werden kann.

besser einen Überlaufschacht, der über eine abgedichtete Bohrung hinunter zum Unterschrankbecken führt. Je nachdem, wie die Filteranlage im Unterschrank später angeordnet werden soll, wird die Bohrung für Ab- und Zulauf gesetzt. Diese Arbeit übernehmen die Zoofachgeschäfte bereits bei Planung und Kauf des Beckens. Notfalls können Bohrungen mit einem speziellen Bohreraufsatz des Zoofachhändlers oder eines Glasers aber auch nachträglich angebracht werden.

Der Vorteil der Oberflächenabsaugung liegt nebenbei darin, daß die Kahmhaut, eine zähe, durchsichtige Schicht aus Schmutz, Fettsäuren, Staub, Eiweißabbauprodukten und Bakterien, gleich mit abgesaugt und dem Eiweißabschäumer zuge-

führt wird. Außerdem läuft über den Überlauf stets nur soviel Wasser ab, wie die Pumpe von unten nach oben fördert. Wird nun die Wassermenge im Vorratsbehälter im Unterschrank richtig bemessen, so kann das Aquarium nie überlaufen. Vor allem kann ein richtig dimensionierter Überlaufschacht praktisch nie verstopfen und zur Gefahrenquelle werden.

Weitere Vorteile des Oberflächenüberlaufs: Der Wasserstand im Aquarium ist stets derselbe. Es entstehen kaum Kalkränder oder Salzkrusten. Ersatz für verdunstetes Wasser wird in den Unterschrankbehälter gefüllt und nicht direkt in das Becken. Dadurch werden vor allem empfindliche sessile Wirbellose geschont, die das frische Süßwasser oft nicht vertragen.

48

Wichtig ist, daß die Pumpe bei der Fütterung kurzfristig abgeschaltet wird, da sonst auf der Wasseroberfläche befindliches Futter schnell abgesaugt wird und in den Filter gelangt. Es empfiehlt sich also, für die Pumpe einen Schalter vorzusehen. Bei manchen Schaltgeräten (Tunze Powertimer und ähnliche) ist eine solche Fütterungsabschaltung bereits vorgesehen.

Im Auffangbecken des Unterschrankes kann man auch die Heizung und zusätzlich den Eiweißabschäumer unterbringen, so daß sich im Aquarium nur noch Pumpen für zusätzliche Strömung und Schnellfilterung befinden. Auf die Schnellfilterung kann man keinesfalls verzichten, da die Oberflächenabsaugung schwerere, nach unten sinkende Schmutzpartikel nicht erfaßt. Darüber hinaus ist die Förderpumpe eines Unterschrankfilters nicht stark genug, um genügend Strömung im Aquarium zu erzeugen.

Unten: Prinzip einer automatischen Nachfüllanlage (Tunze-Osmolator).

Oben: So kann ein Unterschrank eingerichtet werden.

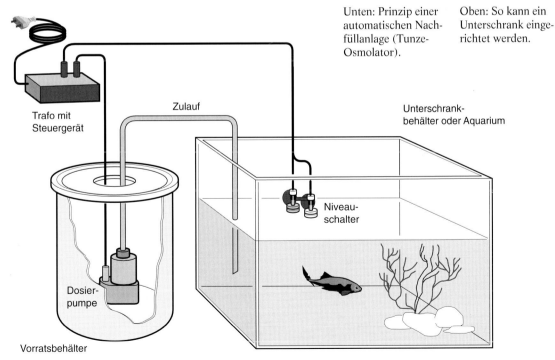

Trafo mit Steuergerät

Zulauf

Unterschrankbehälter oder Aquarium

Niveauschalter

Dosierpumpe

Vorratsbehälter

49

Entscheidend für die Wahl der Förderpumpe, die das Wasser vom Auffangbehälter im Unterschrank zurück ins Becken pumpen soll, ist die Förderhöhe, die überwunden werden muß. Keinesfalls darf die Pumpe zu stark sein, da der Überlauf im Becken nur begrenzt viel Wasser nach unten durchläßt. Die Pumpe muß so dimensioniert werden, daß der Überlauf die geförderte Wassermenge auch bei voller Pumpenleistung leicht schafft. Bei Überlaufschächten, die die früher üblichen Rohre immer mehr verdrängen, kann man hier fast nichts falsch machen.

Absperrhähne oder -ventile für die Fall- und Steigleitung sind zwar kostspielig, aber notwendig, um die nötigen Feineinstellungen zu ermöglichen und Wartungsarbeiten ohne „Planscherei" zu gewährleisten.

Die Größe des Auffangbehälters kann man den Gegebenheiten des Unterschrankes anpassen. Wichtig ist nur, daß alle Geräte bequem Platz finden und daß man die notwendigen Handgriffe für Reinigung und Wartung ohne Verrenkungen ausführen kann.

Den Auffangbehälter füllt man nur so hoch mit Wasser, daß die Pumpe selbst bei verstopftem Überlauf das Becken lediglich bis zum oberen Rand auffüllen kann. Damit ist die Anlage auch bei Defekten so sicher, daß es zu keiner Überschwemmung kommen kann. An die einmal ermittelte Füllhöhe klebt man eine auffällige Markierung, bis zu der man dann alle zwei bis drei Tage verdunstetes Wasser nachfüllt. Besser ist hier aber eine automatische Nachfüllanlage, die auch die Urlaubsplanung erleichtert (siehe Seite 194).

Zur Verrohrung der Anlage verwendet man ausschließlich lebensmittelechte Kunststoffrohre, die es in allen Größen und mit dem entsprechenden Zubehör im Zoo- und Sanitärfachhandel gibt. Vor allem die Verbindungsstücke und die Absperrhähne sind zwar nicht gerade billig, sind aber wesentlich sicherer als Schlauchverbindungen und im Gegensatz zu diesen

völlig wartungsfrei. Die Verarbeitung der Rohre ist relativ einfach, wenn man weiß, wie man das Material behandeln muß (siehe Seite 48).

Trotz aller Vor- und Nachteile der einzelnen Filterverfahren soll jedoch kein Aquarianer daran gehindert werden, selbst Experimente durchzuführen. Oft ist eine Kombination mehrerer Systeme eine besonders gute Lösung. Immer wieder haben talentierte Aquarianer bei Fortschritten in der Aquaristik mitgewirkt, und gerade auf dem Gebiet der biologischen Filterung gibt es noch ein weites Feld für Forschung im Amateurbereich. Sinnvoll sind solche Anstrengungen aber nur, wenn Erfolge auch in den Aquarienzeitschriften publiziert werden. Nur so werden sie einem weiten Kreis von Interessierten zugänglich gemacht.

Viele Hersteller bieten heute komplette Unterschranksysteme an. Solche Systeme stellen meistens Optimallösungen dar. Nicht immer werden alle vorgesehenen Geräte benötigt. Gute Hersteller beraten ausführlich und gehen auch auf Sonderwünsche des Kunden ein. So kann man sich gute Anlagen zu vernünftigem Preis „maßschneidern" lassen. Eigenbauten sollte man entsprechend vorgebildeten Aquarianern überlassen.

Die Sauerstoffversorgung des Meerwassers

Ein weiteres Ziel, das wir mit der Umwälzung durch Filterung und Strömungspumpen verfolgen, ist die Sauerstoffanreicherung des Aquarienwassers. Im Meer ist der Sauerstoffgehalt des Wassers unterschiedlich hoch. In der Brandungszone kann er über 100 % betragen, also über dem Sättigungswert des Wassers liegen. In Ebbetümpeln sinkt der Sauerstoffgehalt nach einigen Stunden Sonneneinstrahlung manchmal auf Null. Er kann durch die starke Photosynthese der sich dort befindenden Mikroalgen zwar auch höher liegen; die dort lebenden Tiere können ihn jedoch kaum mehr nutzen. Man sieht also, daß die Erwärmung der Sonne den Sauerstoffgehalt in Ebbetümpeln erheblich beeinflußt.

Der tatsächliche Sauerstoffgehalt des Wassers ist nämlich stark temperaturabhängig. Bei 25 °C Wassertemperatur sind 100 % Sauerstoffsättigung bei 5 cm^3 Sauerstoff pro Liter Wasser erreicht, bei 30 °C ist das Wasser schon mit 4,5 cm^3/l Sauerstoff zu 100 % gesättigt, während sich bei 10 °C 6,4 cm^3/l Sauerstoff lösen können. In Aquarien sind Sättigungsgrade von mindestens 80 % anzustreben.

Früher benutzte man Luftpumpen oder vor die Schnellfilter geschaltete Diffusoren, um einen möglichst hohen Sauerstoffeintrag zu garantieren. Diese Verfahren haben aber einige Nachteile. Die feinen Luftblasen setzen sich gerne an die Tentakel der Blumentiere und schädigen sie. Seepferdchen werden durch den gleichen Effekt an die Wasseroberfläche gezogen und können nicht mehr selbständig nach unten schwimmen. Außerdem spritzt durch die aufsteigenden Luftblasen ständig aggressives Salzwasser aus dem Becken und verschmutzt Deckscheiben, Leuchten und Möbel.

Heute erreichen wir sowohl mit dem Eiweißabschäumer als auch mit Rieselfiltern und Schnellfilterpumpen eine ausreichend hohe Sauerstoffsättigung. Ein zusätzlicher Sauerstoffeintrag durch Diffusor oder Auströmer ist also nicht mehr nötig.

Kohlendioxid und Kohlensäure

In der Literatur wird immer wieder die Notwendigkeit hervorgehoben, zusätzlich CO_2 ins Wasser zu bringen, um ein befriedigendes Wachstum höherer Algen zu gewährleisten. Die zu diesem Zweck notwendigen Geräte sind aber in der Meeresaquaristik dafür nicht nötig. Untersuchungen an Landpflanzen haben ergeben, daß der Kohlendioxidgehalt der Luft, der normalerweise 0,03 % beträgt, auf mindestens 3 % angehoben werden muß, um tatsächlich eine Wachstumsverbesserung zu erreichen. 3 % Kohlendioxidanteil in der Atemluft sind aber für den Menschen und für Tiere bereits schädlich.

Ähnlich liegen die Verhältnisse auch im Wasser. Hier löst sich ganz von selbst das in der Luft vorhandene CO_2, im Meerwasser durch die hohe Alkalireserve sogar noch mehr als im Süßwasser. Wie alle Gase der Atmosphäre ist es stets bestrebt, den gesetzmäßigen Sättigungswert zu erreichen. Es wird zwar durch Lüftung, Eiweißabschäumung und Rieselfilterung immer wieder ausgetrieben, aber ebenso schnell wieder angereichert. Außerdem wird Kohlendioxid ständig durch die Atmung der Fische sowie durch Bakterientätigkeit neu gebildet. Je höher der Fischbesatz, desto höher auch die Kohlendioxidabgabe.

Durch entsprechende Geräte ins Wasser gebrachtes CO_2 wird, ebenso schnell wie das natürlich vorhandene, wieder ausgetrieben. Natürlich kann man mit CO_2-Geräten den Kohlensäuregehalt im Becken erhöhen. Natürliche Verhältnisse schaffen wir dadurch aber nicht. Gutes Algenwachstum und einwandfreies Aquarienwasser in Becken ohne CO_2-Gerät beweisen dies. Der Vorteil der Geräte ist also sehr zweifelhaft.

Manche Weichkorallen, etwa *Xenia*, wachsen anfangs durch CO_2-Begasung besonders gut. Die Freude dauert aber nur wenige Wochen, dann stirbt die ganze Pracht plötzlich ab. Erklärungen dafür gibt es allerdings keine. Vermutlich hängt dieses Phänomen mit der starken Vermehrung der Zooxanthellen und deren plötzlichem Zusammenbruch zusammen. Im Süßwasseraquarium mit vielen Pflanzen mag diese Technik ihren Platz haben. Im Salzwasserbecken brauchen wir sie normalerweise nicht.

51

Zwei verschiedene
Kalkreaktoren
(Werkbild Rowa,
Dupla).

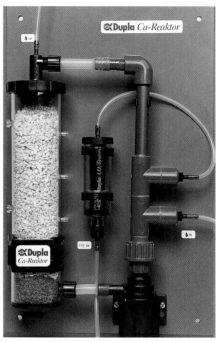

Der Kalkreaktor

Einen ganz anderen Stellenwert hat die
CO_2-Begasung, wenn man zu weiches
Ausgangswasser aufhärten will. Dieses
Problem kann zwar über verschiedene
Kalkzugabemethoden gelöst werden, ele-
ganter ist aber die kontinuierliche Zu-
führung von gelöstem Kalk durch einen
Kalkreaktor. Hierbei wird CO_2 über ein
Kalksubstrat geleitet, löst es langsam auf
und härtet dadurch das durchströmende
Wasser auf. Gesteuert wird dieser Vor-
gang über ein pH-Regelgerät. Das entste-
hende Kalkwasser wird ins Aquarium ge-
leitet, wo es für ein ständig ausreichendes
Kalkangebot sorgt.

Für diese Technologie benötigt man einen Kalkreaktor, gefüllt mit Kalksubstrat,
ein CO_2-Regelventil mit Vorratsflasche
und ein pH-Steuergerät mit Elektrode. Das
entstehende Kalkwasser sollte nicht direkt
ins Aquarium geführt, sondern in den

Unterschrankbehälter eingeleitet werden.
Beim Überlaufen in das Aquarium oder
den Unterschrankbehälter wird überschüs-
siges Kohlendioxid ausgetrieben.

Der Kalkreaktor hat vor allem der Haltung und Zucht von Steinkorallen zum
Durchbruch verholfen. Dem Aquarienwasser wird in Riffbecken ständig Kalk
entzogen, vor allem von Steinkorallen oder
von Kalkalgen (*Halimeda*). Selbst Weichkorallen benötigen Kalk für ihre Körper-
sklerite, und Seeigel bauen ihr Innenske-
lett aus demselben Material auf. Mit der
oben beschriebenen Technik kann Kalk
kontinuierlich im gewünschten Umfang
nachdosiert werden. Als günstig werden
400 bis 450 mg/l freies Calcium angese-
hen.

52

Heizung und Kühlung

Heizung

Für Aquarien, in denen tropische Tiere gehalten werden, ist zumindest im Winterhalbjahr eine Heizung nötig. Das Standardgerät hierfür ist nach wie vor der gute alte **Stabheizer**, der inzwischen in vielerlei Hinsicht verbessert wurde und dadurch auch den verschärften VDE-Sicherheitsbestimmungen genügt. Die Problematik bei den alten Geräten war vor allem, daß die Verschlußkappe mit der Zeit verhärtete und daß sich dadurch der Regler kaum mehr ohne Anwendung von Gewalt einstellen ließ. Außerdem wurden die eingebauten Kontakte durch den Funkenflug beim Einschalten beschädigt. Die neuen Stabheizer besitzen leicht zugängliche, offene Verstellregler oder werden über einen zwischengeschalteten, außerhalb des Aquariums angebrachten Regler eingestellt.

Einige Heizungen werden mit 24 Volt betrieben, und im Becken befindet sich dann nur noch ein **Heizkabel**. Solche Heizer werden meist elektronisch geregelt und sind durch die geringe Betriebsspannung besonders sicher. Trotzdem seien hier die Stabheizer als preisgünstigste Lösung empfohlen. Sie sind heute absolut seewasserfest und können bei falscher Behandlung auch nicht mehr wie früher platzen.

Im Glasrohr des Heizers befindet sich ein Thermostat, der die einmal eingestellte Temperatur zuverlässig regelt. Die Genauigkeit ist mit +/– 1 °C ausreichend, denn auch im Riff gibt es in allen Zonen zumindest leichte Temperaturschwankungen. Neuere Heizer zeigen die Temperatur sogar mit LCD-Displays an.

Behauptungen, die Thermostate würden gelegentlich klemmen, treffen, wenn überhaupt, nur sehr selten zu. In meiner Praxis ist mir nicht ein solcher Fall bekannt geworden, wohl haben andere Aquarianer aber derartige Erfahrungen gemacht. Ohnehin sollte man einen neuen Heizer nach dem

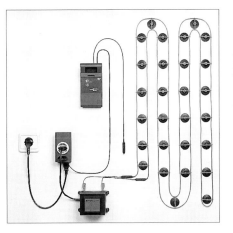

Niedervolt-Aquarienheizer, hier als Bodenheizung ausgelegt (Werkfoto Dupla).

Einbau in den ersten Tagen und Wochen besonders genau beobachten, um Fehlfunktionen auszuschließen.

Als Funktionskontrolle dient eine eingebaute Glimmlampe, die aufleuchtet, wenn der Heizer arbeitet. Leider gibt es noch immer Fabrikate, bei denen das umgekehrte Prinzip verfolgt wird. Man muß sich also beim Kauf genau erkundigen, bei welchem Signal der Heizer arbeitet.

Auch seewasserfeste Heizer halten nicht ewig. Die Gummi- oder Kunststoffkappen werden auf jeden Fall mit der Zeit spröde. Stabheizer sollten daher nach einigen Jahren sicherheitshalber ausgetauscht werden, spätestens aber, wenn sich die geringsten Beschädigungen oder Verformungen (etwa durch hineinwachsende Algen) zeigen.

Wichtig ist die richtige Unterbringung der Heizer. Wer einen Rieselfilter oder einen anderen, mit einer separat liegenden Kammer versehenen Filter besitzt, kann den Heizer darin installieren. Der Grund für die Unterbringung außerhalb des eigentlichen Aquariums liegt darin, daß manche Tiere, besonders Kugelfische, Drückerfische und größere Krebse, mit dem Heizer spielen oder versuchen, ihn zu knacken. Andere Aquarienbewohner, wie Seesterne und Schnecken, können sich sogar daran verbrennen, wenn sie über das Glasrohr kriechen.

53

Soll der Heizer trotzdem im Aquarium untergebracht werden, so ist es sinnvoll, ihn hinter größeren Steinaufbauten zu verbergen. Trotzdem muß aber eine sichere Umspülung des Heizstabes gewährleistet sein, um Wärmestau zu vermeiden. Ideal für die Installation ist die der Pumpe gegenüberliegende Ecke. Wer sichergehen will, sollte den Heizer nur bis zur Kappe eintauchen. Normalerweise können alle modernen Stabheizer voll untergetaucht betrieben werden. Die Bedienungsanleitung gibt aber darüber Aufschluß, welche Einbautiefe für das einzelne Gerät optimal ist. Manche Fabrikate weisen an der entsprechenden Stelle eine Markierung auf.

Die Einstellung der Temperatur ist abhängig von der Herkunft der zu pflegenden Tiere. Die untenstehende Tabelle gibt an, welche Temperaturen für welche Beckentypen geeignet sind.

Temperaturbereiche der verschiedenen Meerwasserbecken.

Tropische Meere	24–27 °C
Mittelmeer	15–25 °C
Kalte Meere	8–18 °C

Für den Bereich der tropischen Meere ist eine ganzjährige Heizung zwingend erforderlich. Die Leistung des Heizers (angegeben in Watt) muß in Abhängigkeit von Beckenvolumen und Raumtemperatur gewählt werden. Maßgebend ist die niedrigste Temperatur im Winter. Dabei muß der Heizer noch in der Lage sein, das Becken ausreichend zu erwärmen. Unter 20 °C darf das Wasser nicht abkühlen.

Um einen groben Anhaltswert zu errechnen, zieht man vom Beckenvolumen das Volumen der Einrichtung ab. Die erreichte Literzahl geteilt durch zwei ergibt in etwa die benötigte Wattzahl des Heizers an. In sehr kalten Räumen muß man diese eventuell erhöhen, in wärmeren Räumen reicht meist noch weniger Leistung.

> Beispiel:
> Aquarieninhalt: 200 l
> Einrichtung 50 l
> Heizleistung 150 : 2 = 75 W

Aus Gründen der Sicherheit sollte ein Heizer auf keinen Fall übertrieben groß gewählt werden, da im Falle eines Defektes des Reglers die Insassen sonst „abgekocht" werden. Im Normalfall unterschätzt man auch häufig das tatsächliche Volumen der Einrichtung. Eine die Rückwand ausfüllende Mauer aus Steinen in einem Riffbecken nimmt oft mehr als ein Drittel des Aquarienvolumens ein. Das muß dann in obiger Rechnung berücksichtigt werden.

Eine Bodenheizung empfiehlt sich in Seewasserbecken nicht, da sie, ähnlich wie Unterbodenfilter, unnatürlich auf die Bodenbewohner wirkt. Außerdem werden die Heizschlangen oder -schläuche gerne von grabenden Tieren angenagt. Knallkrebse und andere Bodenbewohner legen die Kabel schnell frei, und was sie selbst nicht schaffen, wird dann vom nächsten Großkrebs erledigt. Er kneift die Isolation des Heizkabels glatt durch. Was also für Pflanzenbecken in der Süßwasseraquaristik durchaus zweckmäßig sein kann, ist im Meerwasseraquarium nicht sinnvoll.

Heizmatten, die unter das Aquarium gelegt werden, werden weder in der Seewasseraquaristik noch bei Süßwasseraquarien eingesetzt. Die Wärmeverluste sind zu hoch, und nach längerem Einsatz kleben die Matten so am Unterschrank oder an der Bodenscheibe fest, daß man sie nur noch mit Gewalt herunterreißen kann und dabei vollkommen zerstört.

In heißen Sommern kann es passieren, daß sich das Aquarium trotz ausgeschalteten Thermostates des Heizers übermäßig erwärmt. Vor allem Dachwohnungen können sich im Hochsommer leicht auf 28 °C und mehr aufheizen. Zusammen mit einer viel Wärme entwickelnden HQI-Leuchte

54

kann dann das Aquarienwasser bis über 30 °C warm werden. Um dies zu verhindern, hier einige Tips.

- nachts intensiv lüften
- tagsüber das Zimmer verdunkeln
- Lampen ausschalten oder die Leuchtdauer verkürzen oder höher hängen
- HQI- oder HQL-Lampen vorübergehend durch Leuchtstoffröhren ersetzen
- im Notfall einen mit Eiswürfeln gefüllten Plastikbeutel auf die Wasseroberfläche legen, besser aber einen Ventilator schräg auf die Wasseroberfläche blasen lassen oder gleich einen Lüfter in die Abdeckung einbauen (bei abgedeckten Aquarien)
- langsam abkühlen lassen, dabei Temperatursprünge vermeiden

Der Heizer sollte während dieser Zeit nicht ausgesteckt werden. Leicht vergißt man nämlich, das Gerät wieder rechtzeitig einzustecken und das Aquarium kühlt – nach der übermäßigen Erwärmung – zu stark ab. Solche Temperatursprünge sind aber weitaus schädlicher als kurzfristig überhöhte Temperaturen.

Kühlung

Für Aquarien, deren Bewohner es nicht so warm mögen (etwa Mittelmeertiere) läßt sich in solchen Situationen eine fest installierte Kühlung jedoch nicht vermeiden. Im Handel gibt es Geräte, die sehr zuverlässig arbeiten. Sie werden auch zur Speisefischhälterung in Gastronomiebetrieben eingesetzt. Je nach Beckengröße ist eine Absenkung der Temperatur von 5 °C und mehr möglich. Den Geräten wird ein Filter vorgeschaltet, um eine Verschmutzung des Aggregates zu vermeiden.

Für den normalen Aquarianer kommt aber die Haltung von Tieren aus kühlen oder gar kalten Gewässern ohnehin selten in Frage. Im Zoohandel erhält man solche Arten praktisch nicht, und man muß sie schon selbst fangen. Ein weiteres Problem ist der Transport. Kühl zu haltende Arten sind sehr wärmeempfindlich und überstehen einen langen Transport im Auto zumindest im Sommer kaum. Sie eignen sich also nur für Spezialisten.

Anders liegt der Fall bei Mittelmeeraquarien. Hier ist es meist kein großes Problem, sich geeignete Tiere zu beschaffen. Außer bei der Pflege einiger weniger Arten des Flachwassers ist aber eine Kühlung der Becken kaum zu umgehen. Lediglich bei in kühlen Kellern aufgestellten Aquarien ist dies überflüssig. Je nach der Tierbesetzung sollten allerdings die Temperaturen im Sommer 18 bis 20 °C nicht über-, im Winter 14 bis 16 °C nicht unterschreiten (nähere Angaben hierzu im letzten Kapitel).

55

Meerwasser – ein lebendiges Medium

Meerwasser lebt! Nimmt man einen Eimer frisches Wasser aus dem Meer und stellt ihn in die Sonne, so fängt der Inhalt nach kurzer Zeit übel zu riechen an. Der Grund: Im Meerwasser befinden sich außer den anorganischen Bestandteilen auch organische Substanzen, vor allem aber Mikroorganismen, die durch die Erwärmung absterben.

Fährt man nachts mit einem kleinen Boot übers Meer und hält während der Fahrt die Hand ins Wasser, so leuchtet es grünlich. Durch die Bewegung senden kleine Einzeller (*Noctiluca*) Lichtblitze aus, die das sogenannte Meeresleuchten bewirken. Wenn man nun noch eine starke Lampe ins Wasser hält, so wird die Behauptung „Meerwasser lebt!" besonders deutlich. In kürzester Zeit sammeln sich um den Lichtkegel Hunderte kleiner Lebewesen. Meerwasser ist also nicht einfach eine Mischung aus Wasser und verschiedenen Chemikalien, sondern ein lebendes Medium.

Im Gegensatz zum Süßwasser ist die chemische Zusammensetzung des Meerwassers in allen Weltmeeren annähernd gleich. Der Grund hierfür liegt in der Entstehung des Meerwassers. Süßwasser gelangt über Regen, Tau und Flüsse ins Meer. Seit Jahrmillionen laugen Bäche, Flüsse und Ströme lösliche Salze aus dem Gestein und aus der Erde, durch und über die sie fließen. Das dabei gelöste Material strömt ins Meer und reichert sich dort im Laufe der Zeit an. Heute beträgt der Salzgehalt des Meerwassers weltweit durchschnittlich 3,5 %. Geringfügige Unterschiede erklären sich aus der geographischen Lage des jeweiligen Meeres, aus unterschiedlicher Verdunstung, aus Verdünnung durch Regenwasser und Zuflüsse, aus der Einwirkung von Strömungen und durch Temperaturdifferenzen (siehe Tabelle auf Seite 71).

Eigenschaften und Zusammensetzung

Im Meerwasser kommen praktisch alle wichtigen Elemente des Periodensystems vor. Kochsalz hat dabei den größten Anteil. Alle Salze zusammen stellen etwa 99,9 % aller gelösten Stoffe des Meerwassers dar. Die restlichen 0,1 % teilen sich in Spurenelemente, Gase und organische Stoffe auf.

Im Meerwasser findet man mindestens 70 verschiedene Spurenelemente. Diese Elemente sind wichtig für die verschiedensten Lebensvorgänge im Meer. Silizium wird zum Beispiel in größerer Menge

Hauptbestandteile des Meerwassers (nach HARVEY 1955).

Element	g/kg
Natrium	10,77
Magnesium	1,30
Kalzium	0,409
Kalium	0,388
Strontium	0,010
Chlorid	19,37
Sulfat	2,71
Bromid	0,065
Kohlenstoff	0,025 (pH-abhängig)

von den Kieselalgen (Diatomeen oder Ba-cillariophyceen) zum Aufbau ihrer Skelette gebraucht. Molybdän und Vanadium werden von vielen Algen benötigt. Seescheiden reichern Vanadium sogar bis zur 50000fachen Menge der im Meerwasser vorkommenden Konzentration an.

Fische sind in der Lage, verschiedene Metalle, wie Silber, Chrom und Nickel, in ihrem Körpergewebe abzulagern. Leidlich bekannt ist auch, daß giftige Schwermetalle, in größeren Mengen vom Menschen ins Meer gebracht, über die Nahrungskette von Fischen angereichert werden und diese ungenießbar machen können. Das Kupfer, ebenfalls in geringen Mengen im Meerwasser vorhanden, wird in der Aquaristik sogar als Fischheilmittel verwendet. Für alle Wirbellosen ist eine Kupferbehandlung jedoch tödlich (siehe Kapitel „Krankheiten").

Im Meerwasser finden sich aber auch die Elemente und gasförmigen Verbindungen der bodennahen Luftschicht wieder. Je nach Wassertemperatur beträgt dabei der Sauerstoffanteil bis zu 8,5 mg/l.

Kohlendioxid ist im Meerwasser größtenteils als Bicarbonat gelöst. Die Konzentration dieses Gases ist abhängig vom pH-Wert und wichtig für die Photosynthese der Pflanzen. Normalerweise wird aber der Pflanzenwuchs der Algen und Seegräser durch den CO_2-Gehalt nicht begrenzt, da dieses Gas meist in genügender Menge vorhanden ist. Die weiteren Gase unserer Atemluft, der Stickstoff und die verschiedenen Edelgase, sind für uns von geringerer Bedeutung. Der Stickstoffkreislauf spielt jedoch bei der Filterung eine wichtige Rolle (siehe Seite 36).

Natürlich gibt es im Meerwasser auch gelöste organische Stoffe. Sie kommen aber in relativ geringen Mengen vor und sind kaum nachweisbar. Dazu gehören Kohlenhydrate, Aminosäuren, Fettsäuren und vieles mehr. Die Bedeutung dieser Stoffe im Naturhaushalt des Meerwassers ist noch unklar.

Viele Anfänger vermuten in der Herstellung des Meerwassers die eigentliche Schwierigkeit der Seewasseraquaristik. Trotz der zahlreichen Bestandteile gibt es aber hiermit keine Probleme mehr, da hervorragende Salzmischungen im Handel sind, mit denen wir ein einwandfreies Meerwasser herstellen können.

Der Salzgehalt beeinflußt Leitfähigkeit und Dichte

Der Salzgehalt des Meerwassers läßt sich auf verschiedene Art und Weise messen. Die genaueste Methode ist die Messung der Chlorinität, also des Gehalts an Chlor-Ionen, mittels Titration. Für unsere Zwecke ist die dabei erreichbare Genauigkeit aber unnötig und die Methode eher zu umständlich.

Die zweite Methode ist die Messung der **elektrischen Leitfähigkeit** des Meerwassers, die in Millisiemens pro Zentimeter angegeben wird. Die Tabelle auf der nächsten Seite zeigt die Zusammenhänge zwischen Meßwert (mS/cm), Salzgehalt (Salinität in Promille bei 25 °C) und Dichte (kg/m³) bei derselben Bezugstemperatur. Die Temperatur braucht aber bei der prak-

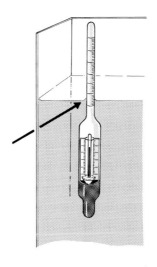

Ablesen der Dichte am Aräometer im Aquarium.

Elektrische Leitfähigkeit, Salzgehalt und Dichte des Meerwassers (bei 25 °C).

mS/cm	Salinität $^0/_{00}$	Dichte kg/l
40,0	25,5	1,0187
41,0	26,3	1,0193
42,0	26,9	1,0198
43,0	27,7	1,0204
44,0	28,4	1,0209
45,0	29,1	1,0214
46,0	29,8	1,0220
47,0	30,5	1,0225
48,0	31,3	1,0232
49,0	32,1	1,0238
50,0	32,9	1,0244

tischen Messung nicht berücksichtigt zu werden, da die Geräte meist temperatur-kompensiert sind. Diese Messung ist sehr genau, wenn auch relativ kostspielig. In der Aquaristik hat sich daher die **Dichtemessung** mittels Aräometer durchgesetzt. Das Aräometer schwimmt dabei auf dem Wasser und sinkt, je nach Dichte (Salzgehalt) des Wassers, verschieden tief ein. Anhand einer Skala wird die Einsinktiefe und die damit zusammenhängende Dichte abgelesen. Das Aräometer muß bei der Messung sauber und (an der Spindel)

Meerwasserdichte in Abhängigkeit von Salzgehalt und Wassertemperatur.

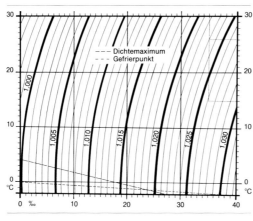

trocken sein, um die Meßergebnisse nicht zu verfälschen.

Außerdem ist es wichtig, daß das Aräometer auf die Aquarientemperatur geeicht ist. Im Zoohandel gibt es Geräte, die für die Messung bei 25 °C vorgesehen sind. Andere Aräometer sollte man für tropische Becken ablehnen, da die Meßfehler sonst beträchtlich werden können. Die erforderliche Dichte in unseren Meerwasseraquarien liegt bei 1,022–1,025 kg/l, gemessen bei 25 °C. Mißt man dasselbe Wasser bei etwa 20 °C, so erhält man bereits eine Dichte von 1,027, also eine recht deutliche Abweichung.

Inzwischen gibt es Aräometer, bei denen die Wasserprobe in das Gerät selbst gefüllt wird. Dabei läßt sich die Skala besser ablesen als im bewegten Wasser des Aquariums. Allerdings sind diese Geräte nicht sehr genau. Nach wie vor sind die besten Geräte also Präzisionsaräometer aus Glas mit eingebautem Thermometer. Der schon erwähnte Zusammenhang zwischen Dichte und Temperatur läßt sich dabei leicht kontrollieren.

Meerwasser darf nicht sauer werden

In der Chemie wird der pH-Wert als der negative dekadische Logarithmus der Hydroniumionenkonzentration definiert. Einfacher ausgedrückt, beschreibt dieser Wert das mengenmäßige Verhältnis der H^+-(Wasserstoff) und der OH^--Ionen zueinander, das in einer Skala, die von 0 bis 14 reicht, ausgedrückt wird. Bei pH 7 ist dieses Verhältnis ausgeglichen, das Wasser ist neutral. Der pH-Wert 0 ist sehr sauer und pH 14 stark alkalisch. Uns sagt dieser Wert, wie sauer oder alkalisch unser Wasser ist, wieviel Säure oder Lauge es also enthält.

Der pH-Wert des Aquarienwassers soll zwischen pH 7,9 und 8,4 liegen. Werte, die sich darüber oder darunter befinden, sind für viele Meerestiere tödlich. Werte um pH 8,2 sind ideal. Unser Leitungswasser reagiert in der Regel neutral bis leicht alkalisch. Durch die Zugabe einer fertigen Meersalzmischung pegelt sich nach einigen Tagen aber der gewünschte Wert von selbst ein.

Die Härte des Ausgangswassers spielt zunächst keine Rolle. Lediglich beim Aufrechterhalten des erforderlichen Wertes ist sehr weiches Wasser ungünstig. Man kann aber solches Wasser vor der Verwendung mit verschiedenen Methoden aufhärten (siehe Seite 72).

Gelegentliches Messen des pH-Wertes gibt Aufschluß über die Wasserqualität und über eventuelle Veränderungen, die dann sofort behoben werden müssen. Anfangs ist das angesetzte Meerwasser nämlich noch gegen Schwankungen des pH-Wertes durch den Anionenüberschuß (OH⁻) gepuffert. Auf Dauer sinkt er aber etwas ab. Der Grund hierfür liegt im Abbau organischer Substanzen, wie Eiweiß aus der Fütterung, Urin und Kot der Tiere und sich zersetzende Pflanzenreste, sowie durch die Atmung der Tiere und die dabei entstehende Kohlensäure. Schon ein Teilwasserwechsel kann hier Abhilfe schaffen. Dauerhaft niedrige oder hohe Werte zeigen aber Fehler im Konzept des Aquariums an, etwa in fehlerhafter Technik, zu hohem Tierbesatz oder zu hohem Algenbestand an.

Normal sind Schwankungen zwischen pH 7,8 (morgens gemessen) und pH 8,4 (tagsüber und abends). Sie entstehen durch den unterschiedlichen Stoffwechsel der Pflanzen und Tiere bei Tag und Nacht sowie durch die Einwirkung der Beleuchtung, eventuell auch der Fütterung, und sind daher kaum zu vermeiden. Im Meer herrschen solche Zustände allerdings nur in extrem flachem Wasser, also in der Lagune, im Rückriff und natürlich besonders in Ebbetümpeln. Bei einer Beschränkung auf entsprechende Tiere und Pflanzen machen diese pH-Schwankungen auch keine Probleme. Selbst wesentlich empfindlichere Tiere lassen sich noch problemlos halten, wenn nur alle anderen Parameter stimmen.

In Ebbetümpeln und entsprechenden Gewässern schwanken nicht nur der pH-Wert, sondern auch Temperatur, Sauerstoffgehalt, Salinität und andere Werte. Wenn diese Schwankungen trotzdem stören, kann man mit einer CO_2-Regelung zumindest einen zu hohen pH-Wert verhindern (siehe Kapitel „Kohlendioxid/Kohlensäure"). Allerdings ist zu berücksichtigen, daß auch eine Überbesetzung des Aquariums zu pH-Wert-Schwankungen führen kann. Bei einer pH-Regelung mittels CO_2 werden Schwankungen eher unterdrückt und fallen dann als Indikator für die Wasserqualität aus.

Am besten läßt man es erst gar nicht so weit kommen. Regelmäßiger Teilwasserwechsel und vernünftiger Besatz sowie sparsame Fütterung garantieren einen stabilen pH-Wert.

Die Messung des pH-Wertes

Das klassische Indikatorpapier eignet sich für unsere Zwecke nicht, obwohl es inzwischen Sorten mit sehr feinen Abstufungen gibt. Trotzdem ist es aber immer noch zu ungenau, da die unbedingt notwendige Genauigkeit von pH 0,1 damit kaum zu erreichen ist. Für grobe Messungen überall dort, wo es auf Genauigkeit nicht so sehr ankommt, etwa beim Messen von Blumengießwasser oder im Freiland zum Abschätzen der Gewässerqualität, leisten Indikatorpapiere aber durchaus gute Dienste.

Für die Messung des pH-Wertes im Meerwasseraquarium eignen sich die im Handel erhältlichen flüssigen pH-Wert-Indikatoren hervorragend. Sie sind preisgünstig, leicht und schnell zu handhaben und erreichen eine Genauigkeit von pH 0,1.

Wer mehrere Aquarien besitzt und dadurch relativ viele Messungen durchführen muß, für den lohnt sich die Anschaffung eines elektronischen pH-Meßinstrumentes.

59

Verschiedene pH-Meßgeräte. a) Gerät mit getrennter Elektrode, b) kompaktes Gerät mit integrierter, auswechselbarer Elektrode (Werkfotos Tunze-Aquaristik/Hanna Instruments).

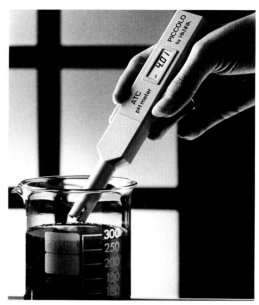

Messung des pH-Wertes mit Indikatorflüssigkeiten

Reagenzien zur Messung des pH-Wertes im Seewasser gibt es von verschiedenen Firmen. Die Anwendung ist denkbar einfach. Am besten folgt man den Hinweisen in der Anleitung, die jedem Test beigefügt ist.

Nach kurzem Umschwenken und einigen Sekunden Wartezeit wird das Gläschen mit den mitgelieferten Farbtafeln verglichen, bis man die dem Inhalt des Gläschens am nächsten kommende Farbe gefunden hat.

Zunächst füllt man das mitgelieferte Meßgläschen mit der vorgeschriebenen Menge Aquarienwasser. Es empfiehlt sich, dieses Gläschen vorher mehrfach mit demselben Aquarienwasser zu spülen, um ein möglichst genaues Ergebnis zu erreichen. Anschließend werden die vorgeschriebenen Tropfen der Indikatorflüssigkeit zugegeben.

Die über dem so ermittelten Farbkreis stehende Zahl ist der pH-Wert des Aquarienwassers.

Solche Tests gibt es für alle in der Aquaristik notwendigen Messungen (Nitrit, Nitrat, Ammonium und andere) sowohl einzeln als auch in umfangreichen Testsets zusammengestellt.

Rechnet man die Anschaffungskosten auf jede Messung um, so ist der Preis für das Gerät oft schneller erwirtschaftet, als man zunächst vielleicht annimmt. Die Anzeigegenauigkeit liegt auch bei preisgünstigeren Geräten bei pH 0,01, die tatsächliche Meßgenauigkeit allerdings meist darunter. Mit elektronischen pH-Meßgeräten sind ohne weiteres auch Dauermessungen im Aquarium möglich.

Die Bedienung ist einfach. Die Geräte werden, entsprechend der Gebrauchsanweisung, mit den mitgelieferten Eichlösungen eingestellt. Nach dieser Eichung kann man einige Wochen lang ohne neue Einstellung messen. Dazu wird die Elektrode einfach in das zu messende Wasser gehalten. Auf der Digitalanzeige erscheint zunächst ein etwas schwankender Wert, der sich aber nach einigen Sekunden stabilisiert. Die abgelesenen Werte sind dann entsprechend genau und sollten notiert werden (siehe Seite 81).

Wer sich ein pH-Meter anschaffen will, der sollte ein transportables, batteriebetriebenes Modell wählen. Inzwischen gibt es kleine, handliche Geräte in Stick-Form, die sogar temperaturkompensiert sind, und bei denen die Elektrode nur aufgesteckt ist und dadurch leicht ausgewechselt werden kann. Temperaturkompensiert heißt, daß das Gerät automatisch die Temperatur der zu messenden Flüssigkeit mißt und berücksichtigt. Bei manchen Geräten muß diese Temperatur erst eingestellt werden, um Meßfehler zu vermeiden.

Elektronische pH-Meßgeräte kann man natürlich auch in anderen Aquarien oder im Urlaub benutzen und so interessante Vergleiche anstellen. In den einzelnen Lebensräumen unserer Aquarientiere kann der pH-Wert nämlich durchaus unterschiedlich sein. Während er im offenen Meer stets 8,1–8,4 beträgt, findet man in größeren Meeresarmen Werte bis 7,5 und darunter. Auch in Ebbetümpeln sinken die Werte auf 8,0–7,5. Einige Meßgeräte lassen sich außerdem, vorausgesetzt, man verwendet die richtige Meßelektrode, für interessante Untersuchungen des pH-Wertes von Böden benutzen. Man denke hier nur an das Problem des sauren Regens. Die Meßgeräte sind also vielseitig einsetzbar und dadurch durchaus ihr Geld wert.

Übrigens sollte man der Meßelektrode besondere Aufmerksamkeit zukommen lassen. Sie ist das empfindlichste und wichtigste Teil des Gerätes und muß entsprechend gepflegt werden. In der Regel wird sie mit einer besonderen Lösung feucht gehalten, damit sie nicht austrocknet. Trotz guter Pflege läßt die Meßgenauigkeit nach einiger Zeit nach. Laborelektroden können dann durch eine besondere Regenerationsmethode noch einmal „gerettet" werden. Elektroden für den Dauereinsatz (CO_2-Regelung oder Kalkreaktor) werden im Ermüdungsfalle einfach ausgewechselt.

Normalerweise bleibt der pH-Wert über Jahre hinweg stabil. Wenn man besonders weiches Wasser verwendet, kann es allerdings vorkommen, daß er mangels genügenden Kalkgehaltes des Ausgangswassers stärker schwankt. Hier hilft dann nur ein künstliches Aufhärten des Seewassers (siehe Seite 72). Wer ohnehin dafür einen Kalkreaktor anschaffen will, wird sich dafür ein pH-Meßgerät mit Regelfunktion kaufen. Eine gesonderte pH-Messung entfällt dann.

Reduktion und Oxidation

In unseren Aquarien finden stets Reaktionen statt, die man mit den Begriffen Oxidation und Reduktion bezeichnet. **Oxidation** ist ursprünglich als Reaktion eines Elementes oder einer Verbindung mit Sauerstoff definiert. Der Chemiker betrachtet sie heute als Elektronenabgabe, so daß es auch Oxidationen ohne Beteiligung von Sauerstoff gibt.

Bei Oxidationen werden oft gefährliche Stoffe in weniger gefährliche über-

Elektronische pH-Wert-Messung

Die genaueste Methode der pH-Wert-Messung ist die mit elektronischen pH-Metern. Es gibt inzwischen preisgünstige und wartungsarme Geräte auf dem Markt, die uneingeschränkt empfohlen werden können.

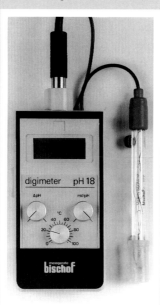

Die Geräte bestehen aus einer Meßelektrode und einem Meßteil mit Anzeigeinstrument. Da der pH-Wert auch temperaturabhängig ist, muß man die Temperatur des Aquarienwassers vor jeder Messung von Hand am Meßgerät einstellen. Es gibt inzwischen aber auch temperaturkompensierte Geräte, die über einen eigenen Temperaturfühler verfügen, so daß sie automatisch berücksichtigt wird.

Notwendig bei allen pH-Metern ist aber eine gelegentliche Eichung (Kalibrierung) des Gerätes, um genaue Messungen zu ermöglichen. Dazu wird die Elektrode mit zwei verschiedenen, vorgefertigten Lösungen (Pufferlösungen) verglichen, die auf genaue pH-Werte eingestellt sind (etwa Pufferlösung pH 7,01 und eine weitere, die für Messungen im Meerwasser am besten im alkalischen Bereich liegt).

Die meisten der auf dem Markt befindlichen Geräte besitzen Einstellschrauben für die Kalibrierung (siehe unten). Die Elektrode wird zunächst in die Pufferlösung pH 7,01 gesteckt. Dann wird die zugehörige Justierschraube so lange gedreht, bis auf der Anzeige des Instruments der Wert 7,01 angezeigt wird. Danach wird die Elektrode mit destilliertem Wasser gespült. Nun verfährt man mit der zweiten Pufferlösung genauso. Das Gerät ist jetzt kalibriert und bereit für exakte pH-Wert-Messungen.

Zu beachten ist jedoch, daß man die Elektrode nicht etwa in das Vorratsgefäß der Pufferlösungen taucht und diese damit verunreinigt, sondern daß man immer etwas Pufferlösung zur Kalibrierung in ein kleineres Gefäß gibt. Diese Lösung muß danach weggeschüttet werden. Außerdem sollte man daran denken, daß auch Pufferlösungen nicht ewig halten. Nur eine regelmäßige Eichung des Gerätes mit einwandfreier Pufferlösung garantiert richtige Meßergebnisse! Billige Meßgeräte, die sich nicht eichen lassen, sollte man nicht kaufen.

Elektrodenpflege

Die Elektroden für die pH-Wert-Messung sind teuer und empfindlich. Sie bedürfen einer gewissen Pflege, um möglichst lange funktionsfähig zu bleiben. Vor allem muß man die Austrocknung der Elektrodenspitze verhindern. Dazu setzt man nach dem Gebrauch eine mit einer speziellen Salzlösung gefüllte Kappe auf die mit destilliertem Wasser abgespülte Elektrode und schützt sie damit.

Wer ein übriges tun will, kann die Elektrode in größeren Zeitabständen mit einer besonderen Reinigungslösung behandeln. Dadurch werden Ablagerungen auf der Elektrode beseitigt. Trotzdem halten Meßelektroden nicht unbegrenzt. Sie müssen nach einiger Zeit – abhängig vom Pflegeaufwand und der Anzahl der Messungen – ersetzt werden.

führt (Nitrat, Sulfat). So wird Ammoniak (NH_3) zu Nitrit (NO_2^-) und dann zu Nitrat (NO_3^-) oxidiert. Die **Reduktion** kann diesen Vorgang wieder umkehren. Dies geschieht, wenn Sauerstoffmangel herrscht, in größerem Umfang, so daß das aus dem Nitrat entstehende giftige Nitrit oder das ebenfalls giftige Ammoniak die Pflanzen und Tiere nachhaltig schädigen können. Die im Kapitel Wasserpflege aufgeführten Maßnahmen können dies aber verhindern.

Das **Redoxpotential** wird in Millivolt gemessen. Manche pH-Meter ermöglichen die Messung unter Verwendung einer besonderen Elektrode. Leider ist die Bestimmung des Redoxpotentials trotzdem nicht ganz einfach. Die entstehenden Resultate sind zudem recht unterschiedlich. Die Meinungen über die zu erstrebenden Werte gehen ohnehin beträchtlich auseinander. Sie differieren zwischen 150 und 450 Millivolt. Was bei manchen Autoren schon als günstiger Wert gilt, wird bei anderen als zu niedrig abgelehnt.

Der Grund für diese unterschiedlichen Angaben liegt in der Unkenntnis der näheren Zusammenhänge. Das gemessene Ergebnis ist nämlich von Fabrikat, Bauweise, Alter und Zustand der jeweils verwendeten Elektrode abhängig. Geräte verschiedener Firmen sind also schlecht miteinander vergleichbar, und man kann die gemessenen Werte lediglich dann direkt miteinander vergleichen, wenn mit der gleichen Elektrode, dem gleichen Gerät nach der gleichen Methode gemessen wurde. Redoxwerte kann man also nur zur Tendenzerkennung heranziehen.

Eine kräftige Umwälzung des Wassers, bei der die Oberfläche stark bewegt wird, und die Rieselfilterung oder Eiweißabschäumung, die in beiden Fällen einen guten Kontakt zwischen Luft und Wasser herstellt und damit den Gasaustausch ermöglicht, helfen uns, einen günstigen, natürlichen Redoxwert zu erhalten. Verhindert man nun noch reduzierende Vor-

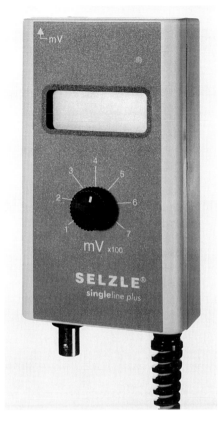

Redoxmeßgerät (Werkfoto Selzle).

gänge im Filter und Bodengrund durch regelmäßiges Auswaschen der Filtermasse und Absaugen von Pflanzen- und Futterresten, füttert knapp und führt den notwendigen Wasserwechsel durch, so kann man davon ausgehen, daß das Redoxpotential konstant hoch bleibt. Die aufwendige Messung können wir uns dann ersparen.

Der rH-Wert

Der rH-Wert ist eine Kombination des pH-Wertes und des Redoxwertes. Er sei hier nur der Vollständigkeit halber erwähnt. Man errechnet ihn mit der Formel:

$$rH = \frac{mV}{29} + (2 \times pH) + 6{,}67$$

63

Beispiel:
Gemessen wurde das Redoxpotential mit 220 mV, der pH-Wert mit 7. So ergibt sich nach der Formel:

$$rH = \frac{220\,mV}{29} + (2 \times 7) + 6{,}67 = 28{,}34$$

Ähnlich dem pH-Wert teilt man auch den rH-Wert in fünf grobe Stufen ein:

rH 0–9	=	stark reduzierend
rH 9–17	=	vorwiegend schwach reduzierend
rH 17–25	=	indifferente Systeme
rH 25–34	=	vorwiegend schwach oxidierend
rH 34–32	=	stark oxidierend

Mit dem rH-Wert läßt sich also leichter arbeiten. Für die Schwierigkeiten bei der Messung und die Vergleichbarkeit der Werte gilt aber das gleiche wie für den Redoxwert.

Wasseraufbereitung

Ozonisierung

Das Gas Ozon besteht aus Sauerstoffmolekülen, die von drei anstatt der üblichen zwei Atome gebildet werden. Das Ozonmolekül zerfällt daher recht schnell in ein normales Sauerstoffmolekül und ein freies

Atom, das sehr leicht andere Stoffe oxidieren kann.

Auf die häufig empfohlene Ozonisierung des Aquarienwassers kann man im allgemeinen verzichten. Mit ihr kann man zwar das Redoxpotential künstlich anheben, aber ein zu niedriges Potential läßt eben auf Fehler schließen, die wir bei der Wasserpflege gemacht haben. Das künstliche Anheben des Redoxwertes würde einen solchen Mißstand nur verschleiern. Da unter Umständen durch die Ozonisierung auch der biologische Abbau von Schadstoffen durch die Denitrifikationsbakterien verhindert werden kann, in ungünstigen Fällen sogar giftige Verbindungen entstehen und Spurenelemente in nicht mehr verfügbare Formen überführt werden können, kann man sie also nicht bedenkenlos empfehlen.

Selbst zur Beseitigung eventuell auftretender Wassertrübungen ist die Ozonisierung ungeeignet, da sie im günstigsten Fall nur die Symptome, nicht aber die Ursachen beseitigt. Auch in den früher viel gepriesenen Ozon-Hallenbädern wird inzwischen auf eine Ozonisierung des Wassers verzichtet.

Sinnvoll werden Ozonisierungsgeräte zusammen mit Eiweißabschäumern eingesetzt, da sie die Abschäumleistung einiger Geräte erhöhen können. Erfolge wurden auch schon bei der Bekämpfung von Algenproblemen gemeldet. Wer hierfür Ozonisatoren benutzen möchte, muß darauf achten, daß keine normalen Kunststoff-Luftschläuche, sondern spezielle Teflonschläuche verwendet werden. Normale Schläuche werden von dem sehr aggressiven Ozon schnell zerstört.

Daß zu hohe Ozongaben zu Verbrennungen der Haut und der Kiemen der Fische führen können, braucht man beim richtigen Einsatz der Geräte nicht zu befürchten. Die derzeit im Handel befindlichen Geräte sind durchweg betriebssicher, und Überdosierungen sind nur bei falscher Anwendung möglich (etwa zu

Ozonisierungsgerät (Werkfoto Sander-Aquaristik).

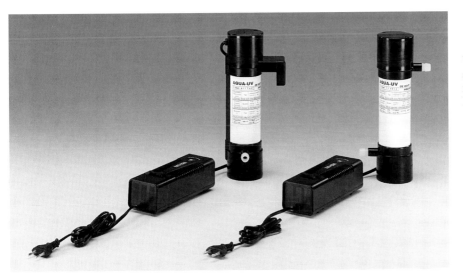

UV-Klärer in verschiedener Ausführung (Werkfoto DeBary-Aquaristik).

starke Geräte an kleinen Aquarien bei Höchstdosierung).

UV-Licht zur Wasserklärung?

Ein Teil des Lichtspektrums der Sonne besteht aus extrem kurzwelligen ultravioletten Strahlen. UV-Licht ist nicht sichtbar, aber sehr wirkungsvoll, was wir spätestens dann bemerken, wenn wir einen Sonnenbrand davon bekommen. Die Wirkung der in Aquarienlampen noch vorhandenen UV-Reststrahlung wurde bereits im Kapitel „Beleuchtung" erläutert.

UV-Strahlen sind jedoch darüber hinaus in der Lage, Keime abzutöten, was auch in der Aquaristik ausgenutzt wird. Kleine UV-Strahler, durch die man das zu klärende Wasser fließen läßt, werden zu diesem Zweck in den Kreislauf einer Filteranlage geschaltet. Tatsächlich schaffen es solche UV-Klärer, das Wasser teilweise zu entkeimen und Bakterien und Krankheitserreger abzutöten. Vor allem Algenblüten und Bakterientrübungen können also damit beseitigt werden.

Das Wasser ist nach dieser Klärung aber praktisch tot, ein Zustand, den wir im Wirbellosenbecken nicht gebrauchen können, da Filtrierer, wie etwa die Schwämme, Bakterien und Einzeller als Nahrung verzehren. Wie so oft, werden beim Einsatz solcher Geräte nur die Symptome behandelt, kaum aber die Ursachen beseitigt, wie Überbesetzung und schlechte Filterung oder Abschäumung.

UV-Klärer werden aber in reinen Fischbecken mit besonders empfindlichen Tieren und zur Krankheitsbehandlung in Quarantänebecken eingesetzt. Dort können sie durchaus wertvolle Dienste leisten. Es gibt Lampen von etwa 15 bis 30 Watt Leistungsaufnahme, die für Aquarien von 500 bis etwa 800 Liter ausreichen. Für Quarantäne- und Behandlungsbecken wähle man also stets die kleinere Version. Zu bedenken ist aber, daß die Kombination von UV-Klärung und Medikamentenbehandlung zu Problemen führen kann. Beides zusammen sollte also nicht eingesetzt werden (Packungsbeilage des jeweiligen Medikamentes beachten!).

Wenn im Riffbecken Fische erkranken, ist die UV-Klärung oft die einzige Hilfe, denn Medikamente können in solchen Aquarien mit Wirbellosen kaum eingesetzt werden. Hier kann eine zeitweise UV-Klä-

65

Meerwasser – ein lebendiges Medium

Analyse der Stuttgarter Trinkwässer. Mittelwerte 1994.

Meßgröße	Einheit	Grenzwert	Bodensee-wasser	Landes-wasser
Anlage 4 der Trinkwasserverordnung				
Färbung (SAK 436 nm)	m^{-1}	0,5	n. n.	n. n.
Trübung	TE/F	1,5	0,12	0,05
Geruch, Geschmack			ohne	ohne
Temperatur	°C	25	6,7	10,6
pH-Wert		6,5–9,5	7,99	7,50
Leitfähigkeit (25 °C)	µS/cm	2 000	329	502
Oxidierbarkeit (O_2)	mg/l	5	0,91	0,5
Aluminium	mg/l	0,2	0,0022	0,03
Ammonium (NH_4)	mg/l	0,5	< 0,01	<0,01
Barium	mg/l	1	0,018	0,016
Bor (B)	mg/l	1	0,024	<0,01
Calcium	mg/l	400	51,8	79
Chlorid	mg/l	250	6,3	25
Eisen	mg/l	0,2	<0,01	0,009
Kalium	mg/l	12	1,4	1,9
Magnesium	mg/l	50	8,2	12,3
Mangan	mg/l	0,05	<0,005	0,0004
Natrium	mg/l	150	4,6	7,2
Phosphat (PO_4)	mg/l	6,7	0,09	0,57
Silber	mg/l	0,01	<0,00005	<0,0005
Sulfat	mg/l	240	34	30
Härteparameter				
Gesamthärte	mmol/l		1,62	2,48
Gesamthärte	°dH		9,13	13,9
Säurekapazität bis pH 4,3	mmol/l		2,46	3,64
Carbonathärte	°dH		6,90	10,2
Härtebereich			2	2
Mikrobiologie nach § 1 der Trinkwasserverordnung				
Escherichia coli	0/100 ml	0	0	0
Coliforme Keime	0/100 ml	0	0	0
Koloniezahl bei 20 °C	100/ml [1]	0	0	<1
Koloniezahl bei 36 °C	100/ml [1]	<1	<1	<1

1) Richtwert
2) ab 1.1.1996 (z.Z. 0,04 mg/l)

n. n. = nicht nachweisbar

Analyse der Stuttgarter Trinkwässer. Mittelwerte 1994 (Fortsetzung).

Meßgröße	Einheit	Grenzwert	Bodensee-wasser	Landes-wasser
Anlage 4 der Trinkwasserverordnung				
Arsen	mg/l	0,01[2]	0,0013	0,0002
Blei	mg/l	0,04	<0,00001	<0,00001
Cadmium	mg/l	0,005	<0,000001	<0,000001
Chrom	mg/l	0,05	0,00018	0,00011
Cyanid	mg/l	0,05	<0,0005	<0,001
Fluorid	mg/l	1,5	0,08	0,06
Nickel	mg/l	0,05	0,00084	0,0004
Nitrat	mg/l	50	4,7	25
Nitrit	mg/l	0,1	<0,005	<0,01
Quecksilber	mg/l	0,001	0,0000024	0,00001
PAK	mg/l	0,0002	<0,0005	<0,0005
Organische Chlorverbindungen	mg/l	0,01	<0,001	<0,0002
Tetrachlorkohlenstoff	mg/l	0,03	<0,00002	<0,00002
Pflanzenbehandlungs- und Schädlingsbekämpfungsmittel:				
– Einzelsubstanz	mg/l	0,0001	<0,00005	<0,0001
– insgesamt	mg/l	0,0005	<0,00005	<0,0001
Antimon	mg/l	0,01	0,000125	0,0001
Selen	mg/l	0,01	0,000165	0,0006
Weitere Parameter				
Sauerstoff	mg/l		21,4	12,4
UV-Absorption (SAK 254 nm)	m^{-1}		1,46	1,0
freies/Gesamtchlor	mg/l	0,3/–	0,05/0,09	–/–
Chlordioxid/Chlorid	mg/l	0,2/0,2	–/–	0,01/0,12

rung möglicherweise helfen, die Parasiten abzutöten. Zusammen mit dem Einsatz eines Diatom-Filters wurden hierbei schon verblüffende Erfolge erzielt.

Für den Dauerbetrieb sollte man UV-Wasserklärer nicht einsetzen. UV-Strahlung regt chemische Reaktionen im Wasser an, etwa von Sauerstoff (O_2) zu Ozon (O_3) oder von Nitrat (NO_3^-) zu Nitrit (NO_2^-). Die Wirkung auf die Aquarienchemie ist nur schwer abschätz- und kontrollierbar. Außerdem haben UV-Klärer nur eine aktive Lebensdauer von 2000 bis 3000 Stunden und müßten daher jedes Jahr ausgetauscht werden. Ihre Verwendung ist normalerweise in gut geführten und nicht übersetzten Aquarien unnötig.

Die Qualität des Ausgangswassers

Wichtig ist die Qualität des Ausgangswassers, mit dem wir unser Meerwasser anmischen wollen. Nicht immer entspricht sie nämlich den Anforderungen, die von uns gestellt werden. Wer Auskunft über die Qualität des Wassers und seine Bestand-

67

Grenzwerte für Aquarienwasser.

Nitritgehalt	max. 0,1 mg
Nitratgehalt	max. 50 mg
Ammoniumgehalt	max. 0,1 mg
Chlorgehalt	möglichst gering
Phosphatgehalt	max. 0,5 mg
Härte	möglichst hart
sonstige Zusätze (Metalle usw.)	extrem gering

teile haben will, schreibt am besten dem Wasserwerk, von dem er sein Leitungswasser bezieht. In den meisten Fällen geben Wasserwerke gerne Auskunft. Die vorigen Seiten zeigen eine solche, von den Technischen Werken Stuttgart angefertigte Wasseranalyse für zwei in Stuttgart übliche Wasserqualitäten.

Es ist klar ersichtlich, daß lediglich der Phosphatgehalt den aufgeführten Grenzwert geringfügig überschreitet. Bei gutem Algenwachstum stellt dies aber kein Problem dar, da Algen Phosphate als Nährstoff verbrauchen. In unseren einheimischen Gewässern ist ein überhöhter Phosphatgehalt unter anderem verantwortlich für die bekannte Überdüngung (Eutrophierung). Der aufgeführte Karbonat- und Gesamthärteanteil reicht bei beiden Wässern aus. Besser wäre aber hier das aufgeführte Landeswasser. Für die Süßwasseraquaristik zöge man allerdings für Weichwasseraquarien das Bodenseewasser vor. Die in der Tabelle oben zu findenden Angaben können als Grenzwerte gelten.

Leider ist es manchmal angebracht, die Angaben der Wasserwerke selbst durch eigene Messungen nachzuprüfen. Für alle wichtigen Messungen gibt es entsprechende, leicht zu handhabende Testsets.

Letztendlich können wir uns aber die gelieferte Wasserqualität nicht aussuchen. Bei wem also Wasser mit relativ hohem Schadstoffgehalt aus der Leitung fließt, der muß sich mit Vollentsalzung durch Ionenaustauscher oder besser mit der Umkehrosmose beschäftigen oder ganz auf die Aquaristik verzichten.

Beide Verfahren sind nicht ganz unproblematisch, da sie in keinem Fall sofort verwendungsfähiges Aquarienwasser liefern. Je nach eingesetztem Kunstharz muß das entionisierte Wasser wieder künstlich aufgehärtet werden, um ein vernünftig zusammengesetztes Aquarienwasser zu erhalten. Für Umkehrosmosegeräte gibt es auch nachgeschaltete Aufhärtungsgeräte, die einem diese Arbeit abnehmen. Ansonsten muß mit einem der üblichen Aufhärtungsverfahren (siehe Seite 73) gearbeitet werden. Dies ist heute zwar kein Problem mehr, aber zweifellos ein zusätzlicher Aufwand, der eingeplant werden muß.

Ein ganz anderer Aspekt ist aber im Falle einer schlechten Wasserqualität noch viel wichtiger. Entspricht das Leitungswasser nämlich nicht den oben genannten Werten oder sind gar Schwermetalle oder chlorierte Kohlenwasserstoffe darin zu finden, sollte man sich langsam Gedanken über seine eigene Gesundheit machen. Ein Problem, das gerade derzeit immer aktueller wird.

Normalerweise ist Trinkwasser aber für unsere Zwecke gut geeignet. Eventuell vorhandene Chlorbeigaben werden bei der Erwärmung des Wassers ausgetrieben. Üblicherweise reicht es beim Auffüllen des verdunsteten Wassers schon aus, das Nachfüllwasser mit scharfem Strahl in ein Gefäß zu füllen. Auch dabei wird das Chlor ausgetrieben.

Chlor läßt sich mit entsprechenden Reagenzien leicht nachweisen. Im Zweifelsfall sollte das Nachfüllwasser zusätzlich für einige Zeit kräftig belüftet werden. Dies gilt besonders für den Wasserwechsel, wenn frisches Salzwasser angesetzt werden muß.

Interessant ist vor allem der Nitrat-Gehalt, der trotz der sonst guten Qualität unseres Trinkwassers manchmal recht hoch sein. Besonders in Weinbaugemeinden kam es in der Vergangenheit immer wieder zu deutlich überhöhten Werten

Umkehrosmose

Die Umkehrosmose ist das derzeit modernste und effektivste Verfahren der Wasseraufbereitung. Das Verfahren selbst ist nicht neu und einfach zu erklären.

Das Wasser wird unter Druck über eine halbdurchlässige Membran geleitet. Die Membran läßt ausschließlich H_2O, also reines Wasser durch. Es werden etwa 90 % der im Ausgangswasser enthaltenen mineralischen Salze (also auch Nitrat und andere Verunreinigungen) zurückgehalten. Außerdem werden dabei auch chlorierte Kohlenwasserstoffe, Pestizide und sogar Bakterien herausgefiltert.

Bei den modernen Umkehrosmoseanlagen sind die Membranen (früher die Schwachstelle solcher Geräte) aus praktisch unzerstörbarem Polysulfon-Polyamid. Lediglich Chlor kann sie

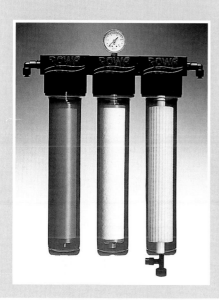

beschädigen. Daher werden solche Anlagen mit einem Aktivkohlevorfilter und, um Schmutzteilchen zurückzuhalten, mit einem Feinfilter versehen.

Da bei der Umkehrosmose auch alle Härtebildner zurückgehalten werden, muß das entstehende, nahezu mineralfreie Wasser mit unbehandeltem Wasser verschnitten werden, um wieder ein vernünftig zusammengesetztes Aquarienwasser zu erhalten. Für die modernen Umkehrosmosegeräte gibt es daher Aufhärtungsfilter. Kombiniert mit einer CO_2-Regelanlage kann man damit das gefilterte Wasser wieder auf einen sehr hohen Härtegrad bringen. Wer ohnehin einen Kalkreaktor benutzt, kann natürlich hierauf verzichten.

Da man Umkehrosmosewasser auch sehr gut für Dampfbügeleisen, Autobatterien, zum Gießen von Pflanzen oder als Tee- und Kaffeewasser verwenden kann, sollte der Auffangbehälter nicht zu klein gewählt werden. Ansonsten reicht eine kleine Anlage (Leistung 50 bis 100 Liter pro Tag) für die meisten Aquarianer völlig aus.

Der einzige Nachteil der Umkehrosmose-Anlagen ist der Wasserverbrauch. Um etwa fünf Liter aufbereitetes Wasser zu erhalten, läuft die vierfache Menge davon an der Membran vorbei in die Kanalisation. Dieses ungereinigte Wasser kann aber auch aufgefangen werden und etwa zur Toilettenspülung, als Badewasser oder zum Spülen verwendet werden. Ansonsten ist die Umkehrosmose im Gegensatz zu Ionenaustauschern ein ausgesprochen umweltfreundliches Verfahren. Es entstehen keine zusätzlichen Schadstoffe; Energie wird ebenfalls nicht verbraucht, da das Gerät mit dem normalen Wasserleitungsdruck von etwa drei bis fünf bar arbeitet.

durch die besonders intensive Wirtschaftsweise im Weinbau. In diesem Fall kann es erforderlich sein, nur entsalztes Wasser nachzufüllen, um nicht jedesmal einen neuen Nitratschub zu verursachen.

Auch im Aquarium ensteht Nitrat. Eigentlich ist Nitrat nicht besonders giftig, doch durch die im Abschnitt „Redoxwert"

erwähnte Reduktion kann es zu Vergiftungen durch Nitrit kommen. Das Schaubild auf der nächsten Seite zeigt, wie Nitrat im Aquarienwasser entsteht und wie es wieder beseitigt werden kann. Wichtig ist aber, wie bei der Wasserpflege allgemein, daß man die Anreicherung von vornherein verhindert.

Der Weg der Schad-
stoffe im Meerwas-
seraquarium.

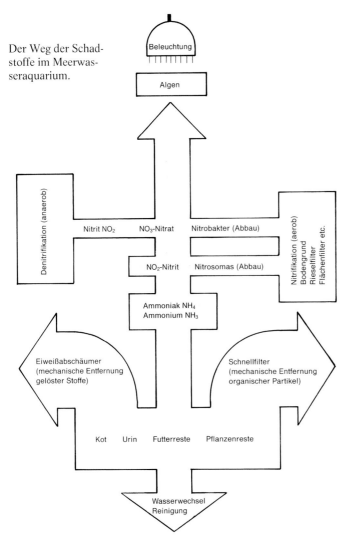

schädlich, und ab 50 mg/l schließen sich bereits die Polypen der Steinkorallen. Manche Fische ertragen allerdings bis zu 500 mg/l, was aber lediglich deren Zähigkeit beweist. Werte über 5 mg/l dürfen in einem gut geführten Aquarium auch kurzfristig nicht vorkommen.

Als Wasserleitungen im Haushalt werden seit längerem Kupferrohre verlegt. Aus diesen Rohren können sich geringe Mengen Kupfer lösen und unseren Aquarientieren gefährlich werden. Normalerweise ist die Kupfermenge im Leitungswasser nicht meßbar. Lediglich nach einem längeren Urlaub sollte man einige Liter Leitungswasser herauslaufen lassen, bevor man damit das Aquarium nachfüllt. Gelegentliche Kupfermessungen sind empfehlenswert und geben einem die nötige Sicherheit, daß sich kein Kupfer im Leitungswasser befindet.

Vor der Verwendung von Wasser aus dem Leitungssystem unserer Häuser generell zu warnen ist zumindest unrealistisch. In Neubauten werden heute fast ausschließlich Kupferrohre verlegt und wegen uns Aquarianern wird man darauf auch in Zukunft wohl kaum verzichten. Ich verwende seit über 30 Jahren Leitungswasser und habe noch nie Kupferwerte im Aquarium messen können. Wer sich an die oben erwähnten Vorsichtsmaßnahmen hält, braucht nach menschlichem Ermessen wohl keine Probleme hiermit zu befürchten. Sicherheitsfanatiker sehen bei einem Hausneubau von vorneherein Edelstahl-Wasserleitungen vor. Die sind zwar erheblich teurer als Kupfer, aber garantiert unbedenklich.

Nachweislich kann starkes Rauchen in Räumen mit Aquarien zu einer deutlichen Verschlechterung des Aquarienwassers führen. Oft werden daher Waschflaschen zur Entfernung der schädlichen Substanzen in der Zimmerluft empfohlen. Ich empfehle aber den Seewasseraquarianern, eher auf das Rauchen zu verzichten! Nicht nur der lieben Tierchen wegen!

Völlig ohne Nitrat geht es im Aquarium allerdings ohnehin nicht, benötigen doch die Algen eine gewisse Menge davon für ihr Wachstum. Selbst im Meer können in stark verschmutzten Gebieten Werte von 5 mg/l nachgewiesen werden. In schlecht geführten Aquarien kann das Nitrat in Konzentrationen von bis zu 1000 mg/l vorkommen. Schon ab 30 mg/l ist es aber für den Grünalgenwuchs

Das Anmischen des Meerwassers

Die eigentliche Herstellung des Meerwassers gestaltet sich recht einfach. Aus der Wasserleitung füllt man in das neu eingerichtete Aquarium Süßwasser ein. Vor allem bei großen Becken empfiehlt sich hierbei die Verwendung eines Gartenschlauches. Dadurch erspart man sich die mit Plastikeimern übliche Panscherei. Das Becken wird fast bis zum oberen Rand (etwa 5 cm freilassen) aufgefüllt. Nun werden Filter, Eiweißabschäumer und Heizung eingeschaltet.

Als Salz verwenden wir die im Handel üblichen, fertig abgepackten Salzmischungen. Man wähle aber ein Qualitätsprodukt aus, da es immer noch, wenn auch geringe, Qualitätsunterschiede gibt. Am besten sind leichtlösliche Salze, bei denen die Spurenelemente nicht nachträglich zugemischt, sondern mit den Salzkristallen elektrolytisch verbunden sind. Ihr Händler wird Sie diesbezüglich gerne beraten.

Zum Abschätzen der erforderlichen Salzmenge genügt eine kleine Rechnung. Die gewünschte Dichte beträgt etwa 1,023 kg/l. Dies entspricht 35 ‰ Salzgehalt. Also benötigen wir pro Liter Wasser 35 g Salzmischung. Für ein 200-l-Becken ergibt das nach Abzug der Einrichtung 5–6 kg Salz. Auf den Gebinden sind in der Regel auch Angaben über die Wassermenge zu finden, für die die abgepackte Menge ausreicht.

Das Meerwasser wird nun am besten in großen Gefäßen angemischt und ins Becken gegeben. Andernfalls gibt man das Salz in kleinen Mengen in die Strömung der Pumpe, um eine gute Auflösung und Durchmischung zu erreichen. Dabei sollte kein unaufgelöstes Salz auf den Bodengrund gelangen, da es sich dort leicht festsetzt und so eine schnelle Durchmischung und komplette Auflösung verhindert werden können.

Nachdem man etwa zwei Drittel der erforderlichen Menge zugegeben hat, beginnt man, mit dem Aräometer die Dichte zu messen. Die Tabelle gibt Hinweise auf die einzelnen Dichtewerte der Weltmeere und den dazugehörenden Aräometerwert. Im Aquarium sollten wir aber trotz dieser Angaben eine Dichte von 1,022–1,024 kg/l einhalten. Dadurch werden wir allen Beckeninsassen gerecht. Nur wer Tiere aus speziellen Biotopen halten will, kann den Dichtewert an die besonderen Umstände anpassen (etwa zur Einrichtung von Brackwasseraquarien). Ist der gewünschte Wert erreicht, warten wir einige Stunden, um schließlich noch einmal nachzumessen und eventuell mit zusätzlichem Salz oder Süßwasser zu korrigieren. Unter keinen Umständen dürfen jetzt irgendwelche Tiere oder Pflanzen ins Becken gegeben werden. Das frisch angemischte Wasser ist noch aggressiv und lebensfeindlich.

Salzgehalt der Weltmeere.

	Salzgehalt in ‰	Dichte (bei 25 °C)
Mittelmeer	38	1,025
Rotes Meer	39–40	1,026–1,027
Indopazifik	35	1,023
Atlantik	32–36	1,020–1,024
Karibische See	35–36	1,020–1,023

Wasserwechsel und -ergänzung

In einem tropischen Seewasseraquarium werden täglich größere Mengen Wasser verdunsten. Obwohl bei der Verdunstung kein Salz verlorengeht und wir nur Süßwasser nachfüllen, muß die Dichte regelmäßig gemessen werden. Der richtige Zeitpunkt dafür ist vor und nach dem unbedingt nötigen Wasserwechsel.

Beim Nachfüllen von Süßwasser müssen wir besonders vorsichtig vorgehen. Vor allem Stachelhäuter reagieren auf plötzliche Dichteveränderungen empfindlich. Ideal ist, wenn man das Wasser lang-

71

Automatisches Kalk-
wasser-Dosiergerät,
das in Kombination
mit einer Nachfüll-
anlage betrieben
werden kann (Weidl-
Aquaristik).

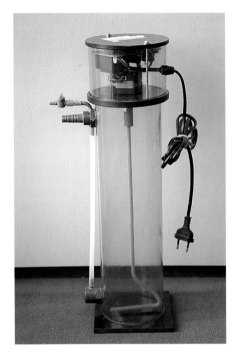

unbedenkliches Wasser, das man, wie erwähnt, mit den entsprechenden Zusatz-geräten auch wieder aufhärten kann.

Wer das häufige Nachfüllen des ver-dunsteten Wassers vereinfachen will, sollte sich eine automatische Nachfülleinrich-tung kaufen. Das fehlende Wasser wird dabei aus einem größeren Vorratsbehälter mit einer Pumpe in kleinen Abständen, von einem Niveauschalter gesteuert, konti-nuierlich nachgefüllt. Da der Eiweißab-schäumer Salzwasser aus dem Aquarium entfernt, kann man in diesen Behälter auch eine geringe Menge Salzwasser einfüllen, um dieses Defizit, je nach abgeschäumter Menge etwa 200–500 ml je Woche, wieder auszugleichen. Dichteschwankungen sind damit ausgeschlossen, und über das Nach-füllen im Urlaub braucht man sich eben-falls keine Gedanken mehr zu machen.

Den Teilwasserwechsel sollte man aber nicht mit frisch angemischtem Wasser durchführen. Am besten läßt man es einige Tage in einem entsprechenden Behälter ab-stehen, durchlüftet dabei und führt erst dann den Wasserwechsel durch. Wer häu-fig und nur eine kleine Menge (unter 5 %) austauscht, kann jedoch auch frisches Salz-wasser langsam direkt einfüllen.

sam in das Auffangbecken des Rieselfilters oder in die Strömung der Umwälzpumpe gibt (nicht über das Biofiltersubstrat, die Bakterien sind empfindlich!). Dadurch wird das Süßwasser schnell vermischt und kann keinen Schaden anrichten.

Je härter das nachgefüllte Leitungswas-ser ist, desto besser puffert es den pH-Wert, auch über einen längeren Zeitraum. Wer über sehr weiches Wasser verfügt, sollte ab und zu die im Abschnitt über den pH-Wert erwähnten Maßnahmen durch-führen und nur aufgehärtetes Wasser nachfüllen. Eine pH-Messung und eine Karbonathärtemessung sollten dann aber vorausgehen.

Üblicherweise kann man also gewöhn-liches Leitungswasser verwenden, um das verdunstete Wasser zu ersetzen. Problema-tisch wird es dort, wo die Wasserwerte nicht mehr einwandfrei sind. Hier emp-fiehlt es sich, das Leitungswasser mit den schon erwähnten Umkehrosmosegeräten zu reinigen. Man erhält dabei ein völlig

Die Zufuhr von Kalk

Korallen und andere Wirbellose benötigen Kalk zum Aufbau ihres Skelettes und ent-ziehen ihn dem Wasser. Abgesehen da-von, daß ein ständiger Nachschub zu ihrem Wachstum nötig ist, spielen die Carbonate auch bei der Pufferung des Wassers eine große Rolle und tragen we-sentlich zur Stabilität des pH-Wertes bei. Es stellt sich also die Frage, auf welche Weise Kalk im Meerwasseraquarium am besten nachzudosieren sei.

Nahezu automatisch funktioniert die Kalkzufuhr mit dem auf Seite 52 vorge-stellten Kalkreaktor. Wer ein derartiges Gerät nicht anschaffen möchte, kann je-

72

doch auch auf verschiedene andere Mittel zurückgreifen.

Die erste erfolgreiche Methode war die von WILKENS vor vielen Jahren entwickelte Kalkwassermethode. Sie gilt auch heute noch als das unproblematischste Verfahren der Aufhärtung des Wassers in Meerwasseraquarien. WILKENS löste zwei bis drei Eßlöffel Calciumhydroxid (gelöschter Kalk) in Wasser in einem Kunststoffbehälter durch Umrühren. Als sich die milchige Flüssigkeit einigermaßen geklärt hatte, zog er das über dem Kalksatz stehende Wasser ab, um es dem Aquarienwasser zuzugeben (tropfenweise, bevorzugt morgens).

Heute gibt es sogar automatische Kalkwasserdosierer, die einem die Arbeit erleichtern (siehe Abbildung links). Sie werden häufig mit der Nachfüllautomatik gekoppelt, was eine kontinuierliche Zugabe garantiert. Ein eingebauter Rührer sorgt für das ständige Durchmischen des Calciumhydroxids. Nur das klare überstehende Kalkwasser läuft in den Unterschrankbehälter des Aquariums über, von wo es ins Becken hochgepumpt wird.

Nach der von BALLING (1994) entwickelten Methode werden ein Eßlöffel Calciumchlorid-Dihydrat und ein Eßlöffel Natriumhydrogencarbonat nacheinander in fünf Liter demineralisierten Wassers gelöst. Die Lösung wird zur Ergänzung des verdunsteten Wassers benutzt, muß jedoch täglich neu angesetzt werden. Als „Abfall" entsteht bei der Reaktion Kochsalz, so daß im Prinzip eine Aufsalzung des Aquarienwassers erfolgt. Dieser Effekt wird jedoch durch die ohnehin regelmäßig nötigen Wasserwechsel wieder ausgeglichen.

Da alle Methoden, das Aquarienwasser aufzuhärten, die Wasserwerte (pH-Wert, Phospatwerte und andere) beeinflussen können, dürfen sie nur bei entsprechender Überwachung (regelmäßige pH-Messung, Phospatkontrolle) eingesetzt werden. Der Gedanke: „Viel hilft viel", kann hier verheerend wirken. Wer Wasser mit einer niedrigen Karbonathärte einsetzen muß,

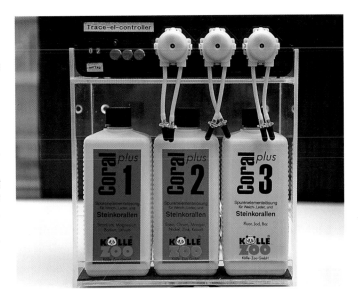

Automatische Spurenelement-Dosieranlage (Kölle-Zoo).

sollte diese, egal mit welcher Kalkwassermethode, nur langsam und mäßig erhöhen. 10 °dH sind ausreichend für alle kalkliebenden Wirbellosen. BROCKMANN (Meerwassersymposium Lünen 1997) empfiehlt sogar die Kombination mehrerer Methoden, die die Vor- und Nachteile der einzelnen Verfahren ausgleichen soll.

Spurenelemente

Gelegentlich wird der Ersatz von Spurenelementen empfohlen. Dies kann heute bei Bedarf mit speziellen Nachdosiergeräten geschehen. Um unerwünschte Reaktionen der einzelnen Spurenelemente zu verhindern, dosieren die teuersten Geräte sie einzeln nach. In bestimmten Fällen (Steinkorallenhaltung) kann dies durchaus sinnvoll sein. Führen wir aber regelmäßig einen Teilwasserwechsel von 10 % des Beckeninhaltes durch, so ersetzen wir damit die in den Salzmischungen meist in Überkonzentration vorhandenen Spurenelemente und können uns eine zusätzliche Gabe häufig ersparen (siehe hierzu auch das Kapitel „Steinkorallen", Seite 134).

73

Pflege des Meeresaquariums

Die ersten Wochen

Ist das Aquarium fertig eingerichtet und mit Meerwasser gefüllt, muß es erst einige Wochen sich selbst überlassen bleiben. Während dieser Zeit müssen alle Geräte, auch der Eiweißabschäumer, in Betrieb sein.

Frühestens nach zwei Wochen können lebende Steine in die Felsaufbauten integriert werden. Jetzt ist auch der günstigste Zeitpunkt, um möglichst viele Kriechsproßalgen (*Caulerpa*-Arten) einzupflanzen. Als erstes sollte man aber harte, anspruchslose Arten wählen. Für tropische Becken hat sich *Caulerpa sertularoides* bislang am besten bewährt. Sie verträgt auf längere Zeit allerdings keine Temperaturen unter 22 °C. Für Mittelmeerbecken empfiehlt sich daher *Caulerpa prolifera*.

Die im Laufe der ersten Wochen oder Monate entstehenden braunen, roten und grünen Schmier- und Fadenalgen werden von den höheren *Caulerpa*-Algen regelrecht verdrängt. Man muß allerdings Geduld haben, denn dieser Vorgang dauert meist etliche Wochen. Als unterstützende Maßnahme kann man nach zwei bis drei Wochen kleine pflanzenfressende Einsiedlerkrebse, Seeigel und kleine, harmlose Schnecken einsetzen, die niedere Algen fressen.

Jedes Aquarium reagiert aber anders. Nicht immer bekommt man Probleme mit den erwähnten Schmieralgen. Manchmal können ganze Rasen von grünen Fadenalgen alles überziehen und ersticken. Doch auch diese Phase endet stets im totalen Zusammenbruch der bis dahin dominierenden Algenart. Man muß also individuell vorgehen und die Maßnahmen an die Situation anpassen. Häufig sind auch Beleuchtung oder Wasserqualität Ursache für solche „Algenblüten".

Ein Patentrezept zur Vermeidung dieser Probleme gibt es jedoch nicht. Zu viele Faktoren spielen hier eine Rolle. In der Regel kommt jedes ordentlich geführte Becken nach einiger Zeit in ein relativ stabiles Gleichgewicht.

Gelegentlich wird gegen die häßlichen Schmieralgen (Cyanobakterien) ein Zusatz Chloramphenicol zum Aquarienwasser empfohlen. Diese Maßnahme ist sehr umstritten. Chloramphenicol ist ein Antibiotikum, das in der Tierzucht verwendet wird, speziell in der Geflügelhaltung. Im Prinzip ist der Einsatz des Mittels zwar relativ unbedenklich, doch sollte man bei der Verwendung von Antibiotika generell etwas sensibler verfahren, als dies in der Vergangenheit geschehen ist.

Inzwischen gibt es bereits Krankheitserreger, die gegen bestimmte Antibiotika resistent sind. Schuld ist die zu häufige oder gar prophylaktische Verwendung dieser Medikamente. Die Ursache der Schmieralgenbildung im Aquarium beseitigen sie ohnehin nicht, sondern nur für einen kurzen Zeitraum die Schmieralgen selbst, was allerdings bei der empfohlenen Einsatzmenge (1 g auf 100 l Wasser) tatsächlich gelingt. Für zwei bis drei Wochen hat man dann Ruhe. Dann fängt das Ganze meist wieder von vorne an. Da es außerdem kaum gelingt, die Schmieralgen vor dem Medikamenteneinsatz vollständig abzusaugen, belasten die absterbenden Restalgen auch noch das Wasser, was zu Schädigungen der empfindlichen Wirbellosen führen kann.

Inzwischen hat sich herausgestellt, daß vor allem bei hohen Dosierungen Verluste bis hin zum völligen Absterben von Wirbellosen vorkommen können. Vor allem Filtrierer (Schwämme, Muscheln und andere) scheinen besonders empfindlich auf Antibiotika zu reagieren. Finger weg also von dieser Methode.

Schauen wir es doch der Natur ab. Dort stehen die Algen und Cyanobakterien in Raum- und Nährstoffkonkurrenz zueinander. Die *Caulerpa*-Algen und später die eingesetzten Weich-, Leder- und Steinkorallen können solch eine Konkurrenz sein.

Nach einiger Zeit sterben die Schmieralgen meist von selbst ab, und man kann die sich lösenden Schichten mit einem Schlauch absaugen. Es ist ganz besonders wichtig, daß dies auch getan wird, da unter den absterbenden Schichten leicht ein weißer, Schimmel ähnelnder Belag entstehen kann, was unbedingt verhindert werden muß. Das abgesaugte Wasser wird gut gefiltert (am besten mit Aktivkohle) und ins Becken zurückgegeben. Der Grund: Frisch angesetztes Meerwasser kann eventuell neue Nährstoffe für die Schmieralgen liefern (Nitrat- und Phosphatgehalt).

Vor allem bei einem schlecht funktionierendem Abschäumer muß diese Prozedur eventuell mehrfach wiederholt werden. Ein guter Abschäumer verkürzt in der Regel die erwähnte Schmieralgenphase. Obwohl in dieser Zeit ja nicht gefüttert wird, schäumt er erhebliche Mengen ab. Ein Beweis, daß der Stoffumsatz auch ohne Tiere relativ hoch ist.

Nach den Algen die ersten Tiere

Sind die *Caulerpa*-Algen gut angewachsen und treiben Ableger, kann man die ersten unempfindlichen Tiere einsetzen. Dies sollte aber frühestens nach vier Wochen geschehen. Ideal ist eine Wartezeit von zwei bis drei Monaten. Solange brauchen nämlich auch biologische Filter, bis sie einwandfrei funktionieren, und diesen Zeitpunkt sollten wir abwarten, bevor weitere Tiere eingesetzt werden.

Wichtig ist, die gewünschte Beckenbesatzung nicht auf einmal, sondern nach und nach einzubringen. Man beginnt mit den unempfindlicheren Arten und setzt dann in Abständen von mehreren Tagen (besser Wochen) die weiteren Tierstöcke hinzu. So ermöglicht man den einzelnen Tieren eine bessere Anpassung an ihren neuen Lebensraum. Vor allem größere Fische sollten ganz zuletzt angeschafft werden.

Die Gründe für dieses Schritt-für-Schritt-Vorgehen sind vielschichtig. Neue Tierstöcke schleimen anfangs meist stark ab, was andere Tiere durchaus beeinträchtigen kann. Außerdem sind frisch gekaufte Tierstöcke meist kontrahiert, was eine richtige Plazierung oft nicht zuläßt. Später, voll aufgeblüht, passen sie dann nicht mehr an die einmal ausgesuchte Stelle.

Oft bemerkt man erst nach Wochen, daß ein bestimmter Tierstock an seinem Platz zu wenig oder zuviel Strömung erhält. In einem Zug um Zug besetzten Becken kann man hier besser umgestalten. Darüber hinaus erlaubt man auch der Bakterienpopulation im Filter, sich an die langsam steigende Nährstoffbelastung durch neu hinzukommende Tiere anzupassen.

Entscheidend für eine funktionsfähige Beckengemeinschaft ist die richtige Zusammenstellung der Arten. Manche von ihnen eignen sich nur für die Alleinhaltung. Gerade solche Artenbecken können aber besonders interessant sein. So mancher Anfänger wäre ohnehin besser beraten, wenn er sich mit ein oder zwei Arten begnügen würde. Im letzten Kapitel werden einige interessante und bewährte Zusammenstellungen beschrieben. Jeder kann sich aber auch im Kapitel „Tiere im Meeresaquarium" die für ihn geeigneten Arten selbst heraussuchen.

Nicht alle Tiere müssen tatsächlich ins Aquarium eingesetzt werden. Schon in der

Ein prächtiger Lebender Stein auf dem Riffdach eines ostafrikanischen Saumriffs.

Anfangsphase stellen sich in den frisch eingerichteten Becken einige Wirbellose von selbst ein. Vor allem wenn Lebende Steine eingesetzt werden, kann diese Population recht reichhaltig sein. In praktisch jedem Aquarium finden sich nach einiger Zeit Asseln (Isopoda), Ruderfußkrebse (Copepoda) und Flohkrebse (Amphipoda), die später eingesetzten, empfindlichen Tieren auch als Nahrung dienen können. Besonders zwischen grobem Kies halten sich oft Flohkrebse auf. Dort leben auch verschiedene Borstenwürmer (Polychaeta).

Aus der Gruppe der Nesseltiere findet man häufig die Polypen und Medusen der Hydrozoen an den Scheiben, oft auf Algen oder auf Schnecken und Muscheln. Erst mit dem Mikroskop erkennt man verschiedene winzige Einzeller. Die Liste ließe sich beliebig erweitern. Die Abbildung auf Seite 21 zeigt einige solcher „Untermieter". Es lohnt sich, mit der Lupe nach diesen Tieren zu suchen. Auch nach langer Zeit entdeckt man hierbei immer wieder Neues.

Wie lange dieser artenreiche, stabile Zustand anhält, liegt an uns selbst. Wer seine Aquarien optimal betreut, nicht überbesetzt und auch sonst vernünftig betreibt, kann diese Artenvielfalt ohne größere Reinigungsarbeiten über viele Jahre aufrecht erhalten.

Lebende Steine

Ganz anders als bei den im Kapitel „Einrichtung" beschriebenen Problemen mit toten Steinkorallen ist die Situation bei der Anschaffung von Lebenden Steinen. Sie sind eine wertvolle Hilfe beim „Einfahren" von neu eingerichteten Becken, enthalten sie doch eine Vielzahl von Kleinlebewesen, die das Becken und seine Einrichtung schnell besiedeln und so die Einlaufphase verkürzen. Später dienen Aufwuchs und Kleinlebewesen aus den Lebenden Steinen vielen, vor allem empfindlicheren Tieren, als Nahrungsquelle.

76

Unter Lebenden Steinen versteht man Stücke aus Korallen- oder Felsriffen. Meist werden solche Riffgesteinsbrocken von Stürmen aus dem Riff gebrochen und landen dann hinter dem Riff im Riffwatt oder vor dem Riff in der Schuttzone (siehe Seite 107). Auch im Mittelmeer, wo es keine Korallen, sondern nur Felsriffe gibt, findet man sie meist in der Schuttzone.

Je nach Herkunft sind auch Entstehung sowie Tier- und Pflanzenbesatz der Lebenden Steine unterschiedlich. Im Mittelmeer entstehen sie hauptsächlich durch die Mitwirkung von Kalkalgen. Diese verkleben, zusammen mit Röhrenwürmern, Wurmschnecken, Moostierchen und anderen Wirbellosen, zu einer strukturreichen und porösen, aber steinharten Masse, in deren Hohlräumen unzählige Asseln, Flohkrebse oder Knallkrebse sowie verschiedene Würmer Unterschlupf finden. Als Besiedelungsgrundlage für diese Tiere und Pflanzen dient bereits vorhandenes Gestein.

Gelegentlich brechen, durch mechanische Einwirkung (Stürme, Strömung) oder durch riffzerstörende Organismen (etwa Bohrmuscheln und -schwämme) verursacht, ganze Brocken aus dem Riff. Daher sieht man diese Steine vor allem am Fuß von Felsriffen und Steilküsten. Vor Korsika fand ich ganze Felswände, die dick mit solchen „Coralligene", wie die Franzosen sagen, überzogen waren. Wissenschaftlich nennt man sie „biogene Hartböden" oder „sekundäre Hartböden", da sie nicht geologischen Ursprungs sind, sondern sich erst später gebildet haben. Die Lebenden Steine tropischer Herkunft entstehen auf ähnliche Weise, nur daß das Korallenriff selbst sowohl das Besiedelungssubstrat als auch die Pflanzen und Tiere zu ihrem Aufbau liefert.

Lebende Steine aus dem Mittelmeer können durchaus auch in tropischen Aquarien eingesetzt werden, da viele auf ihnen lebende Organismen auch höhere Temperaturen vertragen. Ihre ganze Schönheit und ihren Artenreichtum können sie aber nur in Mittelmeeraquarien mit entsprechender Kühlung entfalten. Man kann sie sich von einem Mittelmeerurlaub sogar selbst mitbringen.

Beim Sammeln solcher Steine muß man allerdings einiges beachten. Die aufgesammelten Steine müssen vor dem Transport von den meisten sichtbaren Organismen befreit werden. Leider weiß niemand so recht, welche Tiere oder Pflanzen nun tatsächlich entfernt werden müssen und welche im Aquarium weiterleben können. Die meisten Schwämme überleben den Transport nicht, und so sollten sie rigoros entfernt werden. Eine gute Methode ist die Unterbringung von gesammeltem Material in Ebbetümpeln. Nach einigen Tagen lösen sich aufgrund der verschlechterten Umweltbedingungen (höhere Temperatur- und Salinitätsschwankungen) die empfindlichsten Organismen auf den Steinen von selbst auf und können dann vorsichtig weggebürstet oder -gesaugt werden. Anschließend wird mit sauberem Meerwasser nachgespült.

Erst jetzt können diese Steine in ein neu eingerichtetes Becken, das aber schon mindestens zwei Wochen in Betrieb sein sollte, eingebracht werden. Es sollten jetzt keinesfalls empfindliche Tiere eingesetzt werden, da sich die Wasserqualität zunächst eher verschlechtert. Erst wenn sich das in den Steinen befindliche restliche abgestorbene Material gelöst hat und von uns abgesaugt werden kann, stabilisiert sich auch die Wasserqualiät wieder. Voraussetzung ist aber immer, daß das Becken mit einge-

Vorsicht! Solche kleinen, aber oft gefährlichen Räuber kann man mit Lebenden Steinen einschleppen.

77

schaltetem Filter, Abschäumer und restlicher Technik betrieben wird.

Viel besser als die oben beschriebene Methode ist natürlich das Einsetzen von Lebenden Steinen aus tropischen Regionen. Lebende Steine aus tropischen Meeren erhalten wir im Zoofachgeschäft bereits in gereinigtem und biologisch intaktem Zustand. Sie sind relativ teuer, aber immer für Überraschungen gut. Gelegentlich entwickeln sich auf ihrer Oberfläche interessante Algen oder Schwämme, oder kleine Knallkrebse und ähnliche leben in den Hohlräumen der Steine und wachsen mit der Zeit zu größeren Exemplaren heran.

Dies kann auch zum Problem werden, wenn räuberische Krebse oder Schnecken zu den „blinden Passagieren" gehören. Sie wachsen dann zu kräftigen Exemplaren heran, die man wegen ihrer meist nächtlichen Lebensweise oft nie zu Gesicht bekommt. Etliche „unerklärliche" Tierverluste sind so erklärbar. Finden wir solche Tiere, sollten wir sie unbedingt entfernen.

Je mehr Lebende Steine eingebracht werden, um so früher wird ein so bestücktes Aquarium biologisch intakt „stehen". Ideal wäre ein Aquarium, das nur mit solchen Steinen eingerichtet wird. Aus finanziellen Gründen werden die meisten Aquarianer aber auch andere Dekorationsmaterialien verwenden (Kalktuff, Lochgestein und anderes, siehe Seite 16). Auch diese Steine werden in länger betriebenen Aquarien mit der Zeit zu Lebenden Steinen, wenn sie mit Kalkalgen überwachsen und von anderen Lebewesen nach und nach besiedelt werden.

Daher macht es durchaus Sinn, einem befreundeten Aquarianer mit einem gut eingefahrenen Becken einige Steinstücke zu überlassen, die er an einer freien Stelle im Aquarium einbringen kann (oder im Filterbecken). Frühestens nach einem halben Jahr können solche „aktivierten" Steine dann als Lebende Steine ins eigene Aquarium überführt werden. Vor allem poröses, kalkhaltiges Gestein ist für diese

Methode am besten geeignet, da es der Struktur und Zusammensetzung von Lebenden Steinen am nächsten kommt.

Grundsätzlich sollten wir alle Lebenden Steine wie lebende Tiere behandeln. Verfährt man so, überleben die meisten Organismen auf den Steinen den Transport und stellen dann eine Bereicherung für unser Aquarium dar. Durch schlechten Transport geschädigte „halbtote" Steine können ein Aquarium genauso wie tote Tiere in kürzester Zeit zum „Umkippen" bringen.

Hier noch eine dringende Bitte, falls Sie ihre Lebenden Steine selbst sammeln wollen. Bitte brechen sie keine Teile von Felsen oder Korallenriffen ab. Am Fuß dieser Biotope befinden sich stets Schutthalden, in denen man genügend brauchbare Stücke findet, die sogar den Vorteil haben, daß sie rundherum mit organischem Material überzogen sind. Bei aus den Felsen gebrochenem Gestein ist immer nur die Vorderseite bewachsen. Beim Tauchen und Schnorcheln wird unbewußt schon genug zerstört. Wir Aquarianer sollten besonders behutsam mit der uns anvertrauten Natur umgehen und das Meer durch unser Hobby so wenig wie möglich schädigen.

Auch in den Florida Keys, einer Inselgruppe an der Südspitze des amerikanischen Bundesstaates Florida, wurden jahrelang Lebende Steine für die Aquaristik entnommen. Heute geht man hier vermehrt dazu über, das reichlich vorhandene fossile Korallengestein, das beispielsweise beim Straßenbau reichlich anfällt, an geeigneten Stellen im Meer zu versenken und nach einigen Monaten als vollwertiges Lebendes Gestein zu entnehmen. Auf diese Art und Weise umgeht man mehr und mehr die umstrittene Entnahme aus den Korallenriffen. Dieses und ähnlich entstandenes Gestein ist inzwischen auch in deutschen Zoohandlungen erhältlich. Ein wichtiger Schritt für die Zukunft unseres Hobbys.

Regelmäßige Arbeiten

Seewasserbecken können, bei vernünftiger Besetzung und bei konsequenter Wartung und Pflege, jahrelang ohne Generalreinigung und Neueinrichtung auskommen. Entscheidend hierfür ist die regelmäßige Durchführung der notwendigen Maßnahmen. Nachstehend sind alle Arbeiten aufgeführt, die ständig wiederkehrend durchgeführt werden müssen.

Diese Liste kann man natürlich an besondere Gegebenheiten anpassen. Zur Sicherheit sollte ein Tagebuch geführt werden. Dort müssen alle Daten und Beobachtungen eingetragen werden. Erfahrungsgemäß vergißt man schon nach kürzester Zeit die einfachsten Dinge wieder. Zur Erhaltung einer gleichmäßigen Wasserqualität ist es aber unbedingt erforderlich, alle Wartungsarbeiten regelmäßig durchzuführen. Nur so können empfindlichere Tiere über einen längeren Zeitraum gesundgehalten werden.

Nützliches Zubehör

Scheibenreiniger. Der alte Scheibenreiniger mit der Rasierklinge ist auch heute noch im Handel erhältlich. Leider sind die Griffstücke manchmal aus Plastik und brechen leicht ab. Stabilere Ausführungen sind zu bevorzugen. Vorsicht geboten ist bei der Reinigung der Ecken. Dabei dürfen die Silikonklebfalze nicht mit der Klinge verletzt werden. Diesbezüglich sicherer sind Magnetreiniger, die allerdings mit starken Magneten ausgestattet sein sollten, da sie sonst gelegentlich herunterfallen. Der große Vorteil dieser Magnetreiniger liegt darin, daß man nicht mehr ins Becken zu fassen braucht, um die Scheiben zu reinigen. Man bekommt also keine nassen Hände mehr und läßt den Magneten einfach an der Beckenscheibe hängen, bis er zum nächsten Mal benötigt wird.

Für die Entfernung hartnäckiger Algen, besonders in den Ecken, eignet sich ein Kunststoffschwamm. Auch spezielle Reiniger mit Stahlwolle erfüllen ihren Zweck, ohne die Scheibe zu zerkratzen. Zwischen Schwamm und Scheibe dürfen allerdings

---

tägliche Arbeiten
– Fütterung je nach Tierbesatz (einmal in der Woche eventuell für ein bis zwei Tage aussetzen)
– Wasserstandskontrolle
– Beobachten der Tiere
– Entfernen von toten Tieren (Ursache?) und Futterresten (darf eigentlich nicht vorkommen!)

alle 2–3 Tage
– Schnell- und Vorfilter reinigen
– Wasser nachfüllen
– Filterpumpen und Abschäumer auf Funktion prüfen, Schaumrohr evtl. reinigen

jede Woche
– Dichte messen
– Temperaturkontrolle

alle zwei bis vier Wochen (je nach Besatzdichte)
– Wasserwechsel (10% des Beckenvolumens)

– Algenreste und lose Faden-/Schmieralgen absaugen
– wenn nötig, überzählige Kriechsproßalgen entfernen
– pH-Wert messen

in großen Abständen
– Rieselfilterbecken grob reinigen
– Pumpen reinigen (Staub, Salz), eventuell zur Kontrolle einschicken (gilt nur für offene Pumpen)
– Generalreinigung Eiweißabschäumer
– Bodengrund absaugen, kleine Bodengrundabschnitte dabei etwas lockern
– 10%iger Wasserwechsel (am besten auf zwei bis drei Tage verteilt)
– Leuchtstoffröhren und HQI-Brenner auswechseln (Datum notieren)
– alle Schlauchleitungen und -verbindungen prüfen und eventuell reinigen oder ersetzen
– wird weiches Wasser verwendet, auch Karbonathärte regelmäßig kontrollieren
– Nitratgehalt messen (siehe auch Checkliste Seite 81)

Magnet Scheiben-
reiniger (Werkfoto
Tunze-Aquaristik).

keine Steinchen oder Korallenstückchen
gelangen. Diese zerkratzen die Scheibe
genauso, wie es manche Haushalts-
schwämme tun.

Pipette. Eine lange Glaspipette wird zum
gezielten Füttern und zum Absaugen von
Futterresten benötigt. Ein Gummiball an
der Oberseite erleichtert diese Arbeit. Die
Spitze der Pipette sollte nicht zu dünn
sein, damit auch größere Futterbrocken
gegeben werden können.

Pflanzenzange. Man wähle eine mög-
lichst lange Zange aus Kunststoff. Solche
Zangen sind sehr praktisch für kleinere
Arbeiten im Becken und zum gezielten
Füttern.

Schlauch. Ein zwei bis drei Meter langer
Schlauch dient zum Absaugen von Mulm
und für den Wasserwechsel. Eventuell
kann man am Vorderende eine Schlamm-
glocke aus Kunststoff anbringen.

Lupe. Zum Beobachten von Kleinlebewesen und für die Krankheitskontrolle der
Fische unverzichtbar. 5- bis 10fache Ver-
größerung ist ausreichend.

Flaschenbürsten. Zum Reinigen der
Schläuche und Filterrohre. Die Bürsten
gibt es in verschiedenen Größen im Zoohandel.

Nachfüllkanne. Sie dient zum Nachfüllen
des verdunsteten Wassers. Man wähle eine
Kanne aus lebensmittelechtem Kunststoff.
Wer einen direkten Wasseranschluß in
Beckennähe hat, kann natürlich auch mit

dem Schlauch nachfüllen. Dies sollte aber
nur in kleinen Mengen und langsam geschehen.

Fanggeräte. Mehrere Netze verschiedener
Größe und ein größerer Glas- oder Kunststoffbehälter sind dafür erforderlich. Auch
eine kleine Reuse (siehe Seite 175) kann
gute Dienste leisten.

Ernährung und Fütterung

Unüberschaubar groß ist die Vielzahl der
Futtermittel, die für unsere Aquarientiere
angeboten werden. Prinzipiell sind die
meisten davon, gute Qualität vorausgesetzt, auch im Seewasseraquarium ver-
wendbar.

Trockenfutter

Trockenfutter gibt es in Flocken-, Pulver-,
Tabletten- und Granulatform. Es wird von
den meisten Fischen und Wirbellosen gerne gefressen. Man streut eine geringe Menge einfach auf die Wasseroberfläche. Sehr
schnell saugen sich die **Flocken** mit Wasser voll und gehen unter. Viele Fische, vor
allem Riffbarsche, holen sie auch von der
Wasseroberfläche.

Futtertabletten werden entweder ganz
oder geteilt ins Wasser gegeben. Besser ist
es jedoch, wenn man sie mit einer Futter-
zange direkt an die einzelnen Tiere verfüt-
tert. Manche Futtertabletten lassen sich
sogar an der Frontscheibe durch leichtes
Anpressen festkleben. Dort lösen sie sich
langsam auf und geben dabei über einen
längeren Zeitraum feine Futterpartikel ab.
Seesterne riechen solche Futterbrocken
schnell und fressen dann direkt an der
Frontscheibe.

Pulverförmiges Trockenfutter kann
man entweder aufs Wasser streuen oder in
einem kleinen Gefäß auflösen und dann
mit einem langen Glasrohr direkt an Akti-

Checkliste Aquarienwartung (als Kopiervorlage)

Datum	Wasser-wechsel (5 ‰)	Nitrit NO_2	Nitrat NO_3	Ammo-nium NH_4	pH	Dichte	Temperatur °C

Totalcheck

Datum	NO_2	NO_3	NH_4	Eisen	Chlor	KH	pH	O_2

nien, Weichkorallen und sogar Diadem-seeigel verfüttern. Zum Trockenfutter zählt man auch **gefriergetrocknetes Futter**. Es wird wie normales Trockenfutter behandelt. Durch die schonende Aufbereitung ist dieses Futter aber besonders wertvoll.

Frostfutter

Gerade für die Seewasseraquaristik ist die Möglichkeit des Einfrierens von Lebendfutter ein großer Vorteil. Heute erhält man die verschiedensten Arten von hochwertigem Frostfutter. Viele empfindliche Tiere lassen sich damit füttern. Manche Lebendfresser, früher Problemtiere, können damit leichter an totes Futter gewöhnt werden.

Wichtig beim Frostfutter ist allerdings, daß es vor der Fütterung aufgetaut wird. Manche Fische fressen nämlich gleich ganze Brocken davon, bevor sie im Wasser auftauen, und können so irreparable Schäden davontragen. Normalerweise löst man kleine Gefrierfutterbrocken in einem kleinen Gefäß mit Aquarienwasser und füttert danach am besten gezielt mit dem Glasrohr oder der Pipette.

Frostfutter muß sofort nach dem Kauf in der Tiefkühltruhe gelagert werden. Zwischendurch darf es nicht auftauen. Beim Entnehmen von Futterstückchen muß ebenfalls darauf geachtet werden, daß der Vorrat dabei nicht antaut. Das an sich wertvolle Futter vereist sonst (Gefrierbrand), trocknet dabei aus und wird dadurch minderwertig.

Lebendfutter

Einige Zoogeschäfte bieten seit einiger Zeit auch für Seewassertiere geeignetes Lebendfutter an. Dazu gehören vor allem erwachsene Salinenkrebse, die von den meisten Fischen und Wirbellosen beson-ders gerne gefressen werden. Die überall erhältlichen Cysten („Eier") dieser Krebse kann man leicht mit entsprechenden Zuchtflaschen zu Hause selbst ausbrüten und dann an empfindliche Planktonfresser, wie Seenadeln und andere, verfüttern. Bekanntlich lassen sich damit auch Jungtiere aufziehen.

Immer wieder werden sogar Zuchtansätze für Planktonkulturen angeboten. Im Kapitel über die Zucht werden Methoden beschrieben, wie diese am Leben gehalten und vermehrt werden können. Auch manche Süßwassertiere sind als Futter geeignet. Wasserflöhe und *Cyclops* dienen als Planktonersatz. Weiße und rote Mückenlarven werden von vielen Fischen gern gefressen. Abstand sollte man von *Tubifex* nehmen. Sie sind zwar immer erhältlich, graben sich aber gerne in den Bodengrund ein und sterben dort schnell ab. Viele Fische fressen die den Meerflohkrebsen ähnelnden Bachflohkrebse gerne, die man sich leicht aus klaren Bächen selber holen kann. Im Sommer kann man die in Regentonnen lebenden Stechmückenlarven verfüttern.

Wer Seeigel oder andere Pflanzenfresser hält, sollte immer einen Vorrat Algen im Gefrierfach haben, wobei nicht alle Algenarten auch wirklich gefressen werden. Diademseeigel vergreifen sich beispielsweise selten an *Caulerpa sertularoides*, die von manchen Doktorfischen durchaus vertilgt wird. Überzählige Algen tropft man gut ab und friert sie in einem Plastikbeutel ein. Frische, kurz heiß abgewaschene Salatblätter legt man auf den Boden und beschwert sie mit einem Stein. Einige Pflanzenfresser nehmen übrigens auch verschiedene Salatarten, Chinakohl, dünn geschnittene Karotten, Chicorée oder sogar Zucchini-Stückchen an. In guten Zoogeschäften erhält man inzwischen manchmal für Futterzwecke abgepackten Meersalat (*Ulva* sp.) oder ähnliche Algen. Vor allem Seeigel lassen sich damit gut ernähren.

82

das Ausschalten verzichten. Zumindest eine bequeme Abschaltmöglichkeit sollte also vorhanden sein. Manche Fütterungsautomaten haben eine solche zeitlich begrenzte Abschaltung eingebaut. Bei manchen Pumpen ist ein Unterbrechungstaster eingebaut. Genauere Angaben über die Nahrungsansprüche und Freßgewohnheiten der einzelnen Arten sind im Kapitel „ Tiere im Meeresaquarium" zu finden.

Rechts:
Futterautomat mit eingebautem Computer-Timer und Lüfter (Werkfoto Eheim).

Für alle Arten von Futter aber gilt, daß so sparsam wie irgend möglich gefüttert werden soll. Wer Zeit hat, sollte mehrmals am Tag eine entsprechend kleinere Menge reichen. Dies entspricht den natürlichen Gegebenheiten viel besser, und auch die Verdauungsorgane der meisten Meerestiere sind auf regelmäßige, aber geringere Futterzufuhr aus gerichtet.

Wer wenig Zeit hat, braucht aber auf das häufige tägliche Füttern nicht zu verzichten. Die eigentlich für die Urlaubsversorgung gedachten **Futterautomaten** leisten hier wertvolle Dienste. Ideal sind Geräte mit verschiedenen Kammern. Dadurch kann man mit den Futterarten variieren und so eine gute, abwechslungsreiche Ernährung erreichen. Abends sollte aber gezielt von Hand gefüttert werden, um die Freßgewohnheiten der Tiere beobachten und sich einen Eindruck von ihrem Gesundheitszustand machen zu können.

Nicht gefressenes Futter belastet das Aquarienwasser. Es muß also gezielt und knapp gefüttert werden. Der Filter sollte während der Fütterung kurzzeitig abgeschaltet werden, da sonst freischwimmendes Futter schnell abgesaugt wird und im Filter zu faulen beginnt. Natürlich darf man dann das Wiedereinschalten nicht vergessen. Eine Schaltuhr kann hier gute Dienste leisten. Wer bei der Fütterung jedesmal den Stecker der Filterpumpe aus der Steckdose ziehen muß, wird bald auf

Krankheiten der Tiere

Wenn man von Krankheiten im Meerwasseraquarium spricht, denkt man in erster Linie an Fischkrankheiten. Wirbellose werden nur sehr selten von Krankheiten befallen. Zumindest aber ist darüber praktisch nichts bekannt. Fische erkranken jedoch immer wieder an den verschiedensten Parasiten und Bakterien. Wichtig ist daher die Verhütung solcher Krankheiten.

Das Quarantänebecken

Die sicherste Vorbeugung ist dabei die Quarantäne. Gute Importeure sollten eigentlich eine solche Quarantäne bei sich durchführen. Manche Zoofachhandlungen werben ebenfalls mit dieser Vorsorge. Voraussetzen kann man sie jedenfalls nicht.

Wer sich also ein Meerwasserbecken zulegt und ganz sicher gehen will, sollte die zusätzliche Anschaffung eines nicht zu kleinen Quarantänebeckens erwägen. Dieses Becken muß aber lange vor jeder Neuanschaffung aufgestellt werden, um die Tiere nicht zusätzlich zu schädigen. Als Ausrüstung werden ein kräftiger Schnellfilter, ein Eiweißabschäumer sowie die übliche Beleuchtung und Heizung benötigt. Wer hier spart, riskiert das Leben der vom Transport geschwächten Tiere und

83

provoziert geradezu den Ausbruch von Krankheiten.

Im Prinzip muß dieses Becken nach den gleichen Kriterien wie das Hauptbecken gepflegt werden. Um den Tieren ähnliche Bedingungen wie im eigentlich für sie vorgesehenen Hauptbecken zu bieten, nimmt man das Wasser bereits von Anfang an zu zwei Dritteln aus dem Becken, in das die Neuerwerbung später kommen soll. Das andere Drittel wird frisch angesetzt. Eine Zugabe von Aqua-Safe oder ähnlichen Mitteln kann als Hautschutz für durch den Fang mit dem Netz verursachte kleinste Hautverletzungen verabreicht werden.

Aus diesem Grunde sollten wir bei allen Fangaktionen das Netz nur in Kombination mit einem Glasbehälter benutzen. Mit dem Netz wird der Fisch dann in diesen Behälter gescheucht (Abbildung Seite 175). Mit dieser Fangmethode bleibt die empfindliche Schleimschicht auf der Haut des Fisches garantiert unversehrt und wir können uns die Aqua-Safe-Behandlung sparen. Bei gekauften Fischen dürfen wir diese Fangmethode leider nicht immer voraussetzen. Sollte eine Kupferung notwendig werden, darf übrigens kein Aqua-Safe mehr im Wasser sein.

Erst nachdem das Quarantänebecken voll eingefahren ist (siehe Seite 74), kann man die Neuankömmlinge einsetzen. Nun werden sie wenigstens zwei, besser vier Wochen beobachtet und auf eventuelle Krankheitssymptome untersucht. Im Krankheitsfall kann man hier noch eine Behandlung mit Kupfer oder ähnlichen Präparaten durchführen. Man sollte dies aber nur bei einer akuten Erkrankung tun. Einige Fische vertragen nämlich kein Kupfer und gehen dann erst recht ein. Es ist also besser, die Neuankömmlinge zunächst nur aufmerksam zu beobachten. Wenn man erste Symptome einer Krankheit feststellt, kann man immer noch mit der Behandlung beginnen.

Ideal sind Wartezeiten von vier Wochen und mehr. Man muß sich im klaren sein, daß später im Hauptbecken keine Behandlung mit Medikamenten mehr durchgeführt werden darf. Eine Ausnahme bilden hier nur reine Fischbecken. Alle Wirbellosen und Algen vertragen die meisten Medikamente nicht.

Kupfer fällt zwar nach einigen Tagen in Form von zunächst unlöslichen Verbindungen aus, wird aber, wie übrigens die meisten Schwermetalle, in Algen angereichert. Sterben diese dann irgendwann ab, so wird es wieder freigesetzt und vergiftet alle wirbellosen Mitbewohner. Konzentrationen von 0,03 mg/l sind bereits in der Lage, diese zu töten. Es genügen also bereits Spuren, um eine gesamte Beckenbesatzung Wirbelloser umzubringen.

Im Handel gibt es aber auch Medikamente, die allerdings frühzeitig eingesetzt werden müssen, um noch genügend Wirkung zu zeigen. Diese Mittel können laut Herstellerangaben auch in Wirbellosenbecken gegen *Cryptocaryon* und *Amyloodinium* eingesetzt werden.

Die meisten Aquarianer verzichten auf die Quarantäne mit der Begründung, man müsse den neu angekommenen Fischen gleich eine optimale Umgebung bieten, um sie nicht unnötig weiter zu belasten. Sicher stimmt dieser Einwand. In hauptsächlich mit Wirbellosen besetzten Becken, in denen die Fische nur eine Bereicherung darstellen, kann dies durchaus funktionieren. Solche Becken wirken durch ihre stabilen und optimalen Werte auf kranke Fische sogar heilend. Akut erkrankten Tiere kann man so natürlich nicht helfen. Wer seine Fische in einem guten Zoofachgeschäft kritisch aussucht, wird in Riffbecken relativ selten ernsthafte Krankheitsprobleme haben.

Die häufigsten Fischkrankheiten

Es ist in diesem Kapitel unmöglich, auf alle vorkommenden Fischerkrankungen einzugehen, die theoretisch auftreten können.

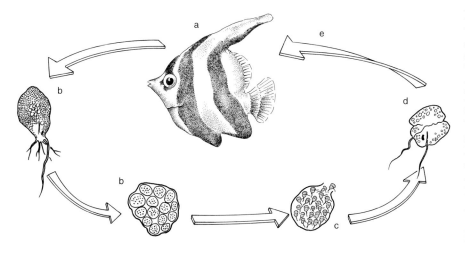

Entwicklungszyklus von *Amyloodinium ocellatum*.
a) Der Trophont befällt den Wirt und parasitiert dort. Nach dem Reifungsfraß fällt er vom Wirt ab und verkapselt sich (b). In der Kapsel entstehen durch Zellteilungen die Dinosporen (c). Diese werden ausgestoßen (d) und schwimmen mit Hilfe ihrer Geißeln zum Wirt (e) und befallen ihn erneut.

Wer sich hierfür interessiert, muß sich einschlägige Literatur beschaffen (siehe Literaturverzeichnis). Hier werden nur einige wichtige Fischkrankheiten vorgestellt.

Amyloodinium ocellatum, die „Korallenfischkrankheit"

Der Parasit *Amyloodinium ocellatum* verursacht die häufigste Fischkrankheit in unseren Meerwasseraquarien. Die Erreger von *Amyloodinium* (früher auch als *Oodinium* bezeichnet) sind auch in der Natur allgegenwärtig. Sie befinden sich sowohl auf Haut und Kiemen als auch im Darm der Fische. Im idealen Milieu des Meeres kommt die Krankheit aber kaum zum Ausbruch. Im Aquarium geschieht dies leider häufiger. Betrachtet man den Entwicklungszyklus des Erregers, so wird klar, warum es im Aquarium eher zu einem Ausbruch der Krankheit kommt.

Amyloodinium gehört zu den Dinoflagellaten. Die Flagellaten dieser Gattung sind begeißelte Parasiten, die sich hauptsächlich auf den Kiemen, später auch auf der Fischhaut festsetzen und dort schmarotzen. Nach sieben bis zehn Tagen bildet der Flagellat eine Cyste, die abfällt und etwa drei Tage auf dem Boden verweilt. Schließlich teilt sie sich mehrfach und entläßt nun viele Dinosporen, die sofort ausschwärmen und einen neuen Wirt suchen. Im Aquarium gelingt ihnen das aufgrund der vergleichsweise hohen Besatzdichte leicht, im Meer sterben die erfolglosen Flagellaten nach ein bis zwei Tagen ab.

Sind unsere Fische nun auch noch durch Fang, Transport und Temperaturschwankungen geschwächt, so gewinnen die Parasiten leicht die Oberhand. Die Flagellaten des ersten Zyklus sind noch kaum sichtbar und nur unter der Lupe gut zu erkennen. Beim zweiten Zyklus aber sind es schon so viele, daß man nun massenhaft winzige, weißliche Pünktchen erkennen kann. Typisch sind auch die spätestens jetzt auftretende schnelle Atmung und das häufige Scheuern der Fische an Einrichtungsgegenständen. Jetzt muß schleunigst eine Behandlung erfolgen.

In reinen Fischbecken ist eine Kupferbehandlung mit im Handel erhältlichen Präparaten sinnvoll. Sollte die Krankheit in einem alteingefahrenen Becken mit Wirbellosen ausbrechen, so müssen die Fische unbedingt herausgefangen und im Quarantänebecken behandelt werden. Da das Herausfangen aus einem voll eingerichteten Aquarium meist kaum möglich ist, kommt dies normalerweise einer Katastrophe gleich. Der einzige Ausweg ist die To-

85

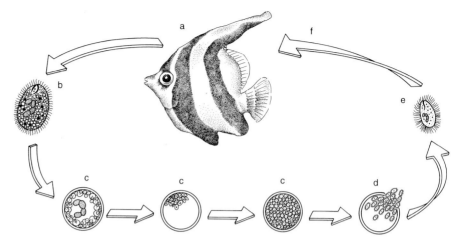

Entwicklungsstadien von *Cryptocarion irritans*.
a) Tomitenstadium – der Wirtsfisch wird befallen. Nun verändert sich der Tomit, entwickelt eine Mundöffnung und den Verdauungsapparat und dringt in das Epithel der Wirtshaut ein. Nun nennt man den Tomiten Trophont.
b) Trophonten-Stadium – der Trophont ernährt sich von Gewebeflüssigkeit und abgestorbenen Zellen. Nach einem Reifungsfraß fällt er ab. Dieses Stadium nennt man Tomonten-Stadium. Der Tomont kapselt sich ab (c) und teilt sich mehrfach. Schließlich öffnet sich die Cyste (d) und läßt unzählige Tomiten frei (e), die wiederum den Wirt befallen (f).

talausräumung des Beckens, oder man verzichtet auf die befallenen Fische.

Kupferbehandlungen im Hauptbecken führen jedenfalls zum Tod der meisten Wirbellosen, und die mühsam gepflegten Algen werden geschädigt, mit den eingangs schon erwähnten Folgen (nachträgliche Kupferabgabe beim Absterben). In Riffbecken gesunden nicht zu stark erkrankte Fische häufig nach einiger Zeit.

Cryptocaryon irritans, der „Seewasserichthyo"

Diese Krankheit wird oft mit *Amyloodinium* verwechselt. Die Parasiten sind jedoch Ciliaten (Wimpertierchen) und mit etwa 1 mm Größe wesentlich leichter zu entdecken. *Cryptocaryon* erzeugt milchweiße bis grau getönte Knötchen auf der Haut, den Kiemen und den Augen des betroffenen Fisches. Bei starkem Befall trübt sich die Haut, und die Farben verschwinden. Der Fisch wird schon im Anfangsstadium unruhig und scheuert sich immer häufiger. Nach dem Auftreten der ersten Knötchen können die Tiere schon innerhalb von vier bis fünf Tagen eingehen.

Cryptocaryon wird mit den gleichen Kupferpräparaten wie *Amyloodinium* behandelt und ist ebenso ansteckend. Bei

schwereren Fällen kann eine kombinierte Kupfer-Formalin-Behandlung erfolgen. Für den Aquarianer ist es aber viel einfacher, im Handel angebotene Präparate zu verwenden. Diese Mittel sind bewährt und wirken, rechtzeitig eingesetzt, sicher gegen die entsprechenden Krankheiten. Die Quarantänezeit sollte wegen des langen Zyklus von *Cryptocaryon* mindestens drei Wochen betragen.

Andere Außenparasiten

Fische, die schon beim Zoohändler von auffälligen Außenparasiten befallen sind, sollte man natürlich nicht kaufen. Die aus der Unterklasse der Branchiura (Fischläuse) stammenden Tiere sind oft recht groß und leicht sichtbar. Man kann sie mit einer Pinzette gewaltsam entfernen; eine Behandlung mit Medikamenten ist wegen ihrer Giftigkeit (auch für den Anwender) problematisch. Solche Behandlungen sind aber auch für den Fisch schädigend und sollten nur im Notfall durchgeführt werden. Erfahrene Aquarianer oder der Zoohändler helfen hier gerne.

Außenparasiten kommen auch bei manchen Wirbellosen vor. So findet man immer wieder Garnelen, die von solchen Parasiten befallen sind. Interessanterweise

86

scheint der Befall den Garnelen nicht zu schaden. Sie leben oft genauso lange wie nichtbefallene Tiere. Eine Bekämpfung scheidet hier ohnehin aus.

Hauttrübung

Der Auslöser ist wie bei den meisten häufigeren Krankheiten in einer Wasserverschlechterung zu suchen. Hauttrübung tritt vor allem bei Anemonenfischen auf. Der graue Hautbelag und die trüben Augen werden entweder von Bakterien oder von Würmern verursacht. Behandelt wird mit im Handel erhältlichen Präparaten, wie etwa General Tonic, und mit Wasserwechsel. Die Krankheiten sind ansteckend, können aber in der Quarantäne schon nach einer Woche erkannt und bekämpft werden.

Lymphocystis, die „Knötchenkrankheit"

Auch diese Viruserkrankung entsteht erst bei Wasserverschlechterung. Sie äußert sich durch weiße, knötchenartige Verdickungen der Flossen- und Kiemendeckelränder. Als Behandlung kommt nur Wasserwechsel und eventuell das Abschneiden der befallenen Flossenteile (!) in Frage. Befallene Körperteile können auch abgeschabt werden. Die so entstandenen Wunden werden mit Jodtinktur oder Aqua-Safe bepinselt.

Die Krankheit ist nicht sehr ansteckend. *Lymphocystis* heilt unter guten Haltungsbedingungen oft spontan ab. Entscheidend ist also das sofortige Beseitigen der Ursache für die Wasserverschlechterung.

87

Meeresbiologie für Aquarianer

Gerade für uns Aquarianer ist es besonders wichtig, sich möglichst umfassende Kenntnisse von den Verhältnissen anzueignen, die in den einzelnen Biotopen und Ökosystemen herrschen, in denen unsere Aquarientiere leben. Dieses Wissen gibt uns nämlich die Möglichkeit abzuschätzen, welche Bedingungen wir den einzelnen Arten bieten müssen, um sie erfolgreich pflegen zu können, und fördert das Verständnis für die Beobachtungen, die wir tagtäglich in unseren Aquarien machen können.

Im folgenden wird daher auf die einzelnen Herkünfte unserer Aquarientiere eingegangen und der Versuch unternommen, diese Lebensräume möglichst genau zu beschreiben. Selten lassen sich allerdings deutliche Grenzen zwischen den verschiedenen Biotopen ziehen. Häufig leben bestimmte Arten in zwei aneinandergrenzenden Biotopen oder auf deren Grenze. Es finden sich also immer Übergänge vom einen zum anderen Lebensraum.

Um sich einen Überblick über die Bedingungen in den einzelnen Meereszonen und den daraus resultierenden Lebensräumen zu verschaffen, ist es dennoch sinnvoll, eine Zonierung des Ökosystems „Meer" vorzunehmen. In diesem Zusammenhang ist es zunächst nebensächlich, ob es sich um ein kaltes oder ein tropisches Meer handelt. Wie wir bei der Besprechung der verschiedenen Biotope noch sehen werden, ähneln sich die Lebensräume in den Meeren unabhängig von ihrer geographischen Lage nämlich oft verblüffend. Sowohl in der Artenzusammensetzung als auch im äußeren Aufbau des Biotops findet man immer wieder Parallelen.

Eine tropische Seegraswiese unterscheidet sich prinzipiell kaum von den Posidonienwiesen des Mittelmeeres, und ein Korallenriff bietet für viele Lebewesen dieselben Lebensbedingungen, wie wir sie auch an der Felsküste eines gemäßigten Meeres vorfinden. Es erstaunt deshalb nicht, daß wir in solch ähnlichen Biotopen auch ähnliche Tier- und Pflanzenarten feststellen können.

Nur ein Beispiel sei hier genannt: Die Gattung *Lysmata* finden wir mit verschiedenen Arten in allen tropischen und subtropischen Meeren. Überall erfüllen die Tiere die gleiche Funktion als Putzergarnelen. Hinzu kommt, daß sie häufig zum Verwechseln ähnlich gezeichnet sind und auch denselben Lebensraum bewohnen, Höhlen und Felsspalten im flacheren Wasser. Solche Parallelen der Anpassung finden wir überall in der Natur.

Lebensräume im Meer

Eine Zonierung wird sowohl in horizontaler als auch in vertikaler Richtung vorgenommen. Zunächst teilt man das Pelagial, also die Wassermassen über dem Meeresboden, in zwei große Bereiche ein. Die neritische Zone umfaßt die Wassermassen über dem Kontinentalschelf, die ozeanische die über der Tiefsee.

Der gesamte Meeresboden wird Benthal genannt; er wird jedoch noch mehrfach unterteilt. Vom Ufer ausgehend, beginnt das Litoral, das bis zum Rand des

88

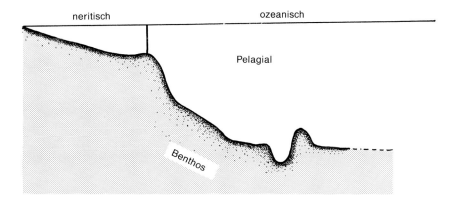

Zonierung des
Meeres.

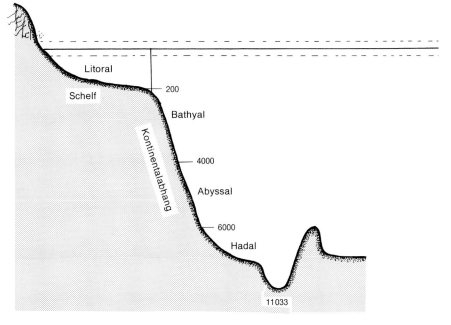

Zonierung des
Meeresbodens.

Kontinentalschelfs in 200 m Tiefe reicht. Dort beginnt das Bathyal, das sich bis zu einer Tiefe von 4000 m erstreckt. Das Abyssal (4000–6000 m) und das Hadal (tiefer als 6000 m) stellen die Fortsetzung bis in die tiefsten Abgründe der Weltmeere dar, die im Marianengraben bis zu 11033 m hinabreichen.

Das Litoral selbst unterteilt man schließlich noch in das Supralitoral, den Bereich der Küste, der gerade noch vom Spritzwasser erreicht wird, das Mesolitoral, welches bei mittlerem Ebbe-Flut-Stand gerade noch überspült wird, und das Infralitoral, das ständig, also auch bei extremem Ebbeniedrigstand, noch von Wasser bedeckt ist. Das Sublitoral ist schließlich die Fortsetzung dieser Zone bis in größere Tiefen. Für die Aquaristik interessant sind fast ausschließlich die Bereiche über dem

89

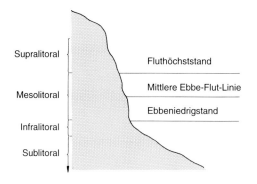

Oben: Zonierung des Litorals.

Auch die durchschnittliche Jahreswassertemperatur sagt häufig nur wenig über die tatsächlichen Verhältnisse aus. Daher spricht man in der Meeresbiologie von Jahresisothermen.

Isothermen sind Linien gleicher Temperatur, die die Meere in bestimmte Zonen einteilen (Abbildung unten). Mit diesem Hilfsmittel kann man vier Zonen unterscheiden. Die Kaltmeere, die sich unterhalb der 5-°C-Isotherme befinden, die Meere der gemäßigten Zone, die unterhalb der 10-°C-Isotherme liegen, die subtropischen Meere, die unterhalb der 20-°C-Isotherme liegen und die tropischen Meere oberhalb dieser Grenze.

Kontinentalschelf – speziell die des oberen Litorals – bis zu einer Tiefe von 20 oder 30 m. Dort leben praktisch alle der im Handel erhältlichen Arten.

Warme und kalte Meere

Die verschiedenen Meeresgebiete lassen sich nicht so leicht geographisch einordnen wie die verschiedenen Zonen der Landmassen. Die übliche Einteilung in Tropen, Subtropen, gemäßigte und kalte Gebiete funktioniert bei den uns interessierenden Meeren nur sehr unzulänglich.

Kaltmeere

Ausgesprochene Kaltmeere sind die arktischen und antarktischen Gewässer und einige Meeresteile, die durch Strömungen von diesen versorgt werden. Sie sind aquaristisch vollkommen uninteressant, da sowohl Beschaffung als auch Haltung von Lebewesen aus diesen Zonen unsere technischen Möglichkeiten bei weitem übersteigen.

Jahresisothermen.

90

Meere der gemäßigten Zone
(Nordsee, Ostsee, kalter Atlantik)

Eigentlich wäre die Haltung von Lebewesen aus diesen Meeren kein Problem. Ohne Kühlung kommen solche Aquarien allerdings nicht aus. Außerdem ist die Tierbeschaffung schwierig. In diesem Buch beschränken wir uns daher auf die subtropischen und tropischen Meere. Wer aber trotzdem solche Tiere halten will, soll es ruhig versuchen. Die Fauna der nordischen Gewässer steht der tropischen an Attraktivität kaum nach und ist noch recht wenig aquaristisch bearbeitet. Die Haltungsbedingungen für die einzelnen Arten und der Aufbau der Biotope unterscheiden sich auch nur unwesentlich von denen, die nachfolgend für die gemäßigten und warmen Meere besprochen werden.

Man kann also einiges auf diese Tierwelt übertragen, vor allem was die Technik anbelangt. Trotzdem werden wohl nur ausgesprochene Spezialisten in diese Form der Aquaristik einsteigen wollen. Die oben angeführten Schwierigkeiten beim Beschaffen der gewünschten Tiere, der schwierige Transport und die aufwendige Haltung werden den „Normalaquarianer" ohnehin abschrecken. Herrliche Becken in Schauaquarien von zoologischen Gärten beweisen aber, daß man auch mit Tieren aus diesen Gebieten schöne und interessante Meerwasseraquarien gestalten kann.

Subtropische Meere

Zu den subtropischen Meeren rechnet man die Meere oder Meeresabschnitte der subtropischen Breiten, deren Wassertemperatur nicht ständig über der 20-°C-Grenze bleibt. Wissenschaftlich betrachtet, sind das die Gebiete zwischen der 10-°C- und der 20-°C-Isotherme (siehe Abbildung links). Das Mittelmeer etwa, aquaristisch betrachtet das einzige subtropische Meer, aus dem wir gelegentlich Tiere erhalten oder selbst fangen können, kühlt im Winter bis auf mindestens 14 °C ab. In tieferen Bereichen, ab etwa 20–30 m Wassertiefe, kann es sogar den ganzen Sommer über empfindlich kalt bleiben.

Durch die hohe Sonneneinstrahlung im Sommer erwärmt sich aber die obere Wasserschicht je nach geographischer Lage auf bis zu 28 °C. Die Lebewesen des Flachwassers solcher Meere sind also, die Temperatur betreffend, sehr anpassungsfähig (eurytherm). Wir können einige wenige Tierarten aus diesen Bereichen des Mittelmeeres sogar recht gut im tropischen Seewasseraquarium mitpflegen. Für die Arten des tieferen Wassers wird aber stets eine gut funktionierende Kühlung benötigt.

Tropische Meere

Die meisten Aquarianer werden sich wohl für die Pflege tropischer Tiere und Pflanzen entscheiden. Natürlich reizt uns Mitteleuropäer die tropische Vielfalt besonders; es sprechen aber auch technische Gründe für die Haltung dieser Tiere. Genau wie in der Süßwasseraquaristik ist es leichter, eine gleichmäßige und relativ hohe Temperatur einzuhalten, die im großen und ganzen ja annähernd der Raumtemperatur entspricht. Aquarien in Wohnräumen brauchen daher nur mit einem relativ schwachen Heizer versehen werden, der im Sommer auch kaum in Betrieb sein muß.

Weiterhin ist der Transport tropischer Tiere inzwischen so perfektioniert worden, daß die Ausfälle ein erträgliches Maß erreicht haben. Hinzu kommt, daß wir die uns am nächsten gelegenen Meere durch unsere rücksichtslose Lebensweise schon so geschädigt haben, daß an eine Entnahme von Aquarientieren in größerem Umfang kaum mehr zu denken ist. Dies gilt für tropische Meere bislang noch nicht.

In tropischen Meeren liegt die Temperatur stets über der 20-°C-Marke, oft so-

91

Meeresströmungen.

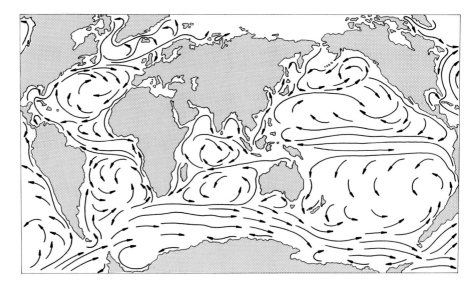

gar deutlich darüber. In Äquatornähe erreicht sie beispielsweise 25 bis 30 °C und schwankt jahreszeitlich kaum mehr als um zwei bis drei Grad. Lediglich kalte Strömungen können diese Konstanz lokal durchbrechen. Die meisten unserer Tiere und Pflanzen stammen denn auch aus äquatornahen Bereichen, etwa aus Ostafrika oder von den Phillipinen und Sri Lanka sowie der Karibik.

Das Rote Meer nimmt eine gewisse Sonderstellung ein. Vor allem die Nordspitze des Golf von Aqaba und der Golf von Suez liegen schon am Rande der gemäßigten Breiten. Nur durch die hohen Lufttemperaturen im Sommer und durch eine kräftige Durchmischung des gesamten Meeres kann sich das Wasser so aufwärmen, daß es im Winter nicht wesentlich kälter als 20 °C wird und dadurch reiches Korallenwachstum ermöglicht. Das Rote Meer stellt somit auch die nördliche Verbreitungsgrenze von riffbildenden Steinkorallen dar.

Aus der Karibischen See, dem amerikanischen Mittelmeer, erreichen uns ebenfalls regelmäßig Importe, wenn auch nicht so häufig wie aus dem Indopazifik. Im Gegensatz zu „unserem" Mittelmeer gehört aber die Karibik zu den Tropen. Entsprechend können wir diese Tiere und Pflanzen zusammen mit solchen aus dem Indopazifik pflegen. Die Karibische See und angrenzende Bereiche sind deutlich artenärmer als die indopazifischen Riffgebiete. Der Grund hierfür liegt in der relativ schlechten Versorgung mit Larven von Wirbellosen und Fischen durch die etwas isolierte Lage dieses Meeres. Dem unbefangenen Betrachter der Unterwasserwelt fällt dies allerdings kaum auf, da viele karibische Riffe an Schönheit den indopazifischen in nichts nachstehen.

Strömungen und Gezeiten

Alle Meere sind vielfältigen physikalischen Einflüssen ausgesetzt. Durch Windeinfluß und die Gezeiten entstehen die Wellen, die durch Stürme und andere Unwetter oder durch unterseeische Beben (Tsunamis) gewaltige Ausmaße erreichen können.

Ebenfalls durch den Wind, aber auch durch Dichte- und Temperaturunterschiede sowie durch die Gezeiten entstehen

Strömungen, die das Wasser durchmischen und warme oder kalte Wassermassen oft über große Entfernungen transportieren. Bekannt sind der warme Golfstrom oder der kalte Labradorstrom. Strömungen müssen nicht immer gleichmäßig und standorttreu sein. So tritt der berühmt berüchtigte El Niño vor der chilenischen Küste nur alle paar Jahre auf. Wenn dies geschieht, sterben dort durch die starke Erwärmung des Wassers die sonst an kühle Bedingungen gewöhnten Fische in Massen. Gleichzeitig sind solche Strömungen in der Lage, das Klima weltweit nachhaltig zu beeinflussen.

Das auffälligste Phänomen sind aber sicher die Gezeiten, die je nach geographischer Lage des jeweiligen Meeresgebiets sehr unterschiedlich sein können. So erreichen die Gezeiten im Atlantik Wasserstandsdifferenzen von bis zu über 12 m (Bay of Fundy), fallen im Mittelmeer, dem Roten Meer oder in der Karibik aber vergleichsweise gering aus. Hier ist der Tidenhub (Gezeitenunterschied) kaum höher als 30 cm. Solche Veränderungen des Wasserstandes erfordern natürlich vielfältige Anpassungen der Tier- und Pflanzenwelt. Bei der Beschreibung der einzelnen Lebensräume wird hierauf näher eingegangen (Seite 94 ff.).

Die Ursachen für die Gezeiten sind hinlänglich bekannt. Vor allem die Anziehungskraft des Mondes, aber auch die der Sonne, üben einen gewaltigen Einfluß auf die großen Wasserflächen der Ozeane aus. Durch Gravitation werden Wellenberge emporgehoben (Abbildung oben). Je nach dem Stand der Sonne und des Mondes, auch zueinander, sind diese Berge unterschiedlich hoch, was zu den bekannten Ebbe-Flut-Unterschieden führt (Springflut – Normalwasser – Niedrigebbe). Durch die Erdrotation entstehende Zentrifugalkräfte unterstützen diese Wasserbewegungen noch. Da die Erde aber nicht von einer einzigen kompakten Was-

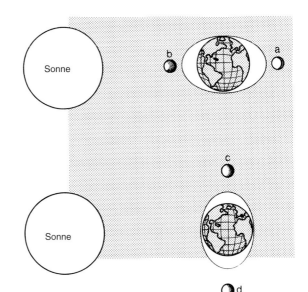

serfläche bedeckt ist, sondern von einer Vielzahl reich strukturierter Meeresteile, ist die Berechnung und Vorhersage dieses Phänomens schwierig, und die entsprechenden Gezeitentabellen sind nur von lokaler Gültigkeit.

Natürlich üben auch das Licht und der Salzgehalt physikalische Einflüsse auf den Lebensraum Meer aus. Diese beiden Faktoren sind aber für die Technik unserer Aquarien so wichtig, daß sie bereits in den Abschnitten „Beleuchtung" und „Das Meerwasser" besprochen worden sind.

Auch der jeweilige Druck der Wassersäule ist ein Faktor, der das Leben im Meer nachhaltig beeinflußt. Vor allem die Fische mit Schwimmblase sind durch den jeweiligen Wasserdruck ihres Lebensraums an bestimmte Tiefenzonen gebunden. Sie können diesen Bereich nicht einfach verlassen, da sich die Schwimmblase erst an andere Druckverhältnisse anpassen muß. Das dauert oft lange und wirkt sich auch beim Fang von Fischen aus tieferen Gewässern aus. Auf Seite 177 gehe ich näher auf die damit verbundene Problematik ein.

Entstehung der Gezeiten. Oben: bei Neumond (a) oder Vollmond (b) entstehen dann Springtiden, wenn Sonne und Mond gemeinsam „ziehen".
Unten: Befindet sich der Mond im ersten (c) oder letzten Viertel (d), schwächen sich diese beiden Kräfte gegenseitig ab (Nipptiden).

93

Marine Lebensgemeinschaften

Drei große Gemeinschaften von Lebewesen existieren in allen Weltmeeren: Das Plankton, das Nekton und das Benthos, die man jeweils noch in den pflanzlichen und den tierischen Bereich unterteilt.

Das Plankton

Unter Plankton versteht man vereinfacht alle passiv im freien Wasser schwimmenden Pflanzen (Phytoplankton) und Tiere (Zooplankton).Von den kleinsten Einzellern (Mikroplankton, Nanoplankton), die quantitativ die größte Gruppe darstellen, bis zu meterlangen Tieren wie manchen Quallen (Makroplankton), gehört eine Vielzahl der unterschiedlichsten Wesen aus fast allen Tier- und Pflanzengruppen hierher.

Die Bedeutung des Planktons ist gewaltig. So ist das Phytoplankton der Ausgangspunkt fast aller Nahrungsketten im Meer. Von ihm ernähren sich das Heer der Strudler und Filtrierer genauso wie das großenteils aus Larven und Kleinkrebsen bestehende Zooplankton, das wiederum von größerem Plankton gefressen wird. Phytoplankton kann nur dort existieren, wo genügend Licht für die Photosynthese vorhanden ist. Wir finden es daher im Flachwasser und in den oberen Schichten des Pelagials.

Das Nekton

Alle Fische, Säugetiere und Schildkröten, die im Wasser aktiv schwimmen, bezeichnet man als Nekton. Der Übergang vom Plankton zum Nekton ist aber oft fließend, da es durchaus aktiv bewegliche planktonische Schwimmer gibt, die größere Strecken zurücklegen können, während

Typische Bewohner des Planktons.
a) Fischlarve,
b) Dinoflagellat,
c) Foraminifere,
d) Hydromeduse,
e) Radiolarie,
f) Copepode,
g) Kieselalge,
h) Ciliat,
i) Noctiluca (Meeresleuchten),
j) Meduse (Siphonophora),
k) Kieselalge,
l) Krebslarve.

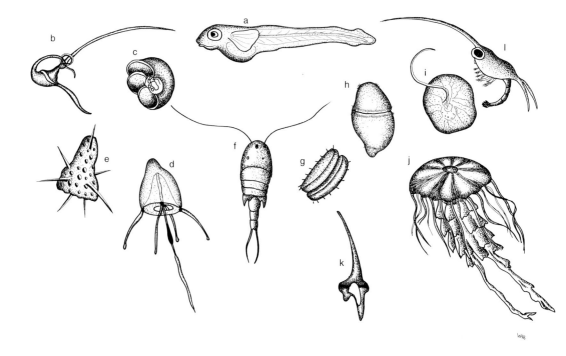

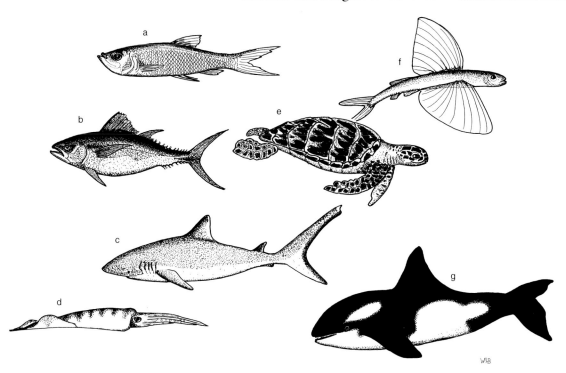

sich so mancher Nektonbewohner von Strömungen verfrachten läßt. Außerdem machen die meisten Larven des Nekton auch eine planktonische Phase durch.

Das Benthos und seine Lebensräume

Zum Benthos rechnet man alle Bodenlebewesen, also die Tiere und Pflanzen, die in, auf oder direkt über dem Meeresboden leben. Wie beim Plankton unterscheidet man auch hier Phytobenthos (pflanzliche Bodenbewohner) und Zoobenthos (tierische Bodenbewohner). Zum Phytobenthos gehören Grün-, Braun- und Rotalgen, zum Zoobenthos Schwämme, Hohltiere, Würmer, Weichtiere wie Muscheln und Schnecken, Stachelhäuter und viele andere.

Fast alle Tier- und Pflanzenarten, die wir in unseren Aquarien pflegen, gehören

mehr oder weniger zum Benthos. Selbst viele eigentlich zum Nekton zu rechnende Fische muß man zum Benthos zählen, da sie, abgesehen von den permanent auf der Hochsee lebenden Arten, unmittelbar vom Benthos und seinen Bewohnern abhängig sind. Das Benthos ist also der Bezugspunkt für uns Aquarianer, mit ihm müssen wir uns zwangsläufig näher beschäftigen. Es besteht aus einer Vielzahl leicht unterscheid- und erkennbarer Biotope, die im folgenden besprochen werden sollen.

Arm an Arten: der Sandstrand

Verhältnismäßig wenige Arten leben im und am Sandstrand und erst recht wenige eignen sich für die Aquarienhaltung. Einige Krebse aus der Familie Ocypodidae (Reiter- und Winkerkrabben) finden wir, gelegentlich massenhaft, an tropischen und subtropischen Sandstränden. Sie eignen sich aber nur für Aqua-

Typische Bewohner des Nektons.
a) Hering,
b) Thunfisch,
c) Hai,
d) Tintenfisch,
e) Meeresschildkröte,
f) Fliegender Fisch,
g) Schwertwal.

95

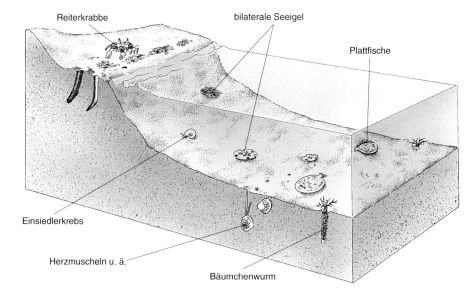

Reiterkrabbe

bilaterale Seeigel

Plattfische

Typische Bewohner
des Sandstrands.

Einsiedlerkrebs

Herzmuscheln u. ä.

Bäumchenwurm

terrarien mit größerem Landteil. Im
normalen Aquarium ertrinken sie regelrecht.

Im ständig vom Wasser bedeckten Teil
der Sandküste leben einige Arten, die
zwar leicht in Aquarien gehalten werden
könnten, aber selten eingeführt werden.
Hierzu gehören einige eher unscheinbare
Einsiedlerkrebse (etwa *Diogenes pugila-
tor*), aber auch verschiedene Plattfische,
Knurrhähne und andere Bodenfische. Im
Sand findet man auch bilateral symmetri-
sche Seeigel (Sanddollar, Herzseeigel)
und verschiedene Würmer. Alle diese
Sandbodenbewohner sind aber selten
farblich attraktiv und leben häufig halb
eingegraben im Bodengrund, so daß ihre
Haltung nur für speziell Interessierte
sinnvoll erscheint.

Viele Wirbellose kommen in Weichböden vor

Solche sandigen oder schlammigen Böden
aus Sediment finden wir vor allem zwischen Seegras oder in einiger Entfernung
vor Korallenriffen und Felsküsten. Die
meisten Tiere leben im weichen Boden

eingegraben oder bewegen sich auf seiner
Oberfläche. Abhängig für die Zusammensetzung der Arten und ihre Häufigkeit ist
die Körnung des Untergrundes (Substrat). Bei grober Körnung finden wir andere Arten als in feinem, sandigem
Schlamm.

Auf den ersten Blick erscheinen solche
Weichböden artenarm und uninteressant;
viele unserer Aquarienbewohner stammen
aber gerade von dort her. Im Mittelmeer
findet man hier verschiedene Krebse,
Schnecken und Muscheln, Seeigel und
Seegurken, ja sogar Gorgonien und vieles
mehr. Vor allem die herrlichen Zylinderrosen und andere im Sand lebende Aktini-
en kommen hier vor.

In den Tropen stammen die Bewohner
dieses Biotops aus den gleichen Familien.
Hier kommen noch die großen Sand- und
Schlammflächen der Mangrovegebiete
hinzu. In Zoogeschäften findet man gelegentlich Symbiosegrundeln, die ihre Höhlen zusammen mit Knallkrebsen der Gattung *Alpheus* in gröberen Weichböden
anlegen. Sogar einige Aktinien findet man
hier, die sich, entsprechend den Anforderungen dieses Lebensraums, bei Gefahr

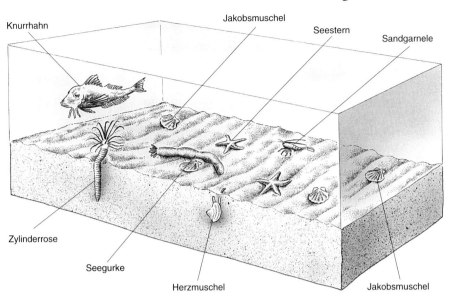

Knurrhahn — Jakobsmuschel — Seestern — Sandgarnele

Zylinderrose — Seegurke — Herzmuschel — Jakobsmuschel

Typische Bewohner von Weichböden.

ganz in den Schlammboden zurückziehen können.

Der Fischreichtum ist oft groß. Stachelrochen liegen, halb von Sand bedeckt auf der Lauer, verschiedene Barben (Mullidae) gründeln im Sand nach Nahrung, Flötenfische (*Fistularia*) und andere Räuber jagen an der Oberfläche nach den vielen Jungfischen, die hier in großen Schwärmen leben, und gelegentlich ziehen kleine Haie durch, die auf leichte Beute hoffen.

Seegraswiesen beherbergen reiches Leben

Seegraswiesen gehören zu den artenreichsten Biotopen überhaupt. Unzählige Lebewesen verstecken sich zwischen den Blättern und Wurzeln der Seegräser, die die einzigen Vertreter der Blütenpflanzen im Meer sind. Wie in einem Hochhaus sind hier alle Etagen dicht besiedelt. Angefangen von den Blattspitzen und Blättern, auf denen epiphytische Tiere und Pflanzen leben, bis hinunter zu den dichten, filzigen Wurzeln, die vielfältigen Lebewesen Unterschlupf bieten, ist jede Nische bewohnt.

Am bekanntesten sind sicher die Seepferdchen und Seenadeln, die im Dschungel der Seegraswiese kaum auffallen. Verschiedene Garnelen und andere Krebse verstecken sich hier tagsüber und durchstreifen bei Nacht die an Nahrung reichen Areale, die nicht vom Seegras eingenommen werden.

Auf dem Boden zwischen den Seegräsern finden sich verschiedene Muscheln, im Mittelmeer am auffälligsten sicher die große Steckmuschel (*Pinna*). Farblich sind die Seegraswiesenbewohner meist gut an ihre Umgebung angepaßt. Dies macht sie gegenüber den farbenprächtigen Riffbewohnern weniger attraktiv. Ihr Verhalten ist aber oft so interessant, daß dieser Nachteil leicht aufgewogen wird.

Die Seegras-Arten selbst können wir bislang leider nicht im Aquarium pflegen. Den Lebensgewohnheiten der Seegrasbewohner kommen wir daher mit einem dicht mit höheren Algen bepflanzten Becken entgegen. Ansonsten stellen sie meist keine besonderen Ansprüche.

97

Meeresbiologie für Aquarianer

Steckmuschel

Sägebarsch

Typische Bewohner
von Seegraswiesen.

Unten: Seegraswie-
sen können große
Areale im Flachwas-
ser einnehmen. Sie
sind lange nicht so
langweilig, wie sie
auf den ersten Blick
aussehen.

Seegrasrhizome

Seenadel

Seegrasgarnele

Octopus

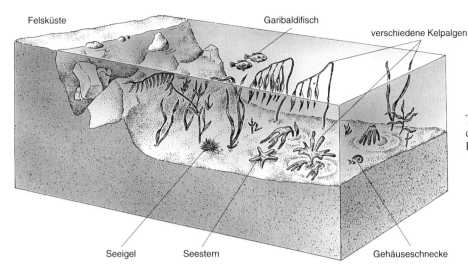

Felsküste — Garibaldifisch — verschiedene Kelpalgen

Typische Bewohner
des kalifornischen
Kelp.

Seeigel — Seestern — Gehäuseschnecke

Die Algen des Kelp bilden regelrechte Wälder

Der Kelp der kalifornischen Pazifikküste
stellt einen besonders interessanten Biotop
dar, aus dem uns aber nur einige wenige
Arten erreichen. Er besteht aus meterlangen Braunalgen, die dichte Bestände bilden und daher im englischen „kelp forests"
genannt werden. Die Lebensumstände der
dort vorkommenden Tiere ähneln denen in
den mediterranen Seegraswiesen. Auch die
Wassertemperaturen entsprechen unge-
fähr denen im Mittelmeer.

Zu den importierten Bewohnern gehört beispielsweise die wunderschön
gefärbte Catalina-Grundel, die im Zoohandel leider oft als tropischer Fisch
angeboten wird. In geheizten Aquarien
haben diese Tiere aber nichts zu suchen.
Eine gewisse Berühmtheit hat der Gari-
baldi-Fisch erreicht, der durch seine orangerote Farbe zwischen den Tangpflanzen
auffällt und sich zu einem regelrechten
Markenzeichen des kalifornischen Kelps
entwickelt hat.

Doch nicht nur an Amerikas Westküste
gibt es Kelp. Auch die Algenwälder der
Bretagne oder vor Helgoland sind damit

durchaus vergleichbar. So interessant und
vielfältig dieTierwelt dieses Biotops aber
ist, ohne Kühlung lassen sich die Bewohner des Kelps kaum über einen längeren
Zeitraum erfolgreich pflegen. Eine Ausnahme machen hier nur einige wenige
Flachwasserarten, die temperaturunemp-
findlicher sind.

Viele Tiere der Mangrovenwälder leben amphibisch

Aus den Mangrovengebieten der Tropen
erreichen uns jedoch immer wieder interessante Arten. Mangroven sind salztole-
rante, meist niedrig wachsende Bäume, die
vor allem an Flußmündungen und Meeresarmen große Flächen bedecken können.
Bei Flut werden diese Gebiete mehr oder
weniger überschwemmt.

Zwischen den Wurzeln der Mangroven
setzen sich mit der Zeit Sande und Schläm-
me ab und gestalten so diesen typischen
Lebensraum mit. Das Mangal, wie die
Mangrovenwälder auch genannt werden,
ist für die angrenzenden Gebiete besonders
wichtig, da es als Küstenschutz dient, zu-
gleich aber auch Holz und Nahrung für die
anliegenden Bewohner liefert.

99

Meeresbiologie für Aquarianer

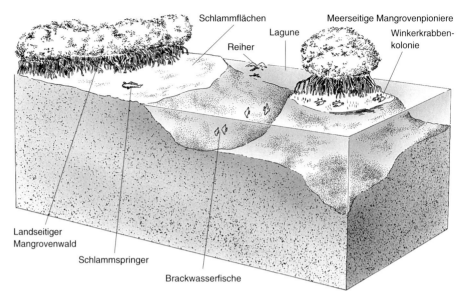

Typische Mangroven-
bewohner.

Schlammflächen

Lagune

Reiher

Meerseitige Mangrovenpioniere

Winkerkrabben-
kolonie

Landseitiger
Mangrovenwald

Schlammspringer

Brackwasserfische

Unten: Mangrove an
der Küste Kenias.

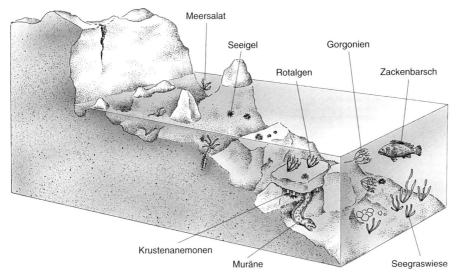

Meersalat

Seeigel

Gorgonien

Rotalgen

Zackenbarsch

Krustenanemonen

Muräne

Seegraswiese

Typische Bewohner
von Felsküsten.

Auf den schlammigen Sandflächen zwischen den Mangroven leben oft prächtig gefärbte Winkerkrabben und viele Einsiedlerkrebs-Arten. Schlammspringer und Schleimfische haben hier ihr Auskommen. Gelegentlich eingeführt werden auch die mit giftigen Flossenstacheln bewehrten *Plotosus*-Welse (*Plotosus lineatus*), die meist aus Mangrovengebieten stammen und dort in Schwärmen von 20 und mehr Exemplaren leben. Wie lebende Kugeln schwimmen die Fische dichtgedrängt über dem Sandboden und spritzen schlagartig auseinander, wenn sie plötzlich angegriffen werden, nur, um sich sofort erneut dicht zusammenzudrängen.

Fremdartig erscheinen die kopfunter schwimmenden Schnepfenmesserfische, die so in der Lage sind, zwischen den Wurzeln der Mangroven nach Nahrung zu suchen, und gleichzeitig diese eigenartige Schwimmweise als Tarnung benutzen (sie verstecken sich auch zwischen den Stacheln von Diadem-Seeigeln).

Viele Bewohner der Mangrove sind aber mehr oder weniger amphibisch und daher nur für Aquaterrarien geeignet. Die wenigen aquaristisch interessanten Arten zeichnen sich jedoch durch besondere Anspruchslosigkeit aus.

Mangroven gibt es ausschließlich in tropischen Meeren. Die nördliche Verbreitungsgrenze der Mangroven liegt im Norden des Roten Meeres, wo man aber nur noch spärliche Vorkommen dieser eigenartigen Pflanzen findet.

Felsküsten und -riffe bilden einen vielfältigen Lebensraum

Die meisten der in Aquarien gehaltenen Arten stammen aus Felsküsten und -riffen. Felsküsten sind derartig gegliedert, daß sich unzählige Nischen, Höhlen und Löcher bilden, die wiederum eine Vielzahl von Tieren und Pflanzen beherbergen. Der aquaristischen Bedeutung entsprechend, werden wir hier näher auf die einzelnen Biotope der Felsküste eingehen. Um die Vielfalt der Felsküste besser überschauen zu können, müssen wir noch einmal auf die Zonierung des Litorals, in diesem Fall Felslitoral genannt, zurückgreifen.

101

Oben: Unterwasser-
landschaft in der
Karibik. Typisch ist
der hohe Anteil an
Fächergorgonien
und anderen Horn-
korallen sowie
Schwämmen
(Key Largo, Florida).

Unten: Typisches
Saumriff bei Hurgha-
da im Roten Meer.

102

Wie aus der Abbildung Seite 101 ersichtlich, gliedert sich eine solche Felsküste, in diesem Beispiel aus dem Mittelmeer, wiederum in einzelne, kleinere Biotope. Die Gezeitenzone beherbergt besonders anpassungsfähige Arten, die den Wellen und Gezeiten standhalten müssen. Hierzu gehört die hübsche, tiefrote Pferderose (*Actinia equina*), die auch in unseren Aquarien gehalten werden kann. Sie verträgt sogar ohne weiteres höhere Temperaturen und kann daher auch in tropischen Becken leben. Auch in tropischen Meeren gibt es eine ähnliche Aktinie (*Actinia* sp., Karibik), die hier unter denselben Bedingungen lebt.

Unterhalb dieser Zone bilden sich öfters Tümpel und Pfützen, die bei Ebbe vom direkten Wasseraustausch abgeschnitten werden. Hier leben Arten, die in unseren Aquarien so ziemlich alles mitmachen. Leider werden sie selten eingeführt, und man muß sie sich schon selbst vom Mittelmeer-

urlaub mitbringen. Zu ihnen gehören viele Schleimfisch-Arten, Garnelen, Einsiedlerkrebse und Schnecken. Unter Steinen in solchen Ebbetümpeln findet man Seesterne und Krebse.

Die hübsche und haltbare Wachsrose (*Anemonia sulcata*), die wir hier in großer Zahl finden, lebt bei guter Fütterung und Beleuchtung (Zooxanthellen) lange. Anfänger sollten sich gerade auf solche Tiere beschränken. Sie sind durch die stark wechselnden Temperaturen, den schwankenden Salzgehalt und die oft schlechte Wasserqualität so anpassungsfähig wie wenige Meerestiere sonst. Fast alle dieser Arten lassen sich daher eine Zeitlang auch im geheizten, tropischen Meerwasseraquarium pflegen. Eine Kühlaggregat zur Herunterkühlung von Temperaturspitzen im Hochsommer ist dann aber angebracht.

Die anschließende Zone, das Sublitoral, ist ständig, auch bei Niedrigebbe, von

Mediterrane Felsküsten sind besonders reich an Leben. Die meisten Tier- und Pflanzenarten findet man hier schon wenige Meter unter der Wasseroberfläche (Côte Vermeille, Südfrankreich).

103

Links: Gelbe Gorgonien (*Eunicella cavolinii*) an einer Steilwand im Mittelmeer (Formiche di Grosseto, Italien).

Rechts: Im Flachwasser des Mittelmeeres findet man oft dichte Rasen mit verschiedenen Algen, die meist reiches Leben beherbergen (Giannutri, Italien).

Wasser bedeckt. Durch das Auftreffen der Brandung bilden sich Löcher und Höhlen, oder es werden Steine angeschwemmt, die Blockfelder bilden. Durch die oft gewaltigen Winterstürme werden manchmal ganze Brocken von den Wellen abgeschlagen und bleiben weiter unten am Fuße der Felsen liegen.

Durch seine Vielgestaltigkeit ist im Sublitoral besonders reiches Leben anzutreffen. Verschiedene Algen bedecken den Fels. Schwämme, Korallen, Moostierchen und Hydrozoen bilden eine farbenprächtige Kulisse für die vielfältigen anderen Bewohner. Hier leben kleine Riffbarsche, Lippfische und vor allem die bunten Schleimfische.

Überall, wo die Sonnenstrahlen hingelangen, wachsen reichlich Algen, die wiederum Seeigeln und anderen Pflanzenfressern als Nahrung dienen. Der Steinseeigel (*Paracentrotus lividus*) wird hier oft in Massen angetroffen. Parallel dazu lebt in

dieser Zone in karibischen Riffen *Echinometra lucunter*, der sich sogar Löcher in den Fels bohrt, um sich besser gegen die Wellen und Strömungen schützen zu können. Im Indischen Ozean heißt die dieses Biotop besetzende Art *Echinometra matthei*.

Mit zunehmender Tiefe ändern sich die Fauna und Flora. An der dem Licht abgewandten Seite ist der Bewuchs mit Wirbellosen im Mittelmeer (im Gegensatz zu den tropischen Korallenriffen) reichlicher als auf den der Sonne zugewandten Felsoberseiten, wo Algenrasen dominieren. Durch diesen reichlichen Bewuchs bilden sich regelrechte Felsen aus zusammengeklebten Röhrenwürmern, Schwämmen, Muscheln und Korallen. Kalkalgen verbinden die einzelnen Lebewesen fest miteinander.

Man nennt dieses Gestein wissenschaftlich „biogene Hartböden". Der Entstehung nach ähneln sie den Korallenrif-

104

fen, und so werden sie von den Franzosen auch „Coralligene" genannt. Stücke davon eignen sich hervorragend als „Lebende Steine".

Auf dem Fels siedeln sich auch weiße und gelbe Gorgonien an, und der Fischreichtum nimmt zu. Hier leben der bunte Schriftbarsch (*Serranus scriba*) und der orangerote Kardinalfisch (*Apogon imberbis*). Kleine Schwärme der metallisch blau schimmernden Jungfische vom Mönchsfisch (*Chromis chromis*) schweben über Spalten und Höhlen, um sich bei Gefahr sofort dorthin zurückzuziehen. Die Vielfalt scheint grenzenlos. Unter jedem umgedrehten Stein tut sich ein wahrer Mikrokosmos auf. Eine Fundgrube für Aquarianer.

Das tiefe Wasser um die Felsküsten ist das Reich der Großfische und Räuber. Hierher haben sich auch alle die Arten zurückgezogen, die von rücksichtslosen Unterwasserjägern, Schnorchlern oder Fischern vertrieben wurden. Die großen Zackenbarsche des Mittelmeeres, inzwischen fast ausgerottet, findet man nur noch in Tiefen ab 30 m. Dort leben auch die großen Langusten und Bärenkrebse, die sich nur nachts ins flachere Wasser wagen.

Findet man im niedrigeren Wasser zuerst weiße und gelbe Gorgonien, so bedeckt hier die Rote Gorgonie (*Paramuricea clavata*) ganze Felsabhänge mit ihren tiefroten oder rotgelben Fächern. Noch tiefer, etwa ab 40 m, findet man die einst sogar im flacheren Wasser häufige Edelkoralle (*Corallium rubrum*). Die professionellen Korallentaucher müssen inzwischen auf bis zu 100 Meter Tiefe abtauchen, um an schöne Stöcke zu gelangen, und riskieren damit ihr Leben jedesmal.

Was das Mittelmeer anbelangt, sind die meisten hier lebenden Tiere für unsere Aquarien ungeeignet. Die Wasserverhältnissse der tiefen Sublitoralbereiche lassen

Der schönste Bewuchs ist im Mittelmeer vor allem an abgeschatteten Stellen zu finden, so auch in dieser Höhle in kaum zehn Metern Tiefe (Lavezzi-Inseln, Korsika).

105

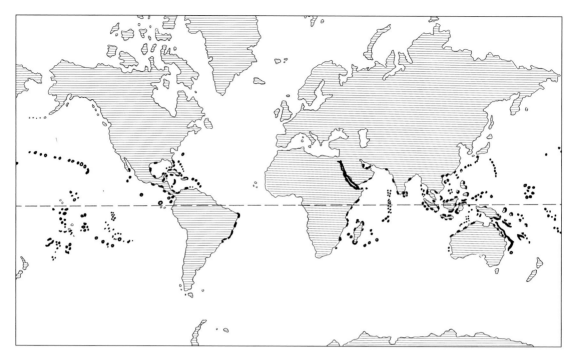

Verbreitungskarte Korallenriffe.

sich nicht so leicht nachahmen. Temperaturen um 10–15 °C werden praktisch ganzjährig eingehalten, und die Wasserqualität ist weitaus konstanter als im Flachwasser.

Einige Krebse aus diesen Tiefen lassen sich zwar ganz gut halten, man kann sie aber nirgends kaufen. Wer das Glück hat, mit Fischern aufs Meer fahren zu dürfen, kann sich auf diese Art einige beschaffen. Der Fang mit dem Schleppnetz ist aber nicht gerade schonend für die Tiere, und oft sind sie verletzt. Auf alle Fälle sind die Arten aus diesem Bereich nur in stark gekühlten Becken haltbar und somit eher für erfahrene Aquarianer mit der notwendigen Technik geeignet.

In den Tropen finden wir in den verschiedenen Zonen des Felslitorals meist ähnliche Tiere aus den gleichen Familien wie im Mittelmeer. Die Artenvielfalt ist allerdings noch um einiges höher. Ideal für die Aquarienhaltung sind auch hier wieder die Vertreter der flacheren Zonen, die sich

durch eine außerordentliche Robustheit auszeichnen, da hier die Wasserverhältnisse lange nicht so konstant sind wie im tieferen Wasser. In den meisten Fällen sind die Bedingungen im tropischen Felslitoral jedoch so gestaltet, daß riffbildende Steinkorallen ihr Auskommen haben und Korallenriffe bilden.

Für Taucher und Aquarianer faszinierend: Korallenriffe

Mindestens 90 % aller in Meerwasseraquarien gehaltener Tiere und Pflanzen stammen aus tropischen Meeren. Die meisten Arten wiederum werden in Korallenriffen und ihrer Umgebung gefangen und gelangen so in den Handel. Die Vielfalt der in Korallenriffen vorkommenden Arten ist so groß, daß Meeresbiologen ständig neue Arten entdecken. Korallenriffe ähneln zwar in der Struktur den vorher besprochenen Felsriffen, bilden aber so viele typische Lebensräume für eine Unzahl von

106

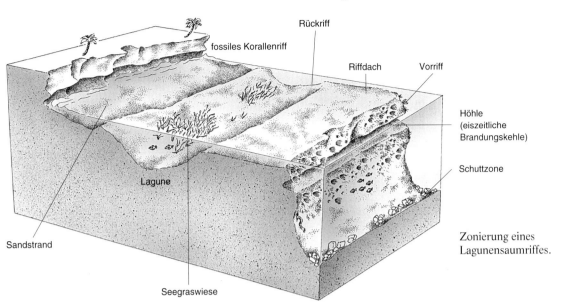

Zonierung eines
Lagunensaumriffes.

charakteristischen Lebensgemeinschaften, daß ihnen ein eigenes Kapitel gewidmet werden soll.

Korallenriffe gibt es fast überall, wo das Wasser selbst in der kalten Jahreszeit nicht kälter als 20 °C wird. Die meisten Steinkorallen, Baumeister dieser Riffe, verlangen außerdem klares, sauberes Wasser und viel Licht sowie ein Substrat, auf dem sie siedeln können. Aus diesem Grund finden wir an reinen Sandküsten seltener Korallenriffe.

Die nördlichsten Korallenriffe liegen an der Nordspitze des Roten Meeres. Hier reichen die Wassertemperaturen gerade noch für ein üppiges Korallenwachstum aus. Die meisten Aquarientiere erreichen uns aber von den Riffen des Indischen Ozeans oder des Pazifik, etwa von der Ostküste Kenias oder von den Phillipinen und Sri Lanka. Inzwischen erhalten wir auch regelmäßig Importe aus der Karibik. Einfuhren vom australischen Barriereriff sind jedoch selten.

Es gibt vier verschiedene Hauptformen von Korallenriffen, die sich aufgrund ihrer Entstehung voneinander unterscheiden. Die häufigste Form ist das **Saumriff**,

das Küsten und Inseln wie mit einem Saum umgibt. Die Korallenpolypen siedeln sich als Larven auf festem, hartem Untergrund an, etwa an der Felsenküste von Inseln. Von nun an wachsen die Korallen möglichst nahe an der Wasseroberfläche in Richtung des offenen Meeres. Dabei werden die Felsen immer wieder neu von Larven besiedelt und dabei überwuchert. So schiebt sich das Riff langsam meerwärts. Das Wachstum endet erst, wenn das Wasser schließlich so tief wird, daß die unteren Korallenstöcke nicht mehr genug Licht erhalten, um den kleinen, symbiontisch lebenden Algen, den Zooxanthellen, die Photosynthese zu ermöglichen.

Auch Veränderungen des Wasserspiegels, beispielsweise durch Eiszeiten oder durch das Abschmelzen der Polkappen in Warmzeiten, prägen die Gestalt solcher Korallenriffe. So entstehen durch sinkende Wasserspiegel und dadurch trockenfallende Korallenriffe oft hohe Steilküsten, die erst bei näherer Betrachtung als massive fossile Korallenriffe identifiziert werden können. An steilen Korallenriffen be-

107

findliche Höhlen sind häufig Brandungskehlen, die das Wasser in den Korallenfels grub, als der Wasserspiegel noch an dieser Stelle lag.

Nach einiger Zeit sterben auch die Korallen direkt am Ufer ab, da sie bei Ebbe häufig trockenliegen und auch nicht mehr so gut mit Nahrung versorgt werden wie die weiter außen liegenden Teile des Riffs. Es bildet sich eine sandige **Lagune**, die sich mit der Zeit durch Erosion eintieft. Ist sie tief genug, so wächst hier bald Seegras, und ein eigenes Biotop bildet sich. Häufig entstehen starke Strömungen in diesen Lagunen. Mit dem offenen Meer sind sie durch mehr oder weniger schmale Durchlässe (**Riffkanäle**) verbunden.

Geht man von der Lagune in Richtung des Meeres, so trifft man auf das geschützte **Rückriff**. Hier leben zartere Arten, wie bizarre, verzweigte Steinkorallen oder Weichkorallen. Alle Tiere, die die Brandung am Außenriff nicht vertragen, vor allem auch Jungfische, finden hier Zuflucht. An das Rückriff schließt sich das **Riffdach** an.

Bei Ebbe liegen häufig Teile davon trocken. **Ebbetümpel** bergen reiches Leben, da sich viele Tiere bei Niedrigwasser dorthin zurückziehen. Diejenigen, die es nicht rechtzeitig zum nächsten Ebbetümpel geschafft haben, verbergen sich unter Steinen, um der gnadenlosen Hitze zu entgehen. Nicht alle finden einen Unterschlupf. Immer wieder findet man daher tote Tiere auf dem Riffdach. Aber auch in Ebbetümpeln herrschen extreme Bedingungen. Der pH-Wert sinkt auf bis zu 7,5, und nach längerer Sonneneinstrahlung steigen die Wassertemperaturen auf über 40 °C. Viele Tiere haben sich an diese Extreme angepaßt. Sie gehören zu den anspruchslosesten Aquarientieren überhaupt.

Am meerseitigen Rand des Riffs, dem **Vorriff**, trifft an der Wasserlinie (**Riffkante**) die Brandung mit ihrer ganzen Gewalt auf die Korallen. Die Sauerstoff- und Planktonversorgung ist hier optimal, und viele Korallenarten haben sich an diese Bedingungen angepaßt und wachsen hier besonders üppig. Die größte Artenvielfalt findet man jedoch am eigentlichen **Riffabhang**, der sich je nach Riffgebiet von der Wasserlinie bis hinab auf etwa 40 m Tiefe erstreckt.

Immer wieder werden durch große Wellen und bei Stürmen Korallenstöcke abgeschlagen und fallen hinunter an den Fuß des Riffs, wo sie die artenreiche **Schuttzone** bilden. An die Schuttzone schließt sich meist ein größeres Sandareal an, das langsam auf größere Tiefe abfällt. Hier gibt es zwar weniger Arten als am Riff selbst, aber auch sie können besonders interessant sein.

Alle für das Saumriff beschriebenen Riffzonen kann man in mehr oder weniger veränderter Form auch bei den nachfolgend beschriebenen Rifftypen erkennen. Niemals muß ein Korallenriff aber aus all diesen Zonen bestehen. Je nach Entwicklungszustand des Riffs oder äußeren Umständen, wie Strömungen, Gezeiten und Klima, kann diese Zonierung in weitem Rahmen variieren. So findet man durchaus Riffe, denen eine Lagune und ein Rückriff fehlen. Andere Riffe bestehen aus ausgedehnten Lagunen mit einem winzigen, meerseitigen Saum lebender Korallen. Wieder andere Riffe fallen senkrecht in scheinbar endlose Tiefen ab, ohne daß ein Vorriff oder eine Schuttzone zu unterscheiden wären.

Die Abbildung auf Seite 107 zeigt also ein „Musterriff" mit vielen möglichen, nicht aber zwingend vorhandenen Riffteilen. Im übrigen wird die Bezeichnung der einzelnen Riffzonen von verschiedenen Autoren unterschiedlich gehandhabt.

Das **Barriereriff** entsteht an einer seichteren Stelle des Kontinentalschelfrandes, meist weitab vom Festland. Ein typisches Beispiel ist das Große Barriereriff vor der australischen Ostküste. Mit über 2000 km

Rechte Seite oben: Riffdach eines Saumriffes vor der Küste Kenias. Durch die hier starke Ebbe (und Flut) fallen diese Riffdächer regelmäßig trocken.

Unten: In den indopazifischen Korallenriffen dominieren auf dem Riffdach normalerweise die Steinkorallen. An günstigen Stellen bilden einige Acropora-Arten gewaltige Tische, die bis zu fünf Meter Durchmesser haben können (Malediven).

108

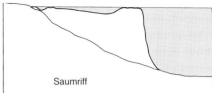

Saumriff

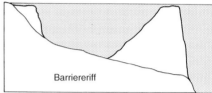

Barriereriff

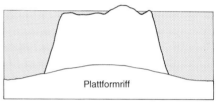

Plattformriff

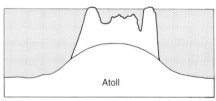

Atoll

Oben: Am Riffabhang. Die Vielfalt des Bewuchses und seiner Bewohner ist unglaublich (Malediven).

Rechts: Die vier Riffformen.

Länge ist es das größte Bauwerk, das je von Lebewesen erstellt wurde. Die Abbildung oben zeigt ein typisches Barriereriff.

An Stellen des offenen Meeres, an denen der Meeresboden bis dicht unter die Wasseroberfläche emporragt, können sich ebenfalls Korallenlarven ansiedeln. Man nennt diese Riffe **Plattformriffe**. Äußerlich sind sie kaum von Barriereriffen zu unterscheiden.

Atolle sind Saumriffe, die sich um Inseln ansiedeln. Durch Absinken dieser Inseln werden diese Riffe gezwungen, nach oben weiterzuwachsen. Verläuft das Absinken der Insel so langsam, daß die Korallen mit dem Wachstum nachkommen, so entsteht ein Atoll. In der Mitte des Riffs sind die Lebensbedingungen für die Korallen nach einiger Zeit schlechter als am gut umspülten Riffrand, und so wird durch Bioerosion das Riff an dieser Stelle geschädigt. Es entsteht eine Vertiefung, die sich mit Sand füllt und so dem Atoll die charakteristische Form verleiht.

Atolle kennt man zum Beispiel von den Malediven oder aus dem Pazifik. Sie können oft riesige Ausdehnungen haben. Ein Musterbeispiel hierfür ist das Ari-Atoll der Malediven, wo Atolle mit einem Durchmesser von über 100 Kilometern vorkommen. Die beschriebenen Korallenrifftypen unterscheiden sich hauptsächlich durch ih-

110

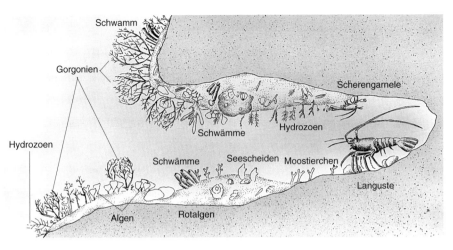

Schwamm

Gorgonien

Scherengarnele

Hydrozoen

Schwämme

Hydrozoen

Seescheiden Moostierchen

Schwämme

Languste

Algen Rotalgen

Typische Bewohner von Höhlen (Mittelmeer).

re Entstehung und durch ihre Lage im Meer. Für die Tiere und Pflanzen macht es aber prinzipiell keinen Unterschied, ob sie nun auf einem Saum-, Barriereriff oder Atoll leben. Die einzelnen Biotope und Lebensräume sind dieselben.

Fische und Wirbellose sind außerdem nicht in der Lage, natürliche von künstlichen Riffen zu unterscheiden. In manchen Ländern wurden zum Beispiel künstliche Riffe aus Autoreifen aufgeschüttet und schnell von den verschiedensten Lebewesen besiedelt. Auch gesunkene Schiffe entwickeln sich mit der Zeit zu artenreichen Biotopen. An die unglaubliche Vielfalt der Korallenriffe kommen solche künstlichen Biotope jedoch nicht annähernd heran.

Höhlen

An Felsküsten und in Korallen- oder Felsriffen findet man immer wieder mehr oder weniger große und tiefe Höhlen. Sie sind auf die unterschiedlichste Weise entstanden und funktionieren nach eigenen Gesetzen. Daher beherbergen sie eine charakteristische und artenreiche Fauna und Flora. Bereits am Außenrand der Höhle wachsen vielerlei Organismen, die sich sogar häufig gegenseitig überwuchern. Da

hier, je nach Lage der Höhle, noch reichlich Sonnenlicht vorhanden sein kann, unterscheidet sich dieser Bewuchs deutlich vom Bewuchs im Innern.

Die Höhlenwände und die -decke sind besonders üppig bewachsen, da empfindliche Organismen wie Schwämme, Korallen oder feinverästelte Hydrozoenstöckchen nicht mehr von Algen überwuchert werden können. Hier leben auch die schönsten Garnelenarten, von denen viele im Handel angeboten werden und die zu den interessantesten und dankbarsten Pfleglingen gehören.

Eichhörnchenfische (*Holocentrus rufus*) sind, leicht erkennbar an ihren großen Augen, typische Höhlenbewohner.

Auch im Mittelmeer findet man in Höhlen des Flachwassers für das Aquarium geeignete Arten. Natürlich muß man sich bei der Haltung dieser Höhlenbewohner an den natürlichen Gegebenheiten orientieren und bei der Einrichtung schon Zonen schaffen, auf die wenig Licht fällt.

Die Abbildung auf Seite 111 zeigt eine typische Höhle des Mittelmeeres. Deutlich erkennt man, daß der Bewuchs am Höhleneingang und auf den ersten Metern der Höhle am stärksten ist. Nach hinten hin wird er ziemlich plötzlich recht karg. Im hinteren Teil der Höhle findet man dann nur noch spärlichen Bewuchs. Dies hängt vor allem mit der Nährstoff- und Planktonversorgung der hinteren Höhlenteile zusammen. Da bei nach hinten blind endenden Höhlen das Frischwasser nur die vorderen Höhlenteile erreicht, ist die Ernährung der sessilen Strudler und Filtrierer nicht gewährleistet.

Bewegliche Tiere, wie Langusten oder verschiedene Fische, findet man daher auch häufiger tief in den Höhlen. Dort verstecken sie sich tagsüber und kommen erst nachts aus ihrem Versteck. Viele Höhlen sind jedoch nach hinten offen oder mit einem zweiten Ausgang versehen. Hier ist der Bewuchs oft auch noch im Innern üppig. Als typisches Beispiel gilt das berühmte Canyon-Höhlensystem im Roten Meer an der Küste der Sinai-Halbinsel.

112

Pflanzen im Meerwasseraquarium

Obwohl die Vielfalt der tierischen Lebewesen, die sich für unsere Aquarien eignen, schier unübersehbar ist, gilt für die Pflanzen das Gegenteil. Von den wenigen höheren Pflanzen der Meere, den Seegräsern, sind bisher nur wenige Haltungserfolge bekannt geworden. Sie gehören zu den Blütenpflanzen, besitzen aber nur unscheinbare, kleine Blüten, und man muß schon genau hinschauen, um sie beim Untersuchen einer Seegraswiese überhaupt zu entdecken. Im Mittelmeer findet man vier Seegrasarten, in den tropischen Meeren sind es einige mehr, insgesamt etwa 20 Arten.

Vermutlich benötigen Seegräser einen leicht faulenden, nährstoffreichen, sandig schlammigen Boden, den wir im Aquarium aber eher vermeiden wollen. Der Anspruch an die Wasserqualität ist jedoch trotzdem sehr hoch. Man erkennt dies schon daran, daß in Zonen großer Meeresverschmutzung die Seegraswiesen in erschreckendem Maße absterben. Ein bislang noch wenig beachtetes Problem großer Tragweite, denn die Seegraswiesen dienen als wirkungsvoller Küstenschutz und sind die Kinderstube vieler Fische und anderer Meerestiere.

Im Gegensatz zu den Seegräsern werden aber einige Algenarten regelmäßig im Aquarium gepflegt, und durch die moderne Aquarientechnik, die die Wasserverhältnisse deutlich verbessert hat, und durch moderne Beleuchtungsverfahren gelingt es heute, etliche Algenarten erfolgreich im Aquarium zu halten.

Man unterteilt die Algen allgemein in Blau-, Rot-, Braun- und Grünalgen, wobei die Blaualgen (auch Schmieralgen) nicht zu den eigentlichen Algen, sondern zu den Bakterien (Cyanobakterien) gerechnet werden. Wird ein Aquarium neu eingerichtet, so entstehen ganz von selbst zunächst braune und rote Schmieralgen. Diese Algen gehören aber trotz ihrer Farbe weder zu den Rot- noch zu den Braunalgen. Sie sind Blaualgen, bei denen die blaue Farbe lediglich von anderen Farbstoffen überdeckt ist.

Obwohl Blaualgen im Prinzip die gleichen Funktionen wie die anderen Algen erfüllen könnten, sind sie bei Seewasseraquarianern höchst unbeliebt. Wie der populäre Name „Schmieralgen" schon andeutet, überziehen diese Algen alle Gegenstände im Aquarium mit einem schmierigen, schleimigen Überzug, der weder Licht noch Frischwasser durchläßt. Zusätzlich werden Hemmstoffe ausgeschieden. Unter dieser Schicht befindliche Lebewesen sterben dadurch sehr schnell ab. Außerdem sieht dieser Überzug auch noch häßlich aus.

Durch eine ausgefeilte Aquarientechnik läßt sich die Blaualgenphase jedoch meist kurz halten oder sogar ganz vermeiden. Mit etwas Glück werden die Schmieralgen dann nach einiger Zeit von fädigen Grünalgen ersetzt. Doch auch diese Phase ist meist nur vorübergehend. Spätestens wenn wir höhere Grünalgen angesiedelt haben, sollten auch die fädigen Grünalgen verschwinden. Wie schon auf Seite 74 erwähnt, kann man hier mit dem Einsetzen von Seeigeln oder algenfressenden Schnecken etwas nachhelfen. Auch manche Schleimfische sind gute Al-

113

Links: *Lobophora variegata*.

Rechts: *Caulerpa prolifera*.

Caulerpa racemosa.

Caulerpa sertularoides.

genvertilger. Kommt es jedoch in alteingefahrenen Becken zum plötzlichen Überhandnehmen von Braun- oder Rotalgen, so kann das als Indikator für eine unbemerkte Wasserverschlechterung dienen (siehe Seite 74).

Die bislang besprochenen Algenarten werden als „Niedere Algen" bezeichnet, da der Aufbau ihres „Thallus", wie die Botaniker den gesamten Pflanzenkörper der Algen nennen, recht einfach ist. Er besteht lediglich aus aneinandergereihten, sehr gleichförmigen Zellen, die entweder als schleimige Überzüge oder als filzig-rasenartige Büschel auf Steinen oder anderen Substraten wachsen.

Im Gegensatz hierzu sehen die „Höheren Algen" unseren Landpflanzen verblüffend ähnlich. Man muß sich aber im klaren darüber sein, daß alle „Blätter" und „Wurzeln" oder der „Stengel" einer Alge keine Organe wie bei unseren Landpflanzen darstellen, sondern eben nur so aussehen. Jedes dieser Teile der Alge kann die gleichen Aufgaben erfüllen, während die Organe der Landpflanzen, aber auch der Seegräser, verschiedene Funktionen ausüben. Die Wurzeln dienen der Nährstoff- und Wasseraufnahme, der Stengel dem Nährstofftransport, und in den Blättern findet die Photosynthese statt. Die Blüten

114

Links: *Caulerpa serrulata* gedeiht in Riffbecken oft gut.

Rechts: *Halimeda* sp., eine Kalkgrünalge, wächst nur bei entsprechend guter Beleuchtung und Kalkversorgung.

sind die „generativen" Organe, sie dienen der Vermehrung.

Die Algen nehmen die Nährstoffe über ihren gesamten Pflanzenkörper auf, und ihre „Wurzeln" (Rhizoide) sind, vorausgesetzt sie erhalten genug Licht, genauso an der Photosynthese beteiligt wie die verschieden geformten blattartigen Auswüchse vieler Arten. Die Rhizoide dienen lediglich der Verankerung der Pflanze, nicht der Nährstoffaufnahme aus dem Boden. Die Vermehrung wird von den „Blättern" selbst übernommen.

Je nach Algengruppe sind die Vermehrungszyklen aber sehr unterschiedlich. Die Blaualgen vermehren sich ausschließlich ungeschlechtlich durch Zellteilung oder Abschnürung von besonderen „Tochterzel-

len" und unterscheiden sich schon damit als Bakterien von den Algen.

Bei den Rotalgen gibt es die verschiedensten Vermehrungszyklen, immer aber werden Sporen oder Gameten ausgestoßen oder abgeschnürt. Die Vermehrung ist also geschlechtlich, wechselt allerdings meistens mit ungeschlechtlichen Zyklen ab. Der gesamte Ablauf der einzelnen Vermehrungsphasen ist recht kompliziert und bei den einzelnen Rotalgengruppen so unterschiedlich, daß hier nicht näher darauf eingegangen werden kann. Das gleiche gilt auch für die Grün- und Braunalgen, bei denen ebenfalls geschlechtliche und ungeschlechtliche Vermehrung vorkommen.

Oft gibt es auch zyklische Veränderungen der Pflanzengestalt. So gibt es einjährige Algen, die im Sommer (oder Winter) absterben oder sich zu einem unscheinbaren, winzigen Pflänzchen verwandeln, während sie in einer anderen Phase zu riesigen Pflanzen auswachsen. Man kennt dies insbesondere von vielen Tangen, die zu den Braunalgen gehören. Bei diesen Algen werden der Entwicklungszyklus und die damit einhergehende Formveränderung von den unterschiedlichen Wassertemperaturen gesteuert, denn Braunalgen leben hauptsächlich in kühleren und kal-

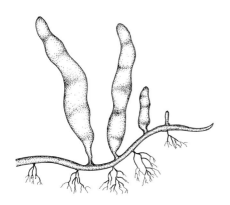

Links: *Caulerpa prolifera,* die bekannteste Kriechsproßalge. Es handelt sich nicht um Blätter, Sproß und Wurzeln, sondern um eine einzige vielkernige Zelle mit stützenden Elementen.

115

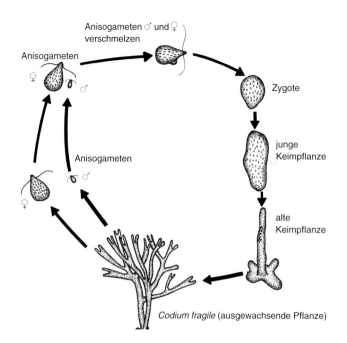

Anisogameten ♂ und ♀
verschmelzen

Anisogameten
♀

♂

Zygote

junge
Keimpflanze

Anisogameten

alte
Keimpflanze

♀

♂ ♂

Codium fragile (ausgewachsende Pflanze)

Vermehrungszyklus der Grünalge *Codium fragile* (nach van den Hoek 1978).

ten Meeren. Aber auch in den Tropen gibt es solche Gestaltwechsel, die hier aber nicht durch die Temperatur gesteuert werden. Man findet daher oft Algen in den verschiedensten Stadien nebeneinander.

Wie schon erwähnt, kann das Wachstum von bestimmten Niederen Algen im Aquarium Probleme bereiten. Die sicherste Methode, das Wachstum dieser Algen zu kontrollieren, ist das Ansiedeln von höheren Grün- oder Rotalgen, die in Nährstoffkonkurrenz zu den unbeliebten Schmieralgen stehen. Vor allem die Grünalgen aus der Gattung *Caulerpa* lassen sich bei entsprechender Beleuchtung und Filterung sehr gut pflegen und wachsen bald recht üppig.

Die zuerst in Aquarien gepflegte Art war *Caulerpa prolifera*, die im Mittelmeer in leicht verschmutzten Buchten vorkommt. Inzwischen wird aber, vor allem in tropischen Becken, die Art *Caulerpa sertularoides* von vielen Aquarianern bevorzugt. Sie wächst noch schneller, veralgt nicht so leicht und wird von einigen Algenfressern

verschmäht. Auch sie stammt aus leicht verschmutzten Gewässern.

Bei *C. prolifera* wurde gelegentlich ein plötzlicher Zusammenbruch der gesamten Population beobachtet. Innerhalb weniger Stunden lösten sich alle Algen eines Aquariums auf und färbten das Wasser grün. Wahrscheinlich hängt dies mit der recht komplizierten Vermehrungsweise dieser Algen zusammen und wird vermutlich von sich ändernden Wasserverhältnissen ausgelöst. Bei *C. sertularoides* kommt dies relativ selten vor. Die Abbildungen ab Seite 114 zeigen die häufigsten *Caulerpa*-Arten, die bislang mit Erfolg gepflegt und vermehrt wurden und im Zoofachhandel regelmäßig erhältlich sind.

Außer höheren Grünalgen gedeihen auch gelegentlich verschiedene Rotalgen ganz gut. Die verzweigte Art *Rhodymenia* wächst sogar mit wenig Licht und wenig Strömung noch üppig. Sie wird meist eher mit lebenden Steinen eingeschleppt als gezielt eingeführt. Manchmal erhält man aber doch ein Stück irgendeiner Rotalge und sollte dann gleich zugreifen. Eine neue Art zu kultivieren ist immer einen Versuch wert.

Neuerdings werden auch verschiedene Kalkalgen erfolgreich gepflegt. Vor allem in Verbindung mit HQI-Lampen und einem hohen Kalkangebot (Kalkwasser, Kalkreaktor) gedeihen auch in Liebhaberbecken rote, krustenbildende Kalkalgen und grüne Kalkalgen der Gattung *Halimeda*. Alle Arten (außer *Halimeda*) wachsen aber eher langsam und sind, was die Wasserverhältnisse und die Lichtqualität und -menge betrifft, sehr anspruchsvoll.

Wer kalkarmes Wasser zur Seewasserherstellung verwendet, wird wenig Glück mit diesen hübschen Pflanzen haben. Da sie in ihrem Pflanzenkörper viel Kalk anreichern, muß im Wasser ständig ein hohes Angebot an gelöstem Kalk vorhanden sein, da sonst kein Wachstum möglich ist. Die Algen werden sonst schnell von Schmier-

116

Links: Kalkrotalgen überziehen in Aquarien mit ausreichender Kalkversorgung bald große Teile der Einrichtung.
Rechts: Im Korallenriff sind solche Ansammlungen von Algen (*Halimeda* sp.) eher selten.

oder Fadenalgen überwuchert und gehen daraufhin bald ein.

Ein einwandfrei funktionierendes, eingefahrenes Aquarium mit optimalen und stabilen Verhältnissen ist also Voraussetzung für die Haltung solcher Raritäten. Zusammen mit einem Kalkreaktor oder kalkreichem Ausgangswasser wachsen Kalkrotalgen und *Halimeda* in solchen Aquarien häufig sehr üppig. Auf die nicht ganz unproblematischen *Caulerpa*-Arten (siehe unten) kann man dann eventuell verzichten.

Die verschiedenen Algen haben allerdings auch verschiedene Ansprüche, vor allem die Lichtmenge betreffend. Man kann nämlich die verschiedenen Algengruppen anhand ihrer Farbstoffe grob in verschiedene Tiefenzonen einteilen. So stammen die meisten Grünalgen aus dem Flachwasser, Braunalgen kommen im etwas tieferen Wasser häufiger vor, und Rotalgen findet man auch noch in großer Tiefe. Natürlich gibt es auch hier wie immer Ausnahmen, im großen und ganzen stimmt diese Verteilung aber mit den natürlichen Verhältnissen überein (Abbildung rechts).

Die Konsequenz für die Aquarienhaltung der Algen liegt dabei auf der Hand. Während die meisten Grünalgen in der Vollichtzone am besten wachsen, sollten

vor allem kalkige und krustig wachsende Rotalgen, entsprechend ihrer Herkunft, abgeschattet untergebracht werden. Da man in Zoogeschäften selten etwas über die Herkunft der Algen erfährt, ist man meist auf Versuch und Irrtum angewiesen. Im Vorteil ist wie immer der, der selbst schon im Meer getaucht hat, die Lebensräume der Algen kennt und sie entsprechend einteilen kann. Je mehr Informationen wir besitzen, desto leichter gelingt die artgerechte Unterbringung. Ein Grundsatz, der für jede Tier- und Pflanzenhaltung gilt.

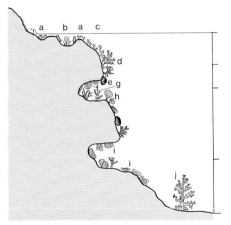

Unten: Tiefenverbreitung häufiger Algen am Beispiel eines Felsriffes im Mittelmeer. Auffällig ist die Häufung von Grünalgen im Flachwasser, während Rotalgen und Braunalgen erst in den lichtärmeren Zonen auftreten (chromatische Adaption).
a) Meersalat (*Ulva*),
b) Kriechsproßalge (*Caulerpa*), c) Gabeltang (*Dictyota*),
d) Ährentang (*Cystoseira*), e) Meerball (*Codium*), f) rote Kalkalge (*Lithothamnion*), g) grüne Kalkalge (*Halimeda*),
h) *Udotea petiolata*,
i) Kalkrotalge (*Peyssonnelia*), j) Beerentang (*Sargassum*).

117

Von den verschiedenen, teilweise riesenhaften Braunalgen sind bislang nur wenige nicht näher bestimmte *Sargassum*-Arten in den Handel gekommen. Sie sollen manchmal gut gedeihen, werden aber nur selten angeboten. Auch hier lohnt ein Versuch auf jeden Fall.

Sicherlich gibt es noch viele Arten, die haltbar sind, sie wurden bislang nur noch nicht eingeführt. Bestimmt wird sich das Angebot in Zukunft noch deutlich verbessern, da immer mehr Aquarianer von den kahlen Fischbecken abkommen und zu Hause ein kleines, naturähnliches Biotop mit einer abwechslungsreichen Artenvielfalt aufbauen wollen.

Tatsächlich kann ein Aquarium allein mit verschiedenen Rot- und Grünalgen schon sehr attraktiv aussehen. Setzt man nun noch ein paar Blumentiere, einige Röhrenwürmer und Garnelen und vielleicht noch ein paar kleine Fische ein, so hat man bereits ein wahres Schmuckstück in der Wohnung stehen. Wenn man sich an die notwendigen Einschränkungen und Grundsätze hält, funktionieren solche Becken ohnehin besser als die sterilen Fischbecken mit ihrer unnatürlich einseitigen Besetzung.

Einige Fische und vor allem Seeigel fressen Algen, mit Vorliebe gerade die Arten, die wir aufgrund ihrer Attraktivität besonders gerne im Becken sehen. Wer also Wert auf ein gutes Algenwachstum legt, der sollte solche Tiere nur sehr gezielt einsetzen. Ein einziger Doktorfisch kann den gesamten Algenbestand innerhalb weniger Wochen auffressen (*C. sertularoides* wird allerdings häufig sogar vom Gelben Hawaiiseebader, *Zebrasoma flavescens*, verschont).

Seeigel aber können die Niederen Algen wirkungsvoll beseitigen und die Höheren Algen so kontrollieren, daß man kaum mehr auszulichten braucht. Wer Blumentiere hält, muß nämlich zu starken Algenwuchs verhindern, da sonst vor allem empfindliche Korallen völlig überwachsen werden. Mit ihren wurzelartigen Rhizoiden bohren sich die *Caulerpa*-Algen regelrecht in das Gestein und in das Skelett von Korallen ein und zerstören es. Am besten hält man ein kleines Stück um die jeweiligen Tiere völlig algenfrei. Dadurch erhalten diese meist lichthungrigen Lebewesen auch genug Licht. Im Korallenriff sind *Caulerpa* geradezu selten anzutreffen.

Zusammenfassend kann man sagen, daß ein gesundes Wachstum Höherer und Niederer Algen auf gute Wasserverhältnisse schließen läßt und diese umgekehrt auch auf Dauer ermöglicht. Die Algen brauchen nämlich für ihr Wachstum ständig Nährstoffe und beseitigen so in nicht geringem Umfang unerwünschte Stickstoff-Abbauprodukte, bevor sie das Wasser verschlechtern können. Es sollte also im Interesse eines jeden Aquarianers liegen, ein gewisses, wenn auch kontrolliertes Algenwachstum zu erreichen.

118

Tiere im Meerwasser-aquarium

Die Weltmeere beherbergen eine ungeheure Vielzahl von Tieren und Pflanzen. Nur ein kleiner Teil davon eignet sich aber tatsächlich für eine längere Aquarienhaltung. Die Auswahl der hier vorgestellten Tiere ist daher stark eingeschränkt und auf aquaristische Verhältnisse zugeschnitten. Aber selbst aus den vorgestellten Gruppen sind nur einige wenige Arten für eine längere Aquarienhaltung geeignet. Man sollte sich auch nicht dazu verleiten lassen, Tiere pflegen zu wollen, von denen bekannt ist, daß sie sich im Aquarium nicht lange halten. Das gleiche gilt für geschützte und bedrohte Arten.

Wer sich trotzdem solche Todeskandidaten beschafft und letztendlich zu Tode pflegt, macht sich mitschuldig am überall zu beobachtenden Artenrückgang. Es ist zwar unsinnig, zu behaupten, daß die Meere durch die Aquarianer und ihren unstillbaren Bedarf an Aquarientieren ausgeraubt würden. Trotzdem ist es eine Pflicht für uns alle, den Ansprüchen der uns anvertrauten Kreaturen so gerecht wie möglich zu werden. Dies schließt einen Verzicht auf alle ungeeigneten oder gar seltenen Tiere und Pflanzen mit ein.

Die im folgenden aufgeführten Tierarten sind daher ausdauernde und leicht zu haltende Pfleglinge, wenn man die beschriebenen Haltungsvorschläge beachtet. Vorausgesetzt wird aber immer eine optimale Aquarientechnik, eine sorgsame Wartung, gute Pflege und Fütterung und der Wille, sich möglichst umfassend über seine Pfleglinge zu informieren. Nur wenn man diese Punkte beachtet, tritt der erwünschte Erfolg ein.

Schwämme (Porifera)

Schwämme sind sehr vielgestaltige und oft recht farbenprächtige, aber ziemlich einfach aufgebaute Tiere. Sie bestehen aus einem mit vielen feinen Kanälen durchzogenen Gewebe. Alle diese Kanäle enden in einem Hohlraum, der wiederum nach außen durch eine mehr oder weniger große Öffnung sichtbar ist. Durch die feinen Kanäle, von außen nur als winzige Poren erkennbar, wird Meerwasser eingestrudelt und filtriert. Die im Wasser enthaltenen Mikroorganismen werden als Nahrung verwertet. Das überflüssige Wasser wird durch die größeren Öffnungen wieder ausgestoßen.

Für die notwendige Strömung sorgen begeißelte Zellen, die Kragengeißelzellen, welche die Innenwandungen von Kanälen und Hohlräumen auskleiden. Die ständige Bewegung der Geißeln bewirkt eine starke Strömung. Auf diese Weise kann ein großer Schwamm an einem Tag den Inhalt von zehn Badewannen umwälzen und filtrieren.

Die Bestimmung der Schwämme ist schwierig. Einerseits kommt ein und dieselbe Art oft in verschiedenen Wuchsformen oder Farben vor, andererseits benötigt man für eine exakte Bestimmung eine Gewebeprobe. In diesem Gewebe befinden sich nämlich artspezifisch geformte Spiculae, kleine Nädelchen, die nur in einem aufwendigen Verfahren vom sie umgebenden Gewebe getrennt werden können.

Aufgrund der Beschaffenheit des jeweiligen Schwammgewebes unterscheidet man Kalkschwämme, Hornschwämme und Glasschwämme. Aquaristisch interes-

Die meisten Schwämme können im Aquarium nur an schattigen Plätzen untergebracht werden. Einige Arten halten dann sehr gut und vermehren sich sogar, andere sterben nach einiger Zeit ab. Dieser herrlich gefärbte Schwamm lebt in Höhlen oder unter Überhängen (Malediven).

sant sind jedoch nur die Horn- und Kalkschwämme.

Allgemein gelten Schwämme als sehr hinfällig in der Aquarienhaltung. Wenig bekannt ist daher, daß sich einige Arten trotzdem hervorragend halten lassen und sogar kräftig wachsen. Vor allem die kosmopolitisch vorkommenden Arten sind sehr anspruchslos. Dazu gehören zum Beispiel Vertreter der Gattungen *Haliclona* und *Halichondria*, außerdem solche Bekannte wie der Badeschwamm (*Euspongia officinalis*), der Pferdeschwamm (*Hippospongia equina*) und die *Axinella*-Arten. Es würde zu weit führen, hier alle Arten aufzählen zu wollen, die sich für unsere Aquarien eignen. Allein im Meer leben etwa 5000 Arten, im Süßwasser nur etwa 150.

Vor allem die Karibik und das Mittelmeer sind bekannt für ihren Reichtum an Schwammarten. Bei der Auswahl muß man sich daher auf die Aussagen von

Händlern oder erfahrenen Aquarianern verlassen. Meist stammen die farbenprächtigen, zarteren Arten aus tieferen oder abgeschatteten Riffzonen und sind daher schwieriger zu pflegen als die eher unansehnlichen, braun oder schwarz gefärbten aus dem Flachwasser.

Viele Schwämme aus dem tieferen Wasser sind empfindlich gegen Veralgung und daher so dunkel wie möglich unterzubringen. Gut haltbar sind oft solche Schwämme, die auch in der Natur im Flachwasser vorkommen und dort viel Licht erhalten. Sie leben mit Zoochlorellen oder Cyanobakterien in Symbiose und werden daher ähnlich wie Korallen mit symbiontischen Algen gepflegt.

Schwämme dürfen nicht in den Sand eingegraben, sondern müssen zwischen Steinen verankert werden. Schon beim Sammeln oder beim Einkauf muß man darauf achten, daß sie stets mit einem Stück Substrat abgetrennt werden. Abge-

120

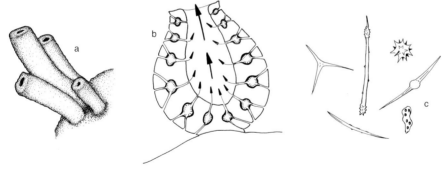

rissene Exemplare regenerieren sich im
Meer zwar gut, im Aquarium sterben sie
aber schnell ab.

Leider sieht man es ihnen nicht an, ob
sie bereits tot sind oder noch leben. Tote
Schwämme riechen jedoch faulig, was
man im Aquarium aber nur schwer feststellen kann. Man behilft sich durch Anblasen des Schwammes mit einem Glasrohr mit Gummibalg. Lösen sich dabei
kleine Teile des Schwammes, muß er

schnell entfernt werden, da tote Schwämme das gesamte Wasser verpesten. Beim
Einsetzen und beim Sammeln muß man
vermeiden, die Schwämme zu quetschen
oder sie gar aus dem Wasser zu nehmen.
Dabei gelangt nämlich Luft in das Kanal-
system, die sich nicht mehr entfernen läßt
und den Schwamm tötet.
Fütterung. Schwämme sind Filtrierer und
nur in der Lage, Futter bis etwa 0,01 mm
Partikelgröße aufzunehmen. Eine direkte

121

Fütterung ist so kaum möglich. In der Natur leben sie hauptsächlich von Detritus, Mikroplankton und einzelligen Algen. Viele Arten vor allem des Flachwassers leben in Symbiose mit Cyanobakterien oder Zoochlorellen und ernähren sich zumindest teilweise von deren Stoffwechselprodukten.

Als Ersatzfutter bietet sich Flüssigfutter an. Ideal sind Gaben von einzelligen Algen aus der Planktonzucht (siehe Kapitel „Nachzucht von Meerestieren"). Auch aufgeschwemmte Hefe hat sich bewährt, vor allem bei größeren Badeschwämmen. Es hat sich gezeigt, daß Schwämme, die in Aquarien mit dichtem *Caulerpa*-Bestand leben, ganz ohne zusätzliche Fütterung auskommen. Die Kalkschwämme der Gattung *Sycon* beispielsweise vermehren sich in *Caulerpa*-Becken oft sporadisch.

Überhaupt schleppt man mit Lebenden Steinen häufig Schwämme ein, die sich dann bei günstigen Bedingungen plötzlich vermehren können. Zu diesen gehören vor allem die *Sycon*-Arten, aber auch eine kleine, weißlich gefärbte Schwammart, die bislang noch nicht bestimmt werden konnte und in vielen Wirbellosenbecken immer wieder auftaucht. Normalerweise reicht die Fütterung der anderen Filtrierer aus, um solche Schwämme gleich mitzuernähren.

Feinde. Typische Feinde für Schwämme sind verschiedene Vertreter der Nacktschnecken, die sich teilweise auf bestimmte Schwammarten spezialisiert haben. Außerdem werden Schwämme von manchen Porzellanschnecken, Seesternen und Seeigeln angenagt. Auch von einigen Plattwürmern wird vermutet, daß sie von Schwämmen leben.

Vergesellschaftung. Schwämme lassen sich mit fast allen sessilen Wirbellosen und mit vielen Fischen zusammen halten. Unter den Fischen sind Kugelfische, manche Lippfische und Drückerfische ungeeignet, da sie gelegentlich an ihnen nagen. Gut geeignet sind kleine Riffbarsche, Grundeln und Schleimfische. Kleine Garnelen und Einsiedlerkrebse, Pistolen- und Heuschreckenkrebse, kleine Krabben und sessile Wirbellose, wie Röhrenwürmer, Anemonen und Weichkorallen, sind ebenfalls geeignete Partner.

Besonderheiten. Günstig ist es, wenn man Schwämme gelegentlich mit einem Wasserstrahl aus der Umwälzpumpe von Detritus und Algenresten befreit. Zumindest bei Neuanschaffungen sollte gelegentlich der Geruch überprüft werden. Lebende Schwämme haben zwar oft einen starken Eigengeruch, tote riechen jedoch stets stark faulig.

Zum Feststellen des Geruchs darf und braucht man die Schwämme nicht aus dem Wasser zu nehmen, da der Geruch eines toten Schwammes bereits dann zu riechen ist, wenn man ihn knapp unter der Wasseroberfläche festhält. Meist reicht es aber völlig aus, den Schwamm vorsichtig mit den Fingern auf seine Festigkeit zu prüfen oder ihn mit einem Wasserstrahl (Glasrohr, siehe Seite 121) anzublasen. Fühlt er sich weich an oder lösen sich Teile des Gewebes, ist der Schwamm in der Regel verloren.

Nesseltiere (Cnidaria)

Unter den Hohltieren nehmen die Nesseltiere eine besondere Stellung ein. Sie zeichnen sich alle durch das Vorhandensein von verschieden gestalteten Nesselkapseln in ihrem Außengewebe aus. Diese Nesselkapseln erfüllen zwei Funktionen. Erstens dienen sie dem Schutz der sonst relativ wehrlosen Tiere, und zweitens ermöglichen sie ihnen den Fang und das Festhalten der Nahrung. Selbst größere

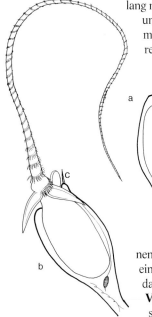

Unten: Nesseltiere (Cnidaria).
a) eine Nesselzelle vor dem Abschuß des Nesselfadens,
b) explodierte Nesselzelle. Auslösend für den Vorgang ist das Berühren des Härchens am Zellenkopf (c).

Oben: Die Symbiose von Anemonen-fischen (*Amphiprion percula*) und Riffane-monen (*Stichodac-tyla haddoni*) gehört mit zum interessante-sten in der Meeres-aquaristik.

Kleines Bild: Die Garnele *Periclimenes yucatanicus* lebt in Anemonen und betätigt sich gleich-zeitig auch als Put-zergarnele.

Unten: *Epicystis cru-cifer* ist eine Anemo-ne aus der Karibik, die im Aquarium vie-le Jahre lang ausdau-ern kann.

123

Beutetiere, wie kleine Fische oder Garnelen, werden von manchen stark nesselnden Arten betäubt und sicher festgehalten, bis sie schließlich verschlungen werden.

Ansonsten sind die Nesseltiere recht primitiv aufgebaut. Sie besitzen ein einfaches Netz von Nerven. Längs- und Quermuskeln dienen zum Zusammenziehen des Körpers bei der Nahrungsaufnahme oder bei Berührung. Der Gastralraum (Magenraum) ist mit speziellen Zellen ausgestattet, die die Nahrungsaufnahme und -verarbeitung ermöglichen.

Die meisten Nesseltiere leben von tierischem Plankton. Üblicherweise sind sie sessil, also an ihrem Standort festgewachsen oder festgeheftet. Manche Vertreter, vor allem aus der Gruppe der Aktinien, sind allerdings in der Lage, sich langsam fortzubewegen. Viele wechseln innerhalb ihrer Entwicklung ihre Gestalt auf auffällige Weise. Meist entwickelt sich aus der sich festsetzenden Planula-Larve ein sessiler Polyp, der sich durch Sprossung vermehrt oder, wie bei den Hydrozoa und Scyphozoa, gelegentlich Medusen abschnürt, die dann im Plankton frei schwimmen und sich ihrerseits wieder geschlechtlich vermehren. Man teilt die Nesseltiere in drei große Gruppen ein.

Hydratiere (Hydrozoa)

Die Hydrozoen zeichnen sich durch einen ausgeprägten Wechsel zwischen Polypen- und Medusenstadium aus. Sie leben überwiegend im Salzwasser, aber auch die bekannte Süßwasserhydra gehört zu ihnen. Normalerweise sind Hydrozoen in Kolonien organisiert, die verschieden spezialisierte Polypen aufweisen können. Es gibt Polypen für die Nahrungsaufnahme, für die Feindabwehr oder für die Vermehrung. Die Kolonien sehen oft aus wie kleine, verzweigte Stöckchen, aber auch kriechende Arten kommen vor.

Auffällig sind die ebenfalls zu den Hydrozoen gehörenden Milleporidae und Stylasteridae, die auch den Menschen stark nesseln können und daher ihren Namen Feuerkorallen zu Recht tragen. Nur wenige Hydrozoen sind in unseren Aquarien haltbar. Vor allem die Arten mit extrem kleinen Polypen (*Millepora*) scheiden in der Regel aus. Gut geeignet sind verschiedenen *Eudendrium*-Arten. Manche Arten, etwa *Cladenoma radiatum*, werden häufig durch Lebende Steine eingeschleppt und vermehren sich dann im Aquarium von selbst (siehe Seite 76).

Fütterung. Hydrozoen ernähren sich in der Natur von feinem Plankton. Geeignet sind also alle Ersatzplanktonfutter. Besonders gerne werden lebende *Artemia*-Nauplien genommen. Wer noch andere Planktonfresser hält, füttert alle zusammen gezielt mit der Glasrohrmethode.

Hydratiere (Hydrozoa).
a) Voll entwickelte Meduse (Scheibenmeduse) von *Cladonema radiatum*,
b) *Tubularia mesembryanthemum*,
c) *Zanklea costata*,
d) *Cladonema radiatum.* Polypen und sich abschnürende Medusen.

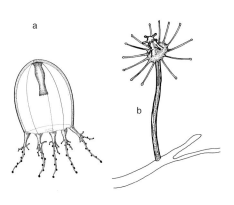

a

b

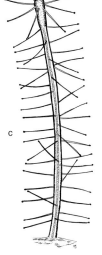

c

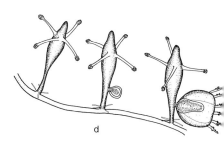

d

124

Feuerkorallen der Gattung *Millepora* gehören zu den Hydrozoen.

Feinde. Typische Feinde sind Fadenschnecken, etwa die im Mittelmeer vorkommende *Flabellina affinis*. Diese Fadenschnecken saugen die Polypen einzeln aus und töten sie damit. Die mitgefressenen Nesselkapseln der Hydrozoen werden auf bislang noch unbekannte Weise in den Anhängseln der Fadenschnecken eingelagert und schützen die Tiere damit sicher vor ihren Freßfeinden. Die dauerhafte gemeinsame Haltung scheidet somit aus.

Vergesellschaftung. Hydrozoenstöckchen sollte man so plazieren, daß sie andere sessile Wirbellose nicht beeinträchtigen können. Gerade empfindliche Weich- oder Steinkorallen können nämlich bei direkter Berührung stark geschädigt werden, da praktisch alle Hydrozoen erheblich nesseln.

Besonderheiten. Alle Hydrozoen müssen vor Licht geschützt werden, da sie sonst leicht veralgen und eingehen. Bereits veralgte Stöckchen erholen sich aber häufig an abgeschatteten Plätzen wieder. Eine Ausnahme macht hier *Millepora*. Sie besitzt Zooxanthellen, die ohne kräftige Beleuchtung absterben. Trotzdem galt *Mille-*

pora bisher als anfällig für Veralgung. Neuerdings wird aber auch hier von guten Haltungserfolgen berichtet.

Schirmquallen (Scyphozoa)

Die Schirmquallen, mit denen so mancher Meeresurlauber schon schlechte Erfahrungen gemacht hat, eignen sich kaum für eine Aquarienhaltung. Einige wenige Arten bilden hier eine Ausnahme. Bei einer Art, *Cassiopeia andromeda*, einer Wurzelmundqualle, gelingt sogar die Nachzucht.

Schirmquallen (Scyphozoa).
a) Schirmqualle,
b) Schnitt durch eine Schirmqualle.

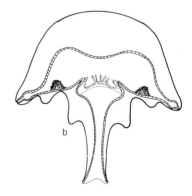

125

Diese Quallen fressen mit Vorliebe *Artemia*, brauchen aber viel Licht, da sie mit Zooxanthellen in Symbiose leben.

Im Löbbecke-Museum in Düsseldorf wird *Cassiopeia andromeda* regelmäßig gezüchtet. Dort wurden einzelne Exemplare viele Jahre alt. Die Haltung dieser empfindlichen Nesseltiere ist aber nur im Artbecken sinnvoll. Im Zoohandel erhält man sie jedoch selten. Die Haltung von Schirmquallen wird also vorerst für die meisten Aquarianer unerreichbar bleiben und ist selbst in zoologischen Gärten die Ausnahme.

Rechts:
Zylinderrosen leben häufig an abgeschatteten Plätzen.

Blumen- oder Korallentiere (Anthozoa)

Zylinderrosen (Ceriantharia)

Es gibt etwa 50 für den Laien nur schwer unterscheidbare Arten, sie leben im Gegensatz zu allen anderen Nesseltieren in einer aus Schleim, entladenen Nesselkapseln und Sandpartikeln gefertigten Wohnröhre. Diese Wohnröhre ist bis zu einen halben Meter tief in den Sand- oder Schlammgrund, auf dem Zylinderrosen vorzugsweise leben, eingegraben. Die Tentakel lassen sich zwar nicht einziehen, bei Gefahr zieht sich aber das ganze Tier blitzschnell in die Wohnröhre zurück. Bei guter Pflege können Zylinderrosen bis zu 30 Jahre alt werden. Die Aufzucht der Larven ist schon gelungen.

Zylinderrose (Ceriantharia).

Fütterung. Zylinderrosen sind Planktonfresser. Sie werden daher mit dem üblichen feinen Ersatzplankton, aber auch mit gefrorenen Kleinkrebsen oder lebenden *Artemia* gefüttert. Größere Futterbrocken werden zwar genauso gern gefressen, die herrlich langen, zierlichen Fangarme werden dadurch aber bald kurz und dick.

Feinde. Außer einigen räuberischen Schnecken und großen Krebsen haben die stark nesselnden Zylinderrosen kaum Feinde.

Vergesellschaftung. Da Zylinderrosen sehr stark nesseln, ist die Zahl der für die Vergesellschaftung in Frage kommenden Partner stark eingeschränkt. Alle anderen Blumentiere scheiden generell aus. Am besten hält man sie in kleinen Gruppen allein. Einige kleine Riffbarsche, kleine Krabben und Einsiedler, Röhrenwürmer und Schwämme sowie die unverwüstlichen Schlangensterne können dazugegeben werden. Gut geeignet ist auch die Putzergarnele *Stenopus hispidus*. Für andere, zartere Garnelen sind die schlanken Fangarme jedoch tödlich.

Besonderheiten. Beim Kauf von Zylinderrosen sollte man einige Punkte beachten. Sie besitzen keine Fußscheibe wie andere Aktinien. Das Ende des Tieres (Basalpol) weist lediglich eine spitz zulaufende Pore auf, die stets unverletzt sein muß. Da man Zylinderrosen ruhig ohne Röhre kaufen kann, läßt sich dies schon im Zoogeschäft überprüfen.

Gesunde Tiere legt man dann im eigenen Aquarium auf die für sie vorgesehene Sandfläche. Dort graben sie sich bald ein. Der Bodengrund muß an dieser Stelle aber mindestens 10 cm tief sein. Geeignet ist

126

feiner Sand oder der rundgeschliffene Bio-fora-Bodengrund.

Wichtig sind auch Angaben über die Herkunft der Tiere. Mittelmeer-Zylinder-rosen sollten im ungeheizten oder besser im gekühlten Becken gehalten werden, während es die tropischen Vertreter der Gattung warm mögen. Alle Zylinderrosen sollten nicht zu hell stehen. In der Natur kommen sie meist an abgeschatteten Stellen vor. Auf Durchlüftung mit Ausströ-mern sollte man, wie immer, verzichten. Wie viele andere Tiere vertragen Zylinder-rosen sich in der Röhre oder im Gastral-raum festsetzende, feine Luftbläschen nicht. Günstig ist eine schwache Strö-mung. Knicken die Arme in der Strömung ab, ist sie bereits zu stark.

Sprossung; in der Natur findet aber auch geschlechtliche Vermehrung statt.

Fütterung. Die meisten der bei uns erhält-lichen Krustenanemonen besitzen Zooxan-thellen und brauchen kaum zusätzlich ge-füttert zu werden. Manche Arten wachsen allerdings bei Fütterung mit Ersatzplank-ton schneller. Nicht alle Arten vertragen kräftige Beleuchtung.

Kolonien, die bei starker Beleuchtung die Polypen schließen, müssen dunkler un-tergebracht werden. Sie sollten außerdem ab und zu gefüttert werden, da ihnen die Nahrungsquelle „Zooxanthellen" oftmals fehlt. Andererseits kümmern die Arten mit Zooxanthellen im Dunkeln trotz intensiver Fütterung und gehen schließlich ein, wenn sie nicht heller untergebracht werden.

Links: Krustenane-monen aus der Gat-tung *Palythoa* sind sehr haltbar und begnügen sich auch mit weniger Licht.

Rechts: *Parazoan-thus gracilis* liebt starke Strömung und muß häufig gefüttert werden.

Krustenanemonen (Zooantharia)

Unter den Krustenanemonen finden sich viele für die Aquarienhaltung hervorragend geeignete Arten aus den Gattungen *Zoan-thus*, *Epizoanthus*, *Parazoanthus* und *Pa-lythoa*. Sie sind meist koloniebildend, be-sitzen aber im Gegensatz zu den ähnlichen Steinkorallen kein festes Kalkskelett. Viele Arten sind recht bunt. Im Aquarium kön-nen aus wenigen Einzeltieren nach kurzer Zeit große Kolonien entstehen. Die Ver-mehrung im Aquarium geschieht durch

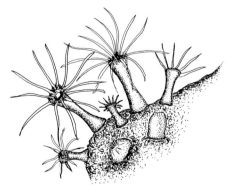

Krustenanemonen (Zooantharia). Sie wachsen in Kolonien mit vielen Einzeltie-ren und bilden kein festes Kalkskelett.

127

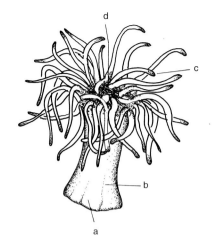
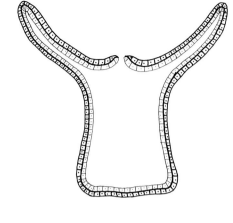

Seerosen (Actiniaria).
Links: typische See-
rose mit
a) Fuß,
b) Stamm,
c) Tentakelkranz und
d) Schlundöffnung.
Rechts eine Seerose
im Schnitt.

Feinde. Feinde sind räuberische Stachelhäuter, parasitäre Schnecken und größere
Krebse sowie einige Pinzett- und Schmet-
terlingsfische.
Vergesellschaftung. Alle sessilen Wirbellosen, die die Krustenanemonen nicht nesseln, sind geeignet. Zwischen den Koloni-
en sollte aber ein Sicherheitsabstand von
etwa 10 cm eingehalten werden, da sich
auch schwach nesselnde Arten gegenseitig
beeinträchtigen. Gut zur Vergesellschaftung geeignet sind auch die meisten Garnelen, kleine Einsiedlerkrebse und Riffbarsche.
Besonderheiten. Beim Kauf sollte man darauf achten, daß die Krustenanemonen auf
einem stabilen Substratstück sitzen. Allerdings lassen sich einzelne Polypen auch in
Spalten festklemmen und wachsen dort
meist an. Auf die gleiche Weise kann man
die Tiere auch vermehren. Man sollte dies
aber nur bei sehr kräftigen Kolonien versuchen und lediglich kleine Koloniestücke
abtrennen.

Seerosen und Seeanemonen (Actiniaria)

Viele Aktinien sind wunderschön und etliche Arten auch sehr gut haltbar. Bereits an
der Wasserlinie der Felsküsten oder in Ebbetümpeln findet man hübsche und für die
Pflege im Aquarium geeignete Arten. Alle
Aktinien nesseln aber stark, und so kann
man sie kaum miteinander vergesellschaften. Einige Arten wandern sogar gelegentlich. Dadurch ist auch eine Unterbringung
mit Sicherheitsabstand auf die Dauer nicht
immer ausreichend.

Ideal sind daher größere Becken mit
einigen wenigen Exemplaren, am besten
der gleichen Art. Setzt man die Tiere auf
einzelne Steine oder Steingruppen, die
durch Sandareale voneinander getrennt
sind, so kann man das lästige Wandern
einigermaßen unterbinden und auch ansonsten unverträgliche Arten gemeinsam
pflegen.

Viele Seeanemonen besitzen interessante Partner, wie Porzellankrebse, Garnelen
und Anemonenfische. Berühmt dafür sind
die großen Riffanemonen der Gattungen
Stichodactyla und *Heteractis*. Aber auch
im Mittelmeer findet man solche Partnerschaften. Allerdings handelt es sich nur in
wenigen Fällen um echte Symbiosen, wie
früher immer angenommen wurde. Trotzdem gehört die gemeinsame Haltung beider Partner zusammen zum schönsten und
interessantesten, was die Seewasseraquaristik bieten kann. Interessant sind auch die
Partnerschaften zwischen Einsiedlerkreb-

128

sen und Schmarotzerrosen (die nur fälschlicherweise so heißen, da sie nicht „schmarotzen").

Fütterung. Die Riffanemonen sind meist Planktonfresser und müssen daher mit entsprechend feinem Futter ernährt werden. Der übliche Planktonersatz und tiefgefrorene Kleinkrebse sind ideal. Außerdem brauchen diese Anemonen viel Licht, da sie ebenfalls Zooxanthellen in ihrem Außengewebe beherbergen und teilweise von deren Stoffwechselprodukten leben.

Die meisten Anemonen vertragen gelegentlich auch größere Brocken, manche verschlingen ganze Fische oder große Garnelen. Im Löbbecke-Museum in Düsseldorf wurden schon in die Anemonen gefallene ganze Diadem-Seeigel verschlungen und in einer Nacht verdaut!

Manche Anemonen, vor allem solche aus eher schattigen Riffbereichen, müssen ständig gezielt gefüttert werden, da sie sonst immer mehr schrumpfen. Dies gilt vor allem auch für die Schmarotzerrosen aus der Gattung *Calliactis*, die mit Einsiedlerkrebsen zusammen leben und im Aquarium anscheinend nie genug Futter bekommen und dadurch immer kleiner werden. Die großen Riffanemonen kommen dank ihrer Zooxanthellen auch ohne zusätzliche Fütterung aus, wachsen aber gefüttert schneller.

Feinde. Feinde sind einige Großkrebse und räuberisch lebende Seesterne.

Vergesellschaftung. Wie schon erwähnt, nesseln viele Anemonen stark. Empfindliche Garnelen oder Fische – vor allem Seepferdchen und Seenadeln – müssen zwischen den Tentakeln geradezu Spießruten laufen. Die meisten Riffbarsche kommen aber auch mit großen Exemplaren zurecht. Ideal sind natürlich die passenden Symbiosepartner, wobei die meisten dieser Partner auch unbekannte Anemonen als Unterschlupf akzeptieren. Man muß ihnen dazu aber Zeit lassen, bis sie den Hautschleim der Anemone angenommen haben. Vor allem während der Häutung werden Symbio-

segarnelen von ihren Partnern nämlich verschlungen, wenn sie keine Möglichkeit zum ungestörten Häuten außerhalb der Anemone haben.

Manche Anemonenpartner schaden ihren Wirtstieren auch. Porzellankrebse und Seespinnen fressen ihren Wirten Futterbrocken weg, die sie manchmal sogar noch aus dem Schlund herausziehen. Normalerweise ist der Schaden aber gering und kann geduldet werden. Wird die Anemone dadurch jedoch immer kleiner, sollte der Kommensale (oder Parasit) entfernt werden.

Besonderheiten. Riffanemonen benötigen nicht nur viel Licht, sondern je nach Herkunft oft auch eine kräftige Strömung. Allgemein vertragen Anemonen die feinen Luftperlen von Ausströmern nicht gut. Auf sie sollte man also, wie überhaupt in modernen Meeresaquarien, verzichten.

Die Glasrosen der Gattung *Aiptasia* vermehren sich in Aquarien oft massenhaft. Dies kann zwar sehr schön aussehen, bei entsprechender Vergesellschaftung aber lästig werden. Manche Falterfische fressen sie gerne. Das bedeutet aber gleichzeitig, daß Falterfische ansonsten in Anemonenbecken nichts zu suchen haben. Aiptasien kann man auch mit manchen Mittelmeer-Fadenschnecken (nicht im tropischen Aquarium) oder mit dem Schmetterlingsfisch *Chelmon rostratus* bekämpfen.

Korallenanemonen (Corallimorpharia)

Wie der Name Korallenanemonen schon andeutet, stehen diese Tiere, rein äußerlich betrachtet, zwischen den Korallen und den Anemonen. Stammesgeschichtlich stehen sie den Steinkorallen nahe, deren festes Kalkskelett ihnen jedoch fehlt. Von den anderen Blumentieren unterscheiden sie sich durch den nur rudimentär entwickelten Gastralraum (innere Leibeshöhle).

129

Scheibenanemonen aus der Gattung *Discosoma* werden auch Elefantenohren genannt.

Diese dunkler gefärbten *Discosoma*-Arten benötigen weniger Licht.

130

Die meisten Arten sind im Aquarium sehr gut haltbar. Der Grund hierfür liegt darin, daß viele Arten schon im Flachwasser des Rückriffs oder der Lagune vorkommen und deshalb ständig wechselnde Lebensbedingungen gewöhnt sind. Alle Korallenanemonen besitzen Zooxanthellen und müssen deshalb ebenfalls hell untergebracht werden. Blau und grün gefärbte Arten bilden hier eine Ausnahme, da sie eher weniger Licht erhalten sollten. Vor allem die *Actinodiscus*-Arten, auch Elefantenohren oder Scheibenanemonen genannt, eignen sich für Anfänger gut.

Fütterung. Die Stoffwechselprodukte der Zooxanthellen reichen den Korallenanemonen in der Regel völlig aus. Arten mit sichtbaren Tentakeln kann man aber kleinere Futterbrocken reichen. Sie wachsen dann schneller. Oft nesseln Scheibenanemonen so schwach, daß sie die angebotene Nahrung kaum festhalten können. Solche Scheibenanemonen füttert man am besten nicht. Die meisten Arten vermehren sich auch ohne Zusatzernährung durch Teilung. Aus wenigen Einzelexemplaren kann nach einem Jahr schon eine ganze Kolonie entstanden sein.

Feinde. Im Gesellschaftsbecken mit den üblichen harmlosen Wirbellosen sind die Korallenanemonen gut aufgehoben. Lediglich von Garnelen der Gattung *Rhynchocinetes* wird behauptet, daß sie gelegentlich an den Schirmen der Tiere zupfen und sie so verletzen. Alle räuberischen Seesterne, Großkrebse und manche Seeigel fressen aber gelegentlich an ihnen und sollten daher nicht mit ihnen vergesellschaftet werden.

Weichkorallen (Alcyonacea)

Im Gegensatz zu den Steinkorallen besitzen die Weichkorallen zur Unterstützung des sonst weichen Körpers lediglich für die jeweiligen Arten charakteristische kalkige Nadeln, die Sklerite. Anhand der Form dieser Sklerite kann man im Zweifelsfall

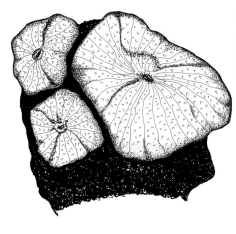

Korallenanemonen (Corallimorphia). Sie bilden ebenfalls kein Kalkskelett und ernähren sich meist über Zooxanthellen.

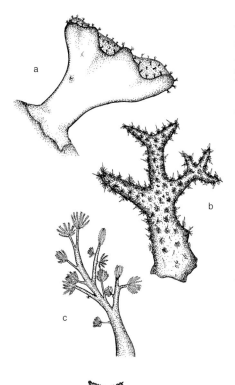

Verschiedene typische Weichkorallen. a) Lederkoralle (*Sarcophyton*), b) Weichkoralle (*Dendronephthya*), c) Straußenkoralle (*Xenia*), d) typische Sklerite von Weichkorallen.

131

Diese wunderschöne Pilzkoralle gehört in die Gattung *Sarcophyton*.

Rechte Seite links oben: Verschiedene *Xenia*-Arten.

Rechts oben: *Alcyonium* sp. ist eine der schönsten Lederkorallen.

Links unten: *Dendronephthya*-Weichkorallen gehören zu den anspruchsvolleren Pfleglingen des tieferen Wassers.

Rechts unten: *Lobophytum* sp. braucht je nach Herkunft viel oder wenig Licht. Hier lebt sie an einer eher dunklen Stelle in 25 m Tiefe an einer Steilwand (Malediven).

die Art bestimmen. Die Arten mit Zooxanthellen sind meist sehr gut haltbar, die ohne solche Symbiosealgen jedoch weniger. Man muß sich daher über die Herkunft der Tiere informieren. Manche Arten leben nämlich bereits im lichtdurchfluteten Flachwasser, während andere nur in tieferen Riffzonen vorkommen. Entsprechend muß man sie heller oder dunkler halten. Die zähesten Arten stammen aus der Gattung *Sarcophyton* (Lederkorallen), von denen man im Handel immer wieder verschiedene Arten angeboten bekommt. Sie sind so widerstandsfähig, daß sich sogar verletzte oder abgerissene Tiere in einem einwandfreien Aquarium nach einiger Zeit wieder erholen und oft zu großen Exemplaren heranwachsen.

Wesentlich empfindlicher sind die farbenprächtigen *Dendronephthya*-Weichkorallen, die im Riff erst an tieferen oder abgeschatteten Stellen vorkommen. Aber auch hier lassen sich einige Arten gut hal-

ten, wenn man ihre besonderen Ansprüche berücksichtigt.

Fütterung. Die Leder- und andere Weichkorallen mit Zooxanthellen werden nicht gefüttert. Alle Weichkorallen des tieferen Wassers brauchen jedoch mehrmals täglich Ersatzplankton, etwa feines Gefrierfutter wie *Artemia* oder Bosminiden.

Feinde. Manche Plattwürmer der Gattung *Pseudoceros* scheinen sich auf Lederkorallen der Gattungen *Sarcophyton* und *Sinularia* spezialisiert zu haben. Eventuell mit Lebenden Steinen eingeschleppte Plattwürmer müssen daher beobachtet und gegebenenfalls entfernt werden.

Vergesellschaftung. Mit allen harmlosen Wirbellosen und kleineren Fischen ist eine Vergesellschaftung möglich.

133

Steinkorallen (Madreporaria)

Rechte Seite oben: Pilzkorallen (*Fungia* sp.) bestehen nur aus einem oder wenigen Einzelpolypen.

Mitte: Die Blasenkoralle *Plerogyra sinuosa* gilt heute als eher schwieriger Pflegling.

Unten: Heute ist es möglich, Steinkorallen im Aquarium erfolgreich zu pflegen.

Im Gegensatz zu den meisten anderen Blumentieren sind die Steinkorallen in der Lage, aus dem Meerwasser so große Mengen an Kalk zu gewinnen, daß sie damit ein hartes Skelett bilden können. Sie tun dies mit Unterstützung der schon erwähnten Zooxanthellen. Diese sind symbiontische Algen, die im Gewebe der Steinkorallen und vieler anderer Wirbelloser vorkommen. Die einzelligen Algen benötigen, wie alle Pflanzen, viel Licht für die Photosynthese. Die beim Stoffwechsel anfallenden Produkte werden teilweise der Ernährung der Koralle zur Verfügung gestellt, während die Koralle ihrerseits der Alge Stoffwechselprodukte überläßt. So lebt hier der eine vom Abfall des anderen – eine echte Symbiose also.

In Versuchen wurde nachgewiesen, daß die Steinkorallen mit Hilfe der Zooxanthellen wesentlich mehr Kalk abscheiden als ohne. Wenn man also von den Korallen als den Baumeistern der Korallenriffe spricht, so muß man zu einem guten Teil die Symbiosealgen mit einbeziehen.

Seit einigen Jahren haben Steinkorallen den Status von schwierigen Pfleglingen für Experten verloren. Viele Arten sind hervorragend haltbar und lassen sich sogar gezielt vermehren. Vor allem durch technische Neuerungen (Kalkreaktor), aber auch durch neugewonnene Erkenntnisse und die unermüdliche Arbeit von Spezialisten ist heute die Haltung von Steinkorallen kein Geheimnis für wenige Eingeweihte mehr.

Allerdings stellen Steinkorallen, wie auch andere eher empfindliche Pfleglinge, relativ hohe Anforderungen an Wasserqualität und sonstige Haltungsbedingungen. Hierzu gehört vor allem auch die entsprechende starke Beleuchtung. Zugaben von Spurenelementen wie Jod oder Strontium sind bei überwiegender Steinkorallenhaltung empfehlenswert. Fast unverzichtbar ist ein leistungsstarker Kalkreaktor.

Nicht alle Korallen bilden ganze Tierstöcke. Manche Arten leben einzeln oder in kleinen Gruppen (beispielsweise *Fungia*).

Steinkorallen (Hexacorallia).
a) Polyp einer Steinkoralle im Schnitt.
b) *Pachyseris*,
c) *Seriatopora*,
d) *Pocillopora*,
e) *Acropora*.

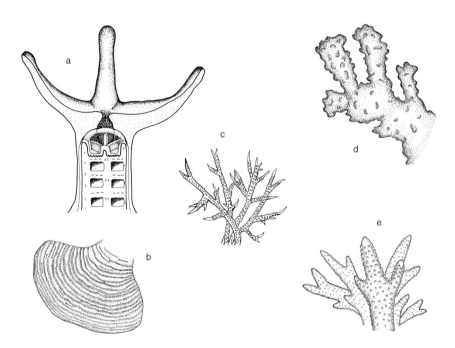

Einige Steinkorallenarten leben in Höhlen oder unter Felsvorsprüngen und besitzen keine Zooxanthellen. Hierzu gehören die Vertreter der Gattungen *Dendrophyllia* und *Tubastrea*. Sie müssen auch im Aquarium dunkel untergebracht werden, da sie sonst schnell veralgen und absterben. Berücksichtigt man dies, sind sie durchaus haltbar, für den Anfänger aber keinesfalls zu empfehlen.

Fütterung. Je nach Größe der Polypen werden feines Ersatzplankton oder tiefgefrorene *Mysis* und Bosminiden direkt in die Polypen gegeben. Viele Steinkorallen brauchen aber keine zusätzliche Nahrung. Gute Beleuchtung ist für Arten mit Zooxanthellen allerdings Grundvoraussetzung.

Feinde. Alle räuberischen Seesterne sind potentielle Feinde der Steinkorallen. Am bekanntesten ist wohl *Acanthaster planci*, der Dornenkronenseestern. Bei Massenauftreten werden von ihm oft ganze Riffabschnitte kahlgefressen. Bislang sind solche Epidemien aber stets räumlich und zeitlich begrenzt aufgetreten. Im Aquarium mit Steinkorallen haben diese Räuber natürlich nichts verloren.

Vergesellschaftung. Steinkorallen lassen sich mit allen sessilen Wirbellosen zusammen halten. Geeignet sind ebenfalls Garnelen, kleine Krebse und die meisten harmloseren Fische. Pinzett- oder Papageienfische sind Feinde der Korallen. Auf sie muß verzichtet werden. Da sich Steinkorallen, wie alle Nesseltiere, untereinander schädigen können, müssen die einzelnen Kolonien stets mit Abstand zueinander untergebracht werden.

Besonderheiten. In der Natur werden Steinkorallen oft von bohrenden Muscheln oder Schwämmen befallen, die das Skelett mit der Zeit brüchig machen. Im Aquarium sind diese Untermieter aber kein Problem. Für die Zerstörung eines Korallenstocks brauchen sie viele Jahre.

Viele Steinkorallen leben auch im Riff in Gebieten stärkster Strömung. Wir berücksichtigen dies durch Unterbringung solcher

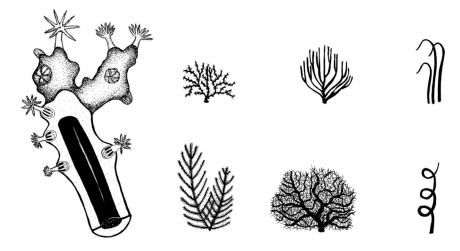

Hornkorallen (Gorgonaria). Links: Schnitt durch eine Edelkoralle (*Corallium rubrum*). Rechts: Wuchsformen verschiedener Gorgonarien.

Arten in der Nähe des Pumpenauslasses. Die meisten eingeführten Arten begnügen sich aber mit mittelstarker Strömung, wobei sich Intervallpumpen (Strömungswechsel) bewährt haben.

Hornkorallen (Gorgonaria)

Bei den Hornkorallen befindet sich das stützende Skelett nicht außen, wie bei den Steinkorallen, sondern innen. Es besteht aus Gorgonin, einem flexiblen, sich kunststoffartig anfühlenden, widerstandsfähigen Material. Dieses stark verzweigte und meist dunkel gefärbte Gerüst wird von lebendem Tiergewebe umhüllt.

Hornkorallen sind oft wunderschön gefärbt und kommen in allen Riffbiotopen vor. Auch hier sind die Arten des Rückriffs oder der Lagune am haltbarsten. Auch die Arten des Mittelmeeres sind gut haltbar, brauchen allerdings stets zusätzliche Kühlung.

Fütterung. Mit Ersatzplankton und feinem Gefrierfutter.

Feinde. In der Karibik lebt die Flamingozunge (*Cyphoma gibbosum*), eine wunderschöne räuberische Schnecke, ausschließlich auf Gorgonien. Eine ähnliche Art (*Simnia spelta*) frißt auch an Mittelmeergorgonien. Beide Arten können im Aquari-

um nicht geduldet werden, da sie ihre Wirtstiere relativ schnell schädigen.

Vergesellschaftung. Mit den meisten Wirbellosen ist die Vergesellschaftung möglich.

Besonderheiten. Gorgonien aus tieferen Riffzonen oder von abgeschatteten Flachwasserbereichen veralgen leicht und sollten daher abgeschattet oder sogar dunkel untergebracht werden (Blaulicht). Bei fast allen Arten ist eine kräftige, wechselnde Strömung günstig, die auch das Veralgen verhindert.

Plattwürmer (Plathelminthes)

In der artenreichen Gruppe der Ringelwürmer sind die zu den Plattwürmern gehörenden Strudelwürmer (Turbellaria) die am primitivsten aufgebauten. Eigentlich bestehen sie lediglich aus einem dünnen Hautlappen, der an der Vorderseite zwei mehr oder weniger deutliche Hörner oder Hautfalten aufweist. Die Körperoberfläche ist meist glatt, manchmal aber auch mit Warzen oder Zotten bedeckt. Feine Wimpern an der Körperunterseite ermöglichen eine gleitende Fortbewegung.

136

Strudelwürmer (Turbellaria). a) Schnitt durch einen Plattwurm b) Zebraplattwurm (*Pseudoceros zebra*), .

Plattwürmer sind oft herrlich bunt gefärbt und werden öfter mit Nacktschnecken verwechselt. Sie besitzen aber im Gegensatz zu diesen nie Kiemenbüschel an der Körperoberseite.

Fütterung. Leider sind einige Plattwürmer – vor allem die herrlich bunten Arten aus der Gattung *Pseudoceros* – Nahrungsspezialisten, die von Schwämmen, Seescheiden und anderen sessilen Wirbellosen leben. Manche sind aber Aasfresser und Räuber und lassen sich mit Muschelfleisch und ähnlichem gut ernähren.

Vergesellschaftung. Die Aasfresser und Räuber unter den Plattwürmern lassen sich mit allen harmlosen Wirbellosen gut vergesellschaften. Lediglich Kleinkrebse wie Amphipoden oder Isopoden können ihnen zum Opfer fallen. Die anderen Wirbellosen werden in Ruhe gelassen. Bei den Nahrungsspezialisten muß man vorsichtig sein. *Pseudoceros zebra* findet man häufig auf *Sinularia*-Weichkorallen. Die Würmer scheinen zumindest zeitweise von dem Körperschleim dieser Lederkorallen zu leben. Ob sie ihnen dabei schaden, ist fraglich. Fraßstellen konnten jedenfalls nicht festgestellt werden. Hier kann noch viel Neuland erforscht werden.

Feinde. Obwohl die Tiere sehr zart sind, scheinen sie kaum Feinde zu haben. Lediglich Großkrebse oder räuberische Stachelhäuter können die Tiere verletzen.

Besonderheiten. Durch den primitiven Körperaufbau sind Plattwürmer in der Natur sehr regenerationsfähig. Im Aquarium

Oben: Die *Pseudoceros*-Arten sind meist Nahrungsspezialisten.

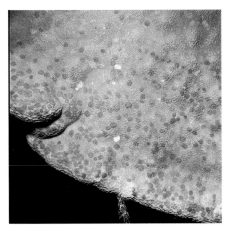

Mitte: Die „Rote Pest" genannten Planarien kommen auch in der Natur vor. Hier im Golf von Aqaba auf einer Steinkoralle.

Unten: Diese Planarienart schmarotzt z.B. auf *Discosoma*-Scheibenanemonen. Erst wenn es zuviele werden, muß man sie absammeln.

137

Rechts:
Borstenwürmer
(Polychaeta). *Poly-
dora* sp. (links) und
Eulalia sp. (rechts).
Sie sind auch im
Aquarium häufig im
groben Bodengrund
oder unter Steinen zu
finden.

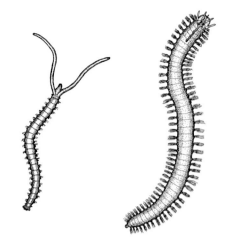

dürfte dies jedoch weniger der Fall sein, obwohl auch hier kleine Risse im Körper, etwa durch unvorsichtigen Transport entstanden, gut abheilen können.

Einige Probleme bereitet uns eine Art von Plattwürmern, die in Aquarianerkreisen die „Rote Pest" genannt wird. Diese kaum 5 mm langen, dunkelroten bis blaßbeigen Turbellarien vermehren sich bei starker Beleuchtung manchmal epidemieartig und überziehen dann große Teile der Einrichtung, Lebende Steine, Algen und leider auch Wirbellose. Diese an sich interessanten Tiere, die wahrscheinlich zumindest teilweise von den rotgefärbten Symbiosealgen in ihrem Gewebe leben, werden durch ihre massenhafte Vermehrung schnell lästig, zumal sie einen Schleim absondern, der wie ein Überzug auf dem befallenen Substrat klebt.

Eine Bekämpfung ist durch regelmäßiges Absaugen oder Abbürsten möglich. Befallene Lebende Steine und Korallen dürfen auch für bis zu zehn Sekunden in Süßwasser getaucht werden. Dabei fallen die Plagegeister ab. Neu zugekaufte Steine und Korallen sollte man vor dem Einsetzen auch auf diese Planarien hin kontrollieren.

Ringelwürmer (Annelida)

Freilebende Polychaeten

Unter Steinen oder nachts findet man die mit seitlichen Borsten versehenen Polychaeten. Bekannt sind die „Fireworms", die in allen wärmeren Meeren vorkommen, wegen ihrer glasartigen Borsten, da diese beim Berühren in die Haut eindringen, abbrechen und dann unangenehm brennen oder sich sogar entzünden können. Freilebende Polychaeten sind entweder arge Räuber, harmlose Detritusfresser oder Nahrungsspezialisten, aber stets hochinteressante Pfleglinge.

Einige kleinere Arten vermehren sich im Aquarium von selbst und betätigen sich im Bodengrund als Resteverwerter. Mit lebenden Steinen eingeschleppte Jungtiere von größeren Arten können mit der Zeit zu 20 bis 30 cm langen Exemplaren heranwachsen. Solche Tiere sehen interessant aus, lassen sich aber nur nachts oder während der Fütterung beobachten.

Fütterung. Die meisten Arten sind Restevertilger. Größere Arten kann man vor allem mit feingeschnittenem Fischfleisch oder mit geöffneten Muscheln aus ihrem Versteck locken. Normalerweise ist eine gesonderte Fütterung aber unnötig.

Feinde. Garnelen oder größere Einsiedlerkrebse ziehen die kleineren Arten gerne aus dem Bodengrund und fressen sie auf. Ansonsten werden sie kaum von anderen Tieren angerührt.

Vergesellschaftung. Die meisten Arten sind harmlos. Manche der größeren Arten sind Räuber, werden aber den meisten Wirbellosen nur bei starker Vermehrung gefährlich. Im Zoohandel sind sie ohnehin nicht erhältlich. Eingeschleppte Räuber, die lästig werden, kann man nachts mit Fischfleisch ködern und dann herausfangen. Vorsicht! Die weißlichen Borsten, auch die kleinerer Arten, bohren sich beim Anfassen in die Haut und können sie unangenehm entzünden.

138

Besonderheiten. Freilebende Polychaeten können sich auch durch Teilung vermehren. Das abgetrennte Endstück des Körpers ist anfangs noch kopf- und augenlos. Erst nach einiger Zeit wachsen diese Organe dann nach.

Sessile Polychaeten

Fadenkronenwürmer (Terebellidae)

In Lebenden Steinen, unter Felsbrocken und im Sandboden findet man die aus Steinchen und Schleim zusammengeklebten Wohnröhren der Fadenkronenwürmer. Das Kopfende ist mit dünnen, orange, gelb oder weiß gefärbten, langen Fäden besetzt. Diese Fäden tupfen unaufhörlich Nahrungsreste oder Braunalgenstückchen auf und transportieren sie zum Mund. Normalerweise sieht man von diesen Würmern nur die dünnen Kopftentakel. Sie bewähren sich in Becken mit zarteren Wirbellosen als wertvolle Resteverwerter und brauchen nicht gesondert gefüttert zu werden.

Röhrenwürmer (Sabellidae)

Diese wunderschönen Würmer gehören zu den beliebtesten Seewassertieren über-

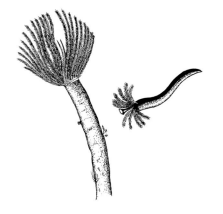

Röhrenwürmer (Sabellidae, links) und Kalkröhrenwürmer (Serpulidae, rechts).

haupt. Am Kopfende befinden sich oft bizarr geformte, fein gefiederte Kronen in den verschiedensten Farben. Mit diesen Fiederkronen wird feines Plankton wie mit einem Netz aus dem Wasser gefangen. Je nach Art sind die Röhren, die sich pergamentartig anfühlen, im Bodengrund eingegraben oder zwischen Korallen eingewachsen. Im Aquarium kann man sie gut in der Dekoration unterbringen. Ideal sind in weicheres Gestein gebohrte Löcher, in die die Röhren einfach hineingesteckt werden.

Beim Kauf muß man darauf achten, daß die Würmer noch in ihrer Röhre sitzen und unbeschädigt sind. Manchmal wird die Tentakelkrone abgeworfen. Normalerweise bildet sie sich aber nach kurzer Zeit wieder neu. Röhrenwürmer, die ihre Röhre verlassen haben, sind jedoch Todeskandidaten. Wer sie selber sammelt, darf die an Steinen und Felsen festgeklebten Röhren nicht einfach abreißen. Am besten stemmt man ein Stückchen des Substrats mit ab. Gefüttert wird mit feinem Ersatzplankton. Bewährt haben sich auch kleine Mengen aufgeschwemmter Hefe, die einfach ins Wasser gegeben werden.

Kalkröhrenwürmer (Serpulidae)

Ihre Röhre ist aus hartem Kalk aufgebaut und an Steinen und Korallen befestigt. Zum Verschließen der Röhre bei Gefahr dient bei einigen Arten ein Deckel, das

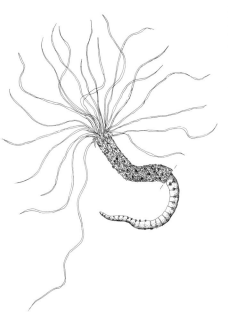

Links: Fadenkronenwürmer (Terrebellidae) werden gelegentlich mit Lebenden Steinen eingeschleppt. Sie sind ausgesprochen nützlich, da sie den Bodengrund von Futterresten befreien.

139

Operculum. Manche der kleineren Arten werden eingeschleppt und vermehren sich dann. Serpulidae findet man vor allem auf Lebenden Steinen. Gesondert füttern braucht man sie in der Regel nicht, da bei der Fütterung der anderen Wirbellosen stets genug für die Filtrierer abfällt.

Fütterung. Alle festsitzenden Polychaeten werden gleichzeitig mit den anderen Planktonfiltrierern mit Ersatzplankton gefüttert. Dieses Futter muß aber sehr fein sein, da Röhrenwürmer nur kleine Partikel aufnehmen können. Eine direkte Fütterung nützt allerdings wenig.

Vergesellschaftung. Manche Garnelen versuchen, Röhrenwürmer aus ihren Röhren zu zupfen und verletzen sie dabei. Das gilt auch für verschiedene Pinzettfische. Vor allem bei falscher Unterbringung, etwa wenn die Röhre völlig frei liegt oder so eingeklemmt wird, daß der Wurm sich nicht mehr weit genug zurückziehen kann, kann es zu Problemen kommen. Ansonsten sind alle harmlosen Wirbellosen gute Partner.

Besonderheiten. Röhrenwürmer lieben keine starke Strömung. Sie müssen daher im Strömungsschatten von Steinen oder anderen Einrichtungsgegenständen untergebracht werden. Ideal sind lange, dünne Löcher, in die man die Röhren stecken kann. Röhrenwürmer aus sandigen oder schlammigen Böden kann man auch vorsichtig halb eingraben. Ein Teil der Röhre sollte aber noch sichtbar sein.

Weichtiere (Mollusca)

Käferschnecken (Polyplacophora)

Käferschnecken sind recht urtümliche Brandungszonenbewohner. Ihr Gehäuse ist aus acht beweglichen Platten zusammengesetzt. Sie besitzen keine Kopf-, sondern Schalenaugen und leben vom Algenbewuchs der Steine, auf denen sie sich festsetzen.

Beim Sammeln muß man die Tiere sehr vorsichtig mit einem stumpfen Gegenstand von ihrer Unterlage ablösen, da sie sich dort mit enormer Kraft festhalten. Einmal abgelöst, rollen sie sich wie Asseln ein und können so leicht transportiert werden. Einfacher ist jedoch der Transport auf einem Steinstück. Die Tiere werden einfach mit Algen oder nasser Holzwolle feucht eingepackt und können so stundenlang transportiert werden.

Im Aquarium haben die Käferschnecken praktisch keine Feinde. Lediglich räuberische Seesterne oder große Krebse könnten ihnen gefährlich werden. Käferschnecken leben vom Algenaufwuchs auf Felsen und Steinen, den sie mit ihrer Raspelzunge abraspeln.

Käferschnecken (Polyplacophora) besitzen eine achtteilige Schale und leben von Algen.

Schnecken (Gastropoda)

Vorderkiemer (Streptoneura oder Prosobranchiata)

Zu den Vorderkiemern gehören die meisten der bekannten Gehäuseschnecken. Leicht zu pflegen sind sie praktisch alle, nur sollte man auf räuberische Arten verzichten. Gut geeignet sind alle Pflanzen- und Aasfresser, die gleichzeitig noch Felsaufbauten und lebende Steine von häßlichen Grün- oder Braunalgen befreien und Nahrungsreste vertilgen.

Man kann sich diese Tiere selbst vom Mittelmeer oder aus den Tropen mitbringen. In einem Glas beobachtet man die einzelnen gesammelten Arten und nimmt die räuberischen heraus. Vor allem die teilweise herrlich gezeichneten *Conus*-Arten sind gefährliche und giftige Räuber, die sogar dem Menschen gefährlich werden können. Sie müssen auf jeden Fall aussortiert werden. In einem speziellen Aquarium mit robusten Fischen oder Krebsen untergebracht, sind sie allerdings interessante Studienobjekte, die man bei der „Jagd" nach Futtermuscheln oder Fischstückchen beobachten kann.

Als wertvolle Ergänzung in einem Wirbellosenbecken eignen sich die winzigen

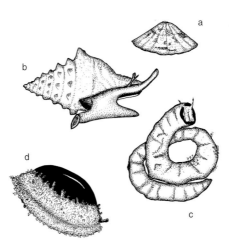

Linke Seite:
Links oben: *Anamobaea orstedtii* ist einer der häufigsten karibischen Röhrenwürmer.

Rechts: *Sabellastarte indica* wird häufig aus dem indopazifischen Raum eingeführt.

Links Mitte: *Bispira brunnea* bildet bereits im Flachwasser wunderschöne Kolonien (Karibik).

Links unten: Der schönste Röhrenwurm von allen stammt aus dem Mittelmeer: die Schraubensabelle *Spirographis spallanzani*.

Vorderkiemerschnecken (Prosobranchiata) gibt es in den verschiedensten Formen.
a) Napfschnecke (*Patella*),
b) Schlammschnecke (*Fusus*),
c) Wurmschnecke (*Vermetus*),
d) Porzellanschnecke (*Cypraea*).

141

Links oben: Diese etwa einen Zentimeter große Gehäuseschnecke lebt auf den Riffdächern von Korallenriffen im Roten Meer (Aquarienfoto). Rechts oben: Käferschnecken leben häufig im Ebbe-Flut-Bereich und sind gute Algenfresser. Mitte: Riffmuscheln der Gattung *Tridacna* sind sehr beliebt und dürfen inzwischen mit CITES-Papieren wieder eingeführt werden. Sie stammen heute häufig von Zuchtfarmen. Unten: So hübsch diese Miesmuschelverwandten auch sind, sie sind leider nicht sehr ausdauernd.

Gehäuseschnecken, die man nachts auf Seegras oder in dichten Algenbeständen findet. Man braucht die Winzlinge, die an den Algen hängen, nur abzusammeln. Nicht alle gefangenen Schnecken sind allerdings tatsächlich welche. In vielen dieser Gehäuse stecken winzige Einsiedler, im Mittelmeer beispielsweise *Cestopagurus timidus*, die mindestens genauso gute Resteverzehrer sind wie die kleinen Schnecken und den anderen Wirbellosen nie gefährlich werden können.

Besonders gut geeignet sind auch die verschiedenen Seeohren der Gattung *Haliotis*. Sie machen sich ebenfalls durch das Abschaben von Algen nützlich und sind ansonsten völlig harmlos. Das gleiche gilt für die Napfschnecken (*Patella* sp.), die aus der Brandungszone stammen, daher ihre Algennahrung auf den Scheiben am oberen Beckenrand suchen und dabei das Wasser gelegentlich verlassen. Über den Beckenrand klettern sie jedoch nie, im Gegensatz zu den *Nerita*-Strandschnecken der Felsküste, die man schon nach wenigen Stunden auf dem Teppichboden wiederfindet.

Ohne Wasser nur feucht verpackt, überstehen die meisten Schnecken auch längere Transporte. Vorsicht! Manche Gehäuseschnecken sind Nahrungsspezialisten und verhungern im Aquarium ohne adäquate Nahrung. Dazu gehören verschiedene Kauri-Arten (*Cypraea* sp.). Genaues Beobachten beim Fang hilft hier weiter. Spezialliteratur studieren! Die im Handel angebotenen Arten sind meist Pflanzenfresser.

Hinterkiemer (Opisthobranchiata)

Aus dieser Gruppe kommen die bekannten Seehasen und die Blasenschnecken. Während die Seehasen von Großalgen (*Ulva*, *Caulerpa*) leben und davon riesige Mengen verzehren können, eignen sich die Blasenschnecken auch für Wirbellosenbecken. Sie leben von niederen Algen und Futterresten. Manche Arten haben sich im Aquarium sogar schon erfolgreich vermehrt.

Natürlich kann man auch Seehasen im Aquarium halten. Wer aber auf einen kräftigen *Caulerpa*-Bestand Wert legt, muß auf sie verzichten. Sie fressen in wenigen Tagen das ganze Aquarium leer. Für Artenbecken eignen sie sich aber gut. Dort kann dann auch abgebrühter Salat gereicht werden, der ersatzweise ebenfalls genommen wird.

Beim Fangen von kleinen Seehasen sollte man sich aber darüber im klaren sein, daß die meisten Arten mindestens 10 cm, einige sogar bis zu 40 cm groß werden können und beim Kriechen über die Aquarieneinrichtung enorme Mengen von Schleim absondern. Das Halten von mehreren, womöglich großen Exemplaren verbietet sich daher von selbst.

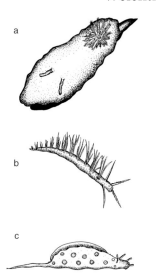
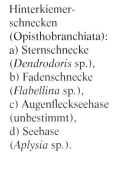

Hinterkiemerschnecken (Opisthobranchiata):
a) Sternschnecke (*Dendrodoris* sp.),
b) Fadenschnecke (*Flabellina* sp.),
c) Augenfleckseehase (unbestimmt),
d) Seehase (*Aplysia* sp.).

Tropische Seehasenverwandte eignen sich für das beheizte Aquarium besonders. Hier gibt es auch sehr kleine und teilweise farbenprächtige Arten. Einige derartige Schnecken werden auch gelegentlich mit Algen eingeschleppt und können sich sogar im Aquarium vermehren. Man findet dann an den Scheiben oder an der Einrichtung die Eigelege. Bei manchen Arten sind die schlüpfenden Larven schon voll entwickelt und wachsen schnell. Die meisten Schneckenlarven (Veliger) leben jedoch planktonisch und werden vom Filter erfaßt oder von Planktonfängern gefressen.

Verwandt mit den Seehasen sind die Elysiidae. Unter ihnen findet man Arten, die Algen anstechen und aussaugen. Hält man nur wenige Exemplare, so schaden sie einem gesunden Algenbestand jedoch kaum. Diese Schnecken sind zwar meist klein, aber doch oft ansprechend gefärbt.

143

Zu den Hinterkiemern gehören auch die farbenprächtigen und oft skurril gebauten Nacktschnecken (Nudibranchiata). Leider sind fast alle dieser herrlichen Tiere extreme Nahrungsspezialisten und daher in normalen Aquarien nicht haltbar. Dennoch werden sie in Zoofachhandlungen immer wieder angeboten. Kaum ein Liebhaber wird diese Tiere aber über längere Zeit artgerecht ernähren können. Sie verhungern dann in unseren Aquarien kläglich.

Muscheln (Bivalvia).
a) Feilenmuschel (*Lima*),
b) Miesmuschel (*Mytilus*),
c) Riffmuschel (*Tridacna*).

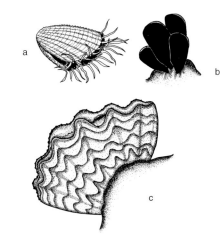

Muscheln (Bivalvia)

Muscheln verfügen im Gegensatz zu den Schnecken immer über zwei Schalen, die von kräftigen Muskeln zusammengehalten werden. Häufig erkennt man am Mantelrand, der aus der geöffneten Schale ragt, Augen oder andere Anhängsel. Am häufigsten findet man im Zoohandel Vertreter der Gattungen *Tridacna* und *Spondylus*. Einige Vertreter beider Gattungen sind gut im Aquarium zu halten, stellen aber völlig unterschiedliche Ansprüche.

Die *Tridacna*-Arten, die man unsinnigerweise „Mördermuscheln" nennt, sind Bewohner des Riffdachs und durch ihre im Mantelgewebe befindlichen Zooxanthellen auf starke Belichtung angewiesen. Die *Spondylus*-Arten jedoch stammen aus abgeschatteten Bereichen des Riffs und aus Höhlen und müssen auch im Aquarium entsprechend untergebracht werden. Auch die Miesmuscheln (*Mytilus* sp.) aus dem Mittelmeer sind in den entsprechend gekühlten Aquarien ausdauernd. Ihre grün gefärbten tropischen Verwandten (s. Abb. S. 142 unten) werden zwar manchmal eingeführt, verhungern aber bald mangels entsprechender Planktonnahrung.

Kaum gepflegt werden die haltbaren Bewohner von sandig-schlammigen Böden, wie die im Mittelmeer lebende Teppichmuschel (*Venerupis* sp.) und ähnliche Arten. Da sie leider nie eingeführt werden, muß man sie sich selbst besorgen. Das gleiche gilt für ähnliche tropische Arten.

Wegen ihrer Schönheit werden jedoch immer wieder die herrlichen Feilenmuscheln (*Lima* sp.) eingeführt, die aber leider nicht lange ausdauern. Sie sind sehr empfindlich und müssen regelmäßig mit Plankton und Planktonersatz ernährt werden, da sie sonst langsam verhungern. Im Gegensatz zu den oben besprochenen Muscheln sind sie für Anfänger nicht geeignet.

Fütterung. Alle Muscheln sind Filtrierer. Das gefilterte Plankton darf aber nicht größer als 15–40 µm (15 bis 40 Tausendstel Millimeter) sein. Alle größeren Partikel werden wieder ausgestoßen. Als Nahrung dient Ersatzplankton. Manche Muscheln (*Tridacna*) besitzen die im Kapitel „Steinkorallen" erwähnten Zooxanthellen und benötigen kein zusätzliches Futter, aber starke Beleuchtung.

Feinde. Die klassischen Feinde der Muscheln sind räuberische Seesterne, die das Opfer umklammern und es durch ständiges, kräftiges Auseinanderziehen der Schalen ermüden. Öffnet die Muschel sich nur ein wenig, so stülpt der Seestern seinen Magen in die Öffnung und löst das Fleisch mit einem Verdauungssaft auf. Räuberische Seesterne, aber auch größere Krebse scheiden also als Partner für Muscheln aus.

144

Besonderheiten. Die Riffmuscheln aus der Gattung *Tridacna* und ihre Verwandten, die Zooxanthellen besitzen, benötigen eine kräftige Beleuchtung mit HQI-Lampen. Außerdem lieben sie, im Gegensatz zu den *Mytilus*-Arten der Brandungszone, mäßige, aber regelmäßige Strömung.

Wer genau beobachtet, kann in einigen Muscheln kleine Krabben oder Garnelen finden (Muschelwächter). Sie leben als Kommensalen in den Muscheln und verlassen nur selten ihren Wirt. Normalerweise schaden sie der Muschel nicht.

Viele Muscheln befestigen ihre Schalen mit Byssus am Untergrund, einem zähen, schwer zerreißbaren Fadengeflecht, das die Muschel selbst ausscheidet. Beim Sammeln von Muscheln sollte dieses Geflecht vorsichtig behandelt werden (nicht abreißen, sondern am Fels glatt abschneiden). Am besten werden die Fäden mit einem Stück Substrat abgestemmt.

Kopffüßer (Cephalopoda)

Zu den Kopffüßern gehören die zehnarmigen Tintenfische (*Sepia*, *Loligo*) und die achtarmigen Kraken (*Octopus*). Sie sind zwar mit den „primitiven" Mollusken eng verwandt, aber trotzdem recht intelligent und dadurch besonders interessant.

Im Zoohandel erhält man sie fast nie. Der Transport ist schwierig, da die Tiere Tinte ausstoßen können und sich damit selbst vergiften. Das Transportwasser müßte also öfter gewechselt werden, was beim üblichen Transport mit dem Flugzeug kaum möglich ist. Ansonsten sind die achtarmigen Kraken, vor allem kleinbleibende wie der Blaupunktkrake aus dem Indopazifik (Achtung! Sehr giftig!), aber auch die Mittelmeerarten, gut haltbar.

Auch die zehnarmigen Tintenfische kann man im Aquarium eine Zeitlang pflegen. Da erwachsene Tiere sich allerdings an die Aquarienhaltung kaum gewöhnen

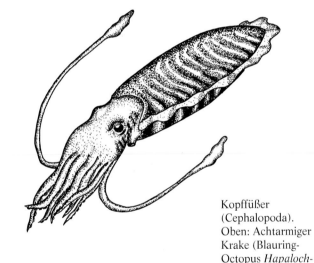

Kopffüßer (Cephalopoda). Oben: Achtarmiger Krake (Blauring-Octopus *Hapalochlaena maculosa*), Unten: Zehnarmiger Tintenfisch (*Sepia*).

lassen, schreckhaft bleiben und immer wieder gegen die Scheiben schwimmen und sich dabei den Schulp verletzen, werden sie besser aus mitgebrachten Eiern aufgezogen. Der Erfolg ist dann fast sicher, und in verschiedenen Schauaquarien wurden auf diese Art Sepien an die beengten Aquarienverhältnisse gewöhnt und über mehrere Generationen weitergezüchtet. Im Wirbellosenbecken gelingt dies nur schwer, zumal die *Sepia*-Arten, wie alle Tintenfische, arge Räuber sind und alles

145

Eßbare auch über kurz oder lang verschlingen. Trotzdem kann die Aufzucht von *Sepia*-Eiern oder das Halten eines kleinen *Octopus* in einem Artbecken empfohlen werden, da es kaum interessantere Aquarienbewohner gibt.

Fütterung. Beide Tintenfischgruppen fressen Garnelen, kleine Fische und anderes, gröberes Lebend- und Gefrierfutter. Der *Octopus* öffnet auch geschickt Muscheln.

Vergesellschaftung. Artbecken sind für die Pflege von Kopffüßern zwingend notwendig.

Besonderheiten. Man sollte das Becken gut abdecken. Vor allem der *Octopus* ist neugierig, klettert überall hoch, verläßt dabei sogar das Becken, findet nicht mehr zurück und vertrocknet dann meist. Die Deckscheibe muß gesichert werden, da sie sonst von ihm weggestemmt wird. Kleinste Spalten genügen dem Octopus, um (in den Tod) zu fliehen. *Sepia*-Tintenfische springen!

Federstern
(Crinoidea).

Stachelhäuter (Echinodermata)

Federsterne (Crinoidea)

Die herrlichen, aber sehr empfindlichen Federsterne sind eng mit den urtümlichen Seelilien der Vorzeit verwandt. An die einstmals sessile Lebensweise erinnert nur noch das Jugendstadium der Crinoiden, in dem sie wie Seelilien noch mit dem Stiel am Untergrund festgewachsen sind. Er löst sich aber im Laufe der Entwicklung ab. Die erwachsenen Feder- oder Haarsterne besitzen anstelle des Stieles mehrere krallenartige Klauen, die Cirren, mit denen sie sich an Korallen oder Gorgonien festhalten können.

Vor allem nachts findet man die Haarsterne auf erhöhten Standorten im Riff, beispielsweise auf Gorgonienfächern, wo sie mit voll ausgebreiteten Armen in der Strömung stehen, um Plankton zu fangen. Tagsüber leben die meisten Arten kaum auffindbar zu einem Knäuel zusammengezogen in Felsspalten und zwischen Korallen.

Nur wenige Arten sind tatsächlich im Aquarium zu pflegen. Die Mittelmeerart *Antedon mediterranea* muß im gekühlten Aquarium gehalten werden. Wenn überhaupt, kann man Haarsterne nur sehr erfahrenen Seewasseraquarianern empfehlen.

Fütterung. Haarsterne müssen regelmäßig mit Ersatzplankton, vor allem aber mit Kleinkrebsen wie *Artemia* oder Bosminiden gefüttert werden. Gezieltes Füttern mit dem Glasrohr bewirkt das sofortige Zusammenziehen der Fangarme. Die meisten Haarsterne öffnen in der Natur ihre Tentakel allerdings nur nachts, was auch im Aquarium beibehalten wird. Schon deswegen sind tagaktive Arten zu bevorzugen.

Vergesellschaftung. Mit allen harmlosen Wirbellosen und kleinen Fischen ist die Vergesellschaftung möglich.

Besonderheiten. Haarsterne sind sehr zerbrechlich und neigen bei unvorsichtiger

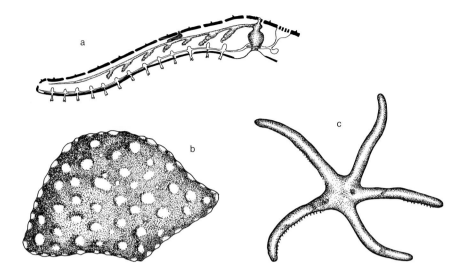

Seesterne
(Asteroidea).
a) Schnitt durch
einen Seestern,
b) Kissenstern
(*Culcita* sp.),
c) Rundarmstern
(*Linckia* sp.).

Behandlung zur Selbstverstümmelung. Beim Fang dürfen die Tiere also nicht mit der bloßen Hand angefaßt oder gar mit Gewalt entfernt werden, da dabei stets Teile der Arme abbrechen, die im Aquarium kaum regeneriert werden können.

Seesterne (Asteroidea)

Unter den Seesternen gibt es zwei große Gruppen, die aquaristisch unterschiedlich geeignet sind. Die eine Gruppe umfaßt kleinere, harmlosere Arten, die in der Regel Kleinpartikelfresser sind oder von Algen und ihrem Aufwuchs leben. Man kann sie, soweit wir sie ernähren können, uneingeschränkt empfehlen. Leider sind manche Arten hinfällig und verhungern langsam in unseren Becken. Man muß sich also schon sehr genau erkundigen, bevor man sich die entsprechenden Arten anschafft.

Aus der Vielzahl der geeigneten Arten seien die *Linckia*-Arten hervorgehoben, die problemlos im Aquarium gehalten werden können. Nicht so gut geeignet sind manche Seesterne aus der Gattung *Fromia*, da sie, ähnlich wie der Purpurstern (*Echinaster*

sepositus) aus dem Mittelmeer, offensichtlich Nahrungsspezialisten sind und nur in Becken mit reichlich lebendem Gestein über längere Zeit aushalten.

Die zweite Gruppe, die räuberischen Arten, sind zwar meist problemlos zu ernähren, aber stets eine Gefahr für alle sessilen Mitbewohner. So bekannte Arten wie die Dornenkrone (*Acanthaster plancii*) fressen sogar Steinkorallen, und selbst stark nesselnde Seerosen werden angenagt. Zu diesen räuberischen Arten gehören auch alle Kissensterne (*Culcita novaguineae* und andere), die *Protoreaster*-Arten und viele ähnliche Verwandte. Aus dem Mittelmeer seien der Eisseestern *Marthasterias glacialis* und der winzige, jedoch um so gierigere Fünfeckstern *Asterina gibbosa* erwähnt, der sogar im geheizten Becken aushält und als lebendgebärender Seestern bereits gezüchtet werden konnte, aber durchaus auch die eine oder andere Weichkoralle annagt.

Fütterung. Die Fütterung der Kleinpartikelfresser ist Erfahrungssache. Manche Arten lassen sich mit Futtertabletten und Gefrierfutter ernähren. Einige Arten überleben nur, wenn genügend Lebende Steine im Becken sind. Die räuberischen Arten

147

Links: *Pseudoco-lochirus violaceus* gehört zu den Sub-strattupfern.

Rechts: Der Seeigel *Mespilia globulus* stammt aus dem Indopazifik.

Echinometra mathaei ist der häufigste Seeigel des Indopazifik. Als reiner Algenfresser ist er ideal für Wirbellosenbecken.

lassen sich mit allen üblichen tierischen Futtermitteln ernähren.

Vergesellschaftung. Harmlose Arten können mit allen friedlichen Wirbellosen zusammen gehalten werden, die Räuber jedoch nur mit Fischen und robusten Krebsen.

Feinde. Die Harlekingarnele (*Hymenocera picta*) lebt ausschließlich von Seesternen. Vorsicht! Die wunderschöne Garnele wird trotzdem manchmal im Handel angeboten. Auch Großkrebse vergreifen sich gelegentlich an Seesternen.

Seeigel (Echinoidea)

Fromia elegans erhält nur in Aquarien mit vielen Lebenden Steinen genügend Futter, obwohl manche Exemplare auch Ersatzfutter annehmen.

In letzter Zeit werden immer mehr Seeigel im Handel angeboten. Die meisten sind ideale Algenfresser, die allerdings auch manchmal höhere Algen (*Caulerpa* sp.) nicht verschmähen. Werden nur wenige Tiere gehalten, so muß man um seinen Bestand nicht fürchten, da immer nur wenige Algen angefressen werden und man sie dadurch nicht so oft auszulichten braucht. *Caulerpa sertularoides* wird von fast allen Seeigeln verschmäht.

Nur wenige Seeigel leben auch räuberisch. Dazu gehören die Lanzenseeigel und manche Diademseeigel, die gelegentlich

148

zartere Blumentiere annagen können. Ideale Beckeninsassen sind die vielen Arten, die man schon am felsigen Strand im Flachwasser findet. Sie sind in der Regel unempfindlicher und zäher als die Arten des tieferen Wassers und leben ausschließlich von Algen.

Hierzu gehören die Mittelmeerarten *Paracentrotus lividus* und *Arbacia lixula*, die sich beide auch im geheizten Aquarium mitpflegen lassen (allerdings werden sie hier nicht so alt wie im gekühlten Aquarium). Sehr gut geeignet ist *Echinometra matthaei* aus dem Indopazifik, das Gegenstück zu *Paracentrotus lividus* aus dem Mittelmeer.

Vergesellschaftung. Die harmlosen Arten lassen sich mit allen friedlichen Wirbellosen vergesellschaften, die räuberischen Arten nur mit robusten oder beweglichen Wirbellosen und mit den meisten Fischen (mit Ausnahme der Drückerfische). Auch Großkrebse und räuberische Schnecken fressen Seeigel. Außerdem werden sie von manchen Raubschnecken angebohrt und ausgefressen.
Fütterung. Viele Seeigel benötigen Algen als Futter. Die meisten begnügen sich mit dem vorhandenen Algenaufwuchs und mit Futterresten. Vor allem in kleineren Aquarien (ein Diadem-Seeigel schafft es, ein 450-Liter-Becken in ein bis zwei Mo-

Oben links: *Ophioderma rubicundum* ist ein nachtaktiver Schlangenstern aus der Karibik.

Oben rechts: *Gomophia egyptiaca* ist ein wunderschöner Kleinpartikelfresser, der nur in einem Aquarium mit vielen Lebenden Steinen überleben kann (Malediven).

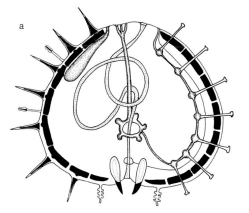

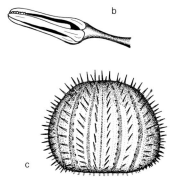

Seeigel (Echinoidea): a) Schnitt durch einen Seeigel, b) Pedicillarie (kleine Greifzange), c) Kurzstachliger Seeigel (*Echinus* sp.).

149

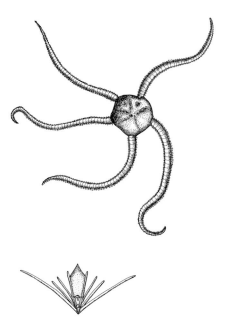

Rechts:
Schlangenstern
(Ophiuroidea):
Unten die Larve
eines Schlangen-
sterns.

naten von Algenaufwuchs zu befreien)
muß jedoch zugefüttert werden. Als Ersatz werden oft heiß abgewaschener Salat, Chinakohl und Spinat angenommen.
Manche Arten fressen auch dünn geschnittene Möhren und Zucchinistreifen.
Grobes Flockenfutter, mit dem Glasrohr
zwischen die Stacheln gegeben, wird von
Diadem-Seeigeln gern genommen. Räuberische Arten fressen alle üblichen Futtermittel, die man ihnen am besten in die
Nähe legt.

Besonderheiten. Viele Seeigel tarnen sich
mit Steinchen und Pflanzenresten. Normalerweise richten sie aber dadurch keinen Schaden an. Seeigel (und Seesterne)
dürfen nur unter Wasser verpackt werden, da sich in ihrem Körperinneren
sonst unbemerkt Luftblasen bilden können, die früher oder später zum Tod
führen.

Schlangensterne (Ophiuroidea)

Die als ideale Aquarientiere zu bezeich-
nenden Schlangensterne findet man in allen wärmeren und warmen Meeren bereits
am Ufer unter Steinen oder zwischen Ko-
rallengeäst. Sie sind haltbare und harmlose
Restevertilger für alle Beckenarten. Vor
großen Räubern und aggressiven Mitbe-
wohnern muß man sie allerdings schützen,
da sie von diesen gern angenagt werden.
Fütterung. Schlangensterne sind Allesfresser und Restevertilger, die nicht gesondert
gefüttert werden müssen.
Vergesellschaftung. Mit allen harmlosen
Wirbellosen und Fischen möglich.
Besonderheiten. Sie brauchen flache Steine und Löcher als Verstecke. Auch manche Schlangensterne, vor allem aus der
Gattung *Ophiotrix* und verwandte Arten,
sind sehr zerbrechlich und sollten vorsichtig behandelt werden. Abgeworfene Arme
werden bei guten Bedingungen auch im
Aquarium nachgebildet, wachsen aber
sehr langsam.

Seegurken (Holothuroidea)

Bei den Seegurken gibt es bezüglich der
Ernährung drei gravierende Unterschiede.
Die erste Gruppe lebt als Planktonfresser,
die zweite als Substrattupfer, die dritte besteht aus grabenden Substratfressern. Alle
drei Gruppen sind prinzipiell aquaristisch
geeignet und gut haltbar.

Manche Seegurken verfügen aber über
wirksame Abwehrmittel gegen Feinde,
was die Aquarienhaltung problematisch
machen kann. Bei Angriff oder Beläsi-
gung stoßen sie die sogenannten „Cuvierschen Schläuche" aus, klebrige fadenför-
mige Gebilde, die alles verkleben und ein-
wickeln. Im Extremfall werden außerdem
die gesamten Eingeweide ausgestoßen.
Hinzu kommt, daß das Fleisch vieler Seegurken giftig ist. Stirbt eine Seegurke,
werden diese Gifte meist frei und töten im
schlimmsten Fall den gesamten Fischbesatz.

Arten mit Cuvierschen Schläuchen sind
generell für die Aquarienhaltung ungeeignet. Dagegen sind die im Handel erhältli-

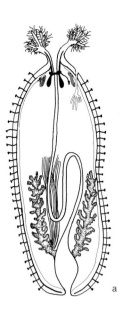

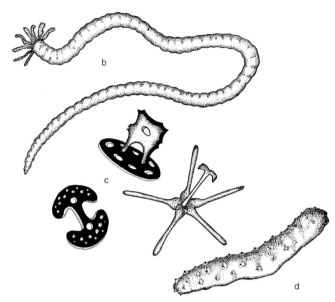

Seegurken
(Holothuroidea).
a) Schnitt durch eine
Seegurke,
b) Schlangensee-
gurke (*Synapta* sp.),
c) typische Sklerite
von verschiedenen
Seegurken,
d) Röhrenholothurie
(*Holothuria* sp.).

chen Arten diesbezüglich in der Regel harmlos. Die Giftigkeit vieler, wenn nicht aller Arten macht aber eine Aquarienhaltung auch der beiden anderen Gruppen zumindest problematisch. Besonders in Fischbecken sollte man auf sie verzichten. Wirbellose werden normalerweise nicht geschädigt. Beim Selbstfang ist genaue Artenkenntnis unerläßlich!

Fütterung. Als Planktonfresser müssen Seegurken regelmäßig mit Ersatzplankton, *Artemia* und Bosminiden gefüttert werden. Das Futter gibt man in die Nähe der Tentakelkrone. Substrattupfer holen sich abgesunkenes Futter aus der Dekoration oder vom Bodengrund. Substratfresser sind wie die Substrattupfer Restevertilger, die den Boden ständig umgraben und dadurch auch noch belüften. Sie brauchen kaum zusätzlich gefüttert werden.

Vergesellschaftung. Seegurken können mit allen harmlosen Wirbellosen, jedoch nicht mit Fischen vergesellschaftet werden.

Besonderheiten. Alle Stachelhäuter vertragen keine plötzlichen Milieuveränderungen und müssen daher langsam einge-

wöhnt werden. Man darf nie Nachfüllwasser über die Stachelhäuter gießen, da sie dadurch geschädigt werden können. Die Arten vom Riffdach sind diesbezüglich unempfindlicher.

Krebse (Crustacea)

Heuschreckenkrebse (Stomatopoda)

Heuschreckenkrebse besitzen fünf Paar Fangbeine, wovon das zweite mit keulenartigen oder gesägten Klauen bewehrt ist. Mit diesen Klauen schlagen die äußerst wehrhaften Krebse ihre Beute. Die Ähnlichkeit dieser Fangmethode mit der der Gottesanbeterin gab ihnen auch ihren englischen Namen „Mantis shrimp".

Heuschreckenkrebse sind aggressive Räuber, die in Höhlen und engen Spalten der Korallenriffe oder in selbstgebauten Sand- oder Korallenschuttlöchern leben. Auch in lebenden Steinen oder in Schwäm-

Heuschreckenkrebs
(Stomatopoda).

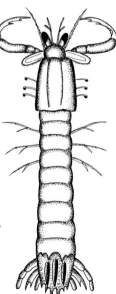

151

Links oben: *Lysmata amboinensis* aus dem Indopazifik betätigt sich auch im Aquarium als Putzergarnele. Die Tiere sind zwittrig und untereinander verträglich.

Rechts oben: Der Einsiedlerkrebs *Paguristes cadenati* stammt aus der Karibik.

Links unten: *Stenopus hispidus* gehört zu den beliebtesten und häufigsten Putzergarnelen. Sie muß einzeln oder in eingespielten Paaren gehalten werden.

men lassen sich kleinere Exemplare finden. Sie erscheinen dem Betrachter intelligenter als andere Krebse, da sie mit ihren beweglichen Stielaugen stets aufmerksam das Geschehen im Aquarium beobachten. Tatsächlich werden die Tiere schnell zutraulich und sind durchaus lernfähig. Trotzdem sollte man sich, vor allem bei größeren Arten, vor ihren Klauen in acht nehmen. Es soll schon vorgekommen sein, daß große Heuschreckenkrebse damit das Glas ihres Behälters durchschlagen haben (bis zu 5 mm Glasstärke).

Vergesellschaftung. Große Heuschreckenkrebse sind ideal für die Haltung im Artbecken. Für die oft auch farblich attraktiven Tiere lohnt sich ein gesondertes Becken auf alle Fälle. Bei sparsamer Fütterung reicht eine einfache Ausstattung mit Filter und Heizung und gelegentlichem Teilwasserwechsel (besser auch Abschäumung).

Mit Stachelhäutern und größeren Krebsen lassen sich die Krebse nur bedingt vergesellschaften. Garnelen, Fische und andere beweglicheTiere sind auf jeden Fall ungeeignet und fallen den gierigen Räubern früher oder später zum Opfer. Nur die winzigen, kleinbleibenden Arten, die manchmal in Lebenden Steinen vorkommen und dadurch gelegentlich eingeschleppt werden, sind entsprechend ihrer Größe harmloser und können meist auch im Gesellschaftsbecken mit nicht zu kleinen Fischen geduldet werden.

Fütterung. Heuschreckenkrebse sind problemlose Allesfresser. Die Futterbrocken müssen nur groß genug sein, damit sie sie festhalten können.

Garnelen (Natantia)

Unter den verschiedenen Garnelenarten finden sich viele Vertreter, die sich für die Aquarienhaltung bestens eignen. Die meisten Arten sind anspruchslos, manche ausgesprochen hart. Die Arten aus Ebbetümpeln vertragen sogar rasche Veränderungen der Wasserqualität. Generell aber sind

152

Rechts oben: *Lysmata debelius*, die Kardinalsgarnele.

Mitte: Der Heuschreckenkrebs (oder Fangschreckenkrebs) *Odontodactylus scyllarus* ist wehrhaft und betrachtet alles, was sich bewegt, als

Nahrung. Er muß im Artbecken oder mit sessilen Wirbellosen zusammen gehalten werden.

Unten: Der Hawaiihummer *Enoplometopus occidentalis* vergreift sich nur selten an kleinen Fischen.

sprunghafte Änderungen des Salzgehaltes oder der Temperatur zu vermeiden. Dies ist vor allem beim Einsetzen nach dem Transport zu berücksichtigen. Die Anpassung an die neuen Wasserverhältnisse kann nicht langsam genug vonstatten gehen.

Aus den Gattungen *Lysmata*, *Hippolysmata* und *Stenopus* stammen einige der sogenannten Putzergarnelen. Sie reinigen Fische von Parasiten und machen sich dadurch in unseren Aquarien besonders nützlich. Lediglich die beliebte *Stenopus hispidus* scheint unter Aquarienbedingungen nicht zu putzen.

Die Gattung *Periclimenes* stellt ebenfalls putzende und viele kommensalische Arten, die mit Seesternen, Seegurken oder Nacktschnecken zusammenleben oder sich sogar zwischen den Fangarmen der stark nesselnden Riffanemonen tummeln. Häufig werden auch Arten aus der Gat-

153

tung *Rhynchocinetes* eingeführt. Diese hübschen, anspruchslosen Garnelen leben oft in Gemeinschaft mit anderen Garnelen und sind gelegentlich in größeren Gruppen im Riff anzutreffen.

Auf dem Riffdach findet man die schwer zu bestimmenden Pistolenkrebse der Gattung *Alpheus*. Sie besitzen eine Schere, die mit einem Mecha-

nismus versehen ist, der beim Auslösen laut knallt und dadurch Feinde abwehrt. Kleine Beutetiere werden durch die entstehende Druckwelle und den Wasserstrahl sogar betäubt oder irritiert und dann überwältigt.

Fütterung. Garnelen sind meist Allesfresser und leben ganz gut von den Resten, die ihnen die anderen Beckeninsassen übriglassen.

Vergesellschaftung. Die meisten Arten lassen sich mit den üblichen harmlosen Wirbellosen zusammen pflegen. Arten der Gattung *Rhynchocinetes* sind nach Beobachtungen verschiedener Aquarianer für sehr zarte Wirbellose weniger geeignet, da sie an ihnen gelegentlich herumzupfen (Röhrenwürmer). Großen Schaden können aber auch sie in der Regel nicht anrichten. Die einzige Garnelengattung, die auch bedenkenlos mit größeren Fischen vergesellschaftet werden kann, ist *Stenopus*, und hieraus besonders die bekannteste Art *Stenopus hispidus*, die sogar zirkumtropisch vorkommt.

Besonderheiten. Viele Garnelen können in kleinen Gruppen gehalten werden. Eine Ausnahme macht hier *Stenopus hispidus*. Wenn man nicht zufällig ein passendes Pärchen erhält, bekämpfen sich die Tiere bis zum Tod des Unterlegenen. Einzelhaltung ist also in diesem Fall zwingend notwendig. Ausnahmen bilden Paare, die zusammen gefangen werden. Auch hier empfiehlt sich aber die kurzfristige Trennung während des Transportes.

Dies gilt übrigens auch für alle Symbiosegarnelen, die mit nesselnden Seeanemonen zusammenleben. Zur Häutung müssen diese zarten Tiere nämlich ihre Anemone verlassen, da die neue Haut noch nicht mit dem anemoneneigenen Hautschleim bedeckt ist. Kann sich die Garnele also nicht außerhalb des Aktionsradius der Fangarme der Anemone häuten, so wird sie unweigerlich gefressen. Der gemeinsame Transport mit den Symbioseanemonen führt in der Regel zum Tod der Garnelen.

Garnelen (Natantia).
a) Partnergarnele (*Periclimenes* sp.),
b) Pistolenkrebs (*Alpheus* sp.),
c) Felsengarnele (*Palaemon* sp.),
d) Larve der Tanzgarnele (*Rhynchocinetes uritai*).

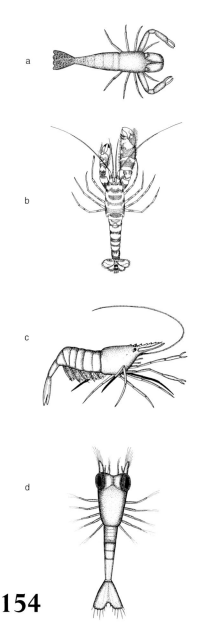

Garnelenarten aus den Ebbetümpeln der Tropen oder des Mittelmeeres haben die unangenehme Angewohnheit, gelegentlich zu springen. Eine Abdeckung des Beckens ist daher bei solchen Arten unerläßlich. Arten aus dem Flachwasser des Mittelmeeres (*Palaemon serratus, Gnathophyllum elegans, Lysmata seticaudata*) können bei etwas kürzerer Lebenserwartung im geheizten Aquarium mitgepflegt werden.

Verschiedene Garnelenarten wurden auch schon gezüchtet (siehe Kapitel Zucht).

Großkrebse

Unter dem Überbegriff Großkrebse versteht man aquaristisch Verwandte der Langusten, Bärenkrebse, große Einsiedlerkrebse und Krabben sowie andere groß werdende Krebsarten. Man findet sie in allen Wassertiefen des Riffs. Die meisten Arten werden kommerziell genutzt.

Vergesellschaftung. Nur Jungtiere eignen sich für die Vergesellschaftung mit anderen Aquarientieren. In der Einzelhaltung sind die schnell groß werdenden Tiere aber sehr interessant und recht anspruchslos. Viele, vor allem tropische Arten, sind wunderschön gefärbt. Nur wenige Arten bleiben klein. Unter ihnen finden sich die beliebten und wunderschönen *Enoplometopus*-Arten, wie der herrliche Hawaiihummer. Ihn kann man auch mit anderen Wirbellosen vergesellschaften, muß aber bedenken, daß vor allem kleine Fische nachts von ihm gejagt werden. Tagsüber bekommt man ihn in gut eingerichteten Riffbecken kaum zu Gesicht.

Fütterung. Allesfresser. Teilweise sind Großkrebse recht räuberisch und können auch große Brocken vertilgen. Manche Bärenkrebse öffnen mit Vorliebe Muscheln oder sind sogar darauf spezialisiert (*Scyllarus tridacnophaga*). Vorsicht bei der Vergesellschaftung ist also stets angebracht.

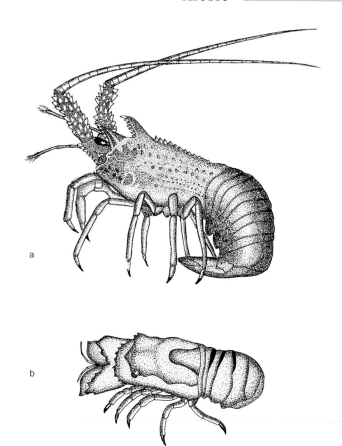

a

b

Großkrebse:
a) Languste
(*Palinurus* sp.),
b) Bärenkrebs
(*Scyllarus*) sp.).

Besonderheiten. Viele Großkrebse (etwa der Hummer) haben große wirtschaftliche Bedeutung. Auch die Aufzucht der Larven im Labor ist schon öfter geglückt und wird teilweise in großem Stil betrieben.

Porzellankrebse (Porcellanidae)

Obwohl sie auf den ersten Blick eher den Krabben ähneln, sind die Porzellankrebse eng mit den Einsiedlerkrebsen und den Springkrebsen verwandt. Bei ihnen ist das fünfte Beinpaar nur rudimentär entwickelt und als kleiner Stummel an den Körper angelegt. Dafür ist aber eines der Mundwerkzeuge zu einem funktionstüchtigen

155

Porzellankrebs
(Porcellanidae):
a) *Petrolisthes
lamarcki*,
b) Zoëalarve von
*Porcellana platy-
cheles*.

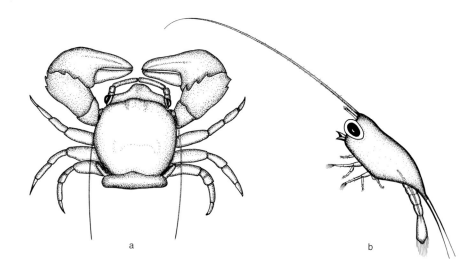

a   b

Fangorgan umgebildet. Mit diesem „Fang-netz" wird unermüdlich Plankton aus dem Wasser „gegrabscht". Die meisten Porzellankrebse leben versteckt unter Steinen. Trotzdem lohnt sich die Pflege dieser Tiere. Wer Spaß am genauen Beobachten hat, wird die interessanten Krebse immer wieder entdecken und seine Freude an ihnen haben.

Fütterung. Beim Füttern der anderen Planktonfresser erhalten die Porzellankrebse meist genug Nahrung. Eine gesonderte Fütterung ist ohnehin nicht möglich.

Vergesellschaftung. Porzellankrebse sind völlig harmlos und können bedenkenlos mit allen, selbst den zartesten Wirbellosen vergesellschaftet werden. Spezielle Feinde haben sie nicht. Durch ihre versteckte Lebensweise sind sie auch nicht sehr gefährdet. Allerdings wird man sie bei Vergesellschaftung mit aggressiven, lebhaften Tieren kaum zu Gesicht bekommen.

Verschiedene Porzellankrebse leben als Kommensalen in Seeanemonen. Bekannt ist *Neopetrolisthes oshimai*, der, zusammen mit seiner Wirtsanemone (*Heteractis mertensii*, *Stychodactyla magnifica* und andere) öfters im Handel erhältlich ist. Diese interessante Symbiose

funktioniert auch im Aquarium gut, wobei der Porzellankrebs notfalls auch Ersatzanemonen und Korallen als Partner annimmt.

Einsiedlerkrebse (Paguridae, Diogenidae)

Einsiedlerkrebse verbergen ihren weichen, ungepanzerten Hinterleib in leeren Schneckenhäusern. Wir finden sie überall, vom Ebbetümpel bis hinab in die Tiefsee. Besonders geeignet für die Aquarienhaltung sind die friedlichen Allesfresser des Flachwassers. Die räuberischen Arten sind zwar genauso robust und unempfindlich, können aber unseren anderen Beckeninsassen gelegentlich gefährlich werden.

Vergesellschaftung. Kleine, algenfressende Arten können auch mit empfindlichen Wirbellosen vergesellschaftet werden. Mit steigender Größe sinkt jedoch die Eignung zur Vergesellschaftung. Eine Ausnahme bilden größere Exemplare von *Dardanus lagopodes*, einer harmlosen Art aus einer sonst sehr räuberischen Gattung. Sie sind durchweg als friedlich zu bezeichnen und

156

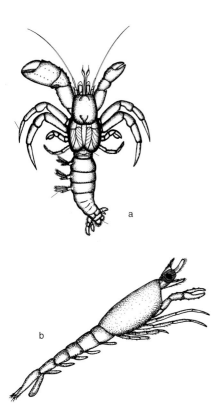

Weitere Krebse

Von allen anderen Krebsen findet man im Handel nur wenige Vertreter. Trotzdem sind einige Arten recht interessant und bei entsprechender Pflege auch im Aquarium haltbar. Alle geeigneten Arten hier aufzählen zu wollen würde jedoch zu weit führen.

Bei den meisten Krebsen kommt man ohnehin um eine Einzelhaltung nicht herum. Manche Krebse benötigen Spezialaquarien, so die empfehlenswerten *Uca*-Arten. Diese unter dem Namen Winkerkrabben bekannten Mangrovenbewohner brauchen Aquaterrarien mit Landteil. Für Spezialisten sind sie hochinteressante Pfleglinge.

Die räuberischen Schwimmkrabben (Portunidae), erfordern zwar stets Einzelhaltung, ihr aggressives Verhalten und ihre imponierende Größe machen sie aber zu einer spektakulären Attraktion im Aquarium. Gerade Nichtaquarianer kann man mit solchen großen, gefräßigen Tieren immer wieder in Erstaunen versetzen.

Wer also etwas Besonderes will und wem die üblichen Wirbellosen zu teuer und zu anspruchsvoll sind, der sollte sich auf die Einzelhaltung von Großkrebsen spezialiseren. Die wenigen Tiere, die man der Natur dafür entnehmen muß, stehen im krassen Gegensatz zu den oft massenhaften Ausfuhren der beliebteren, häufig gehaltenen Arten, die selten solange im Aquarium überleben wie die oft Jahrzehnte alt werdenden Großkrebse.

Aber auch kleine Arten aus der artenreichen Gruppe der Krabben können interessante Pfleglinge sein. Besonders interessant sind auch die skurrilen Verwandten der Seespinnen, der Majidae. Hierzu gehört die Seespinne *Stenorhynchus seticornis*, die öfter im Handel angeboten wird. Meistens werden aber außergewöhnliche Krebse höchstens zufällig im

Linke Spalte: Einsiedlerkrebse (Paguridae): a) Einsiedlerkrebs ohne Haus (*Dardanus* sp.), b) Zoëalarve von *Paguristes oculatus* (Augenfleckeinsiedler).

zupfen höchstens gelegentlich an Röhrenwürmern, ohne jedoch größeren Schaden anzurichten.

Besonderheiten. Für Einsiedlerkrebse sollte man stets einige passende Schneckenhäuser im Aquarium liegen haben, um ihnen den beim Wachstum notwendigen Wechsel zu ermöglichen. Manche Einsiedlerarten leben mit Symbioseanemonen (*Calliactis*) zusammen oder verbergen ihr Haus unter einem Schwamm (*Suberites*). Einige wenige Arten leben ortsgebunden in Gehäusen von Wurmschnecken.

Fütterung. Kleine Einsiedlerkrebse sind zumeist Algenfresser und Resteverwerter. Die groß werdenden Arten leben meist räuberisch. Will man Einsiedler-Symbioseanemonen (etwa *Calliactis parasitica*) längere Zeit am Leben erhalten, so müssen sie regelmäßig gezielt mit Ersatzplankton (Glasrohr) gefüttert werden, da sie sonst immer kleiner werden.Genommen wird praktisch jede Art von Fischfutter.

157

Verschiedene Zehn-
fußkrebse:
a) Seespinne
(*Maja* sp.),
b) Korallenkrabbe
(*Carpilius* sp.),
c) Schwimmkrabbe
(*Callinectes* sp.),
d) Zoëalarve einer
Krabbe (*Sesarma* sp.).

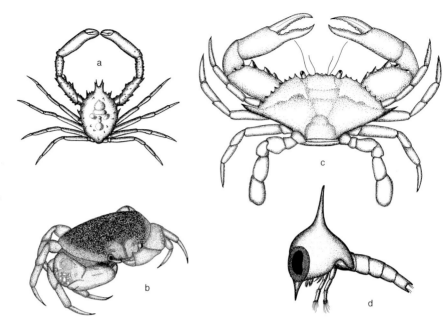

Handel als Beifänge erscheinen. Wer hier Interesse hat, ist meist auf den Selbstfang angewiesen.

Chordatiere (Chordata)

Seescheiden (Tunicaten)

Früher sah man die Seescheiden als primitive Tiere an und stellte sie in eine Reihe mit den eher einfach gebauten Schwämmen. Anhand der Larvenentwicklung fand man aber heraus, daß sie viel höher entwickelt sind als der einfache Bau der erwachsenen Tiere vermuten läßt. Die Larven ähneln nämlich verblüffend den Larven der Fische und besitzen ebenso wie diese einen Vorläufer der Wirbelsäule (Chorda dorsalis, daher auch der Name Chordatiere). Die Tunicaten stehen im Stammbaum der Tiere an der Stelle, an der sich die Wirbeltiere von den Wirbellosen abgespaltet haben.

Alle Seescheiden besitzen zwei Öffnungen. Die eine dient als Ansaugöffnung, durch die andere wird das Wasser wieder ausgestoßen. Das so durchgeschleuste Wasser wird dabei filtriert. Die verwertbaren Nahrungsteilchen bleiben zurück und werden verdaut.

Außer den solitären gibt es auch in Kolonien lebende Arten, die man äußerlich kaum mehr als Seescheiden erkennen kann. Sie sind aber prinzipiell gleich gebaut. Mehrere Tiere sind um eine einzige Ausströmöffnung gruppiert. Anzahl und Anordnung dieser Individuen ist arttypisch und ein Bestimmungsmerkmal.

Im Aquarium lassen sich einige Tunicaten recht gut halten. Wichtig für die meisten Arten ist die Unterbringung an lichtabgewandten Stellen, da sie sonst veralgen. Andere Arten leben wegen ihrer symbiontischen Algen im Flachwasser und können auch im Aquarium hell untergebracht werden.

Manche Seescheiden unterliegen einem ausgeprägten Vermehrungszyklus.

158

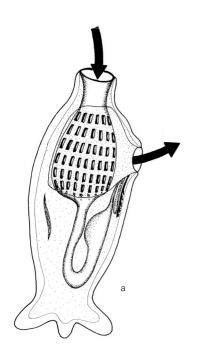

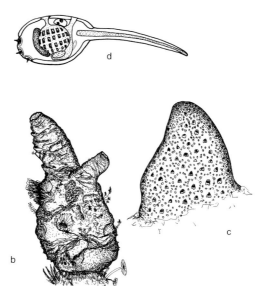

Seescheiden
(Chordata):
a) Schnitt durch
eine Seescheide,
b) Mikrokosmos
(*Microcosmus
sulcatus*),
c) Koloniale
Seescheide
(*Aplidium conicum*),
d) Larve einer
Seescheide.

Sie vermehren sich plötzlich stark, verschwinden aber leider oft ebenso schnell wieder (*Clavellina*).

Sehr gute Erfahrungen wurden mit der Haltung der *Microcosmus*-Verwandten gemacht. Diese Seescheiden sind zwar äußerlich nicht gerade attraktiv, filtern aber eine große Menge Wasser und sind unempfindlich gegen Veralgung, da sie ohnehin schon vollständig mit Epibionten (= tierischer und pflanzlicher Aufwuchs) bedeckt sind. Ihnen kommt also dadurch zusätzlich eine wasserreinigende Funktion zu. *Microcosmus*-Arten findet man sowohl im Mittelmeer als auch in den Tropen.

Fütterung. Seescheiden sind Filtrierer und benötigen sehr feines Ersatzplankton. *Artemia*-Nauplien sind für sie bereits zu groß. Die meisten Arten sind daher eher schwierig zu halten.

Vergesellschaftung. Mit allen harmlosen Wirbellosen möglich.

Besonderheiten. Seescheiden müssen mit einem Stück Substrat abgestemmt wer-

den, da sie sonst Todeskandidaten sind. Man sollte sie immer unter Wasser verpacken, da sonst Luft in ihren Hohlraum eindringen kann.

In Seescheiden leben oft kleine Garnelen oder Schlangensterne als Kommensalen, die man aber nur gelegentlich, meist nachts, zu Gesicht bekommt. Sie schaden der Seescheide jedoch meist nicht.

Knorpelfische (Chondrichthyes)

Im Gegensatz zu den echten Knochenfischen besitzen die Knorpelfische nur wenig verkalkte und biegsame Knochen. Zu ihnen gehören die Haie und Rochen. Nur wenige Arten Knorpelfische eignen sich, und dann auch nur zeitweise, für unsere Aquarien.

Viele Knorpelfische sind eierlegend, und so kann es interessant sein, diese Eier im Aquarium zum Schlupf zubringen. Vor allem beim Katzenhai (*Scyliorhinus canicu-*

159

Links oben: Verschiedene Didemniden von den Malediven. Sie gehören zu den Seescheiden.

Unten: Diese Seescheiden (*Clavelina* sp.) vermehren sich manchmal im Aquarium, halten aber nicht lange.

160

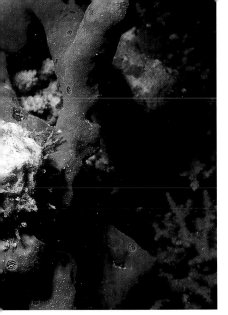

Eine der wenigen gut haltbaren Seescheiden ist der Microkosmos (*Microcosmus pupa*).

la) wird dies immer wieder erfolgreich versucht. Je nach Art benötigen die Eier bis zum Schlupf dreieinhalb bis zehn Monate. Beim Katzenhai sind die Jungen dann bereits 12 cm lang und fressen sofort Fischfleisch. Wie alle Haie wachsen sie aber recht schnell und werden dann für unsere Aquarien zu groß. In der Regel ist ihre Haltung also Großaquarien vorbehalten.

Gelegentlich werden auch tropische Katzenhaie eingeführt. Man sollte aber nur eingewöhnte Tiere kaufen, die bereits freiwillig Nahrung zu sich nehmen. Es kommt nämlich bei solchen Tieren häufig vor, daß

sie diese verweigern und nur durch eine aufwendige Zwangsfütterung umzustimmen sind. Für Anfänger scheiden also solche Problemtiere aus.

Echte Knochenfische (Teleostei)

Muränen (Muraenidae)

Viele, vor allem kleinbleibende Muränenarten sind für unsere Aquarien bestens geeignet. Einige, vor allem die farbenprächtigen Hasen- oder Nasenmuränen, lassen sich sogar mit einigen Wirbellosen zusammen pflegen. Sie sind allerdings etwas empfindlicher als die anderen Muränenarten, die ansonsten aber gut haltbare, harte Pfleglinge sind, die fast jedes handelsübliche Fischfutter fressen.

Muränen werden schnell zutraulich und fressen ihrem Pfleger sogar aus der Hand. Trotzdem muß man Vorsicht walten lassen. Der Biß einer Muräne kann wegen des giftigen Mundschleims einiger Arten böse Folgen haben.

Fütterung. Muränen füttert man am besten mit gefrorenen Garnelen oder kleinen, toten Futterfischen. Auch Stücke von größeren Fischen werden genommen, da die Tiere in der Natur häufig Aasfresser sind. Die Ernährung bereitet also meist keine Probleme.

Besonderheiten. Viele Muränen leben in der Natur mit verschiedenen Putzergarne-

Schnitt durch einen Knorpelfisch (Chondrichthyes).

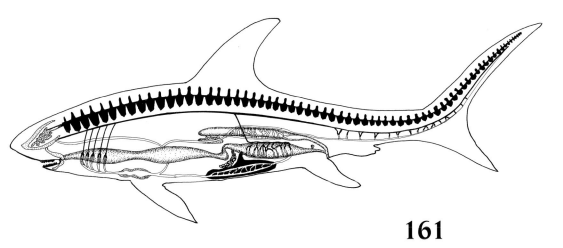

Tiere im Meerwasseraquarium

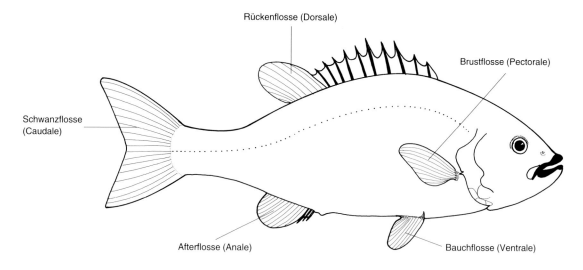

Rückenflosse (Dorsale)

Brustflosse (Pectorale)

Schwanzflosse
(Caudale)

Afterflosse (Anale)

Bauchflosse (Ventrale)

Typische Beflossung
eines Knochenfisches
(Teleostei).

len in einer Putzsymbiose zusammen. Im
Aquarium gelingt diese Vergesellschaftung nicht immer. Eine regelmäßige Fütterung ist dafür Voraussetzung, denn
hungrige Muränen fressen sonst in der
Not ihre Partner auf. Viele Muränenarten
kommen als Jungtiere in den Handel. Sie
wachsen dann, je nach Art, ohne Rücksicht auf die Behältergröße bis auf eine
Länge von zwei Metern heran. Eine genaue Artenkenntnis ist also Voraussetzung für die Pflege.

Viele Muränen, vor allem die Arten, die
auf dem Riffdach leben und dort bei Niedrigwasser in den Ebbetümpeln jagen, versuchen gelegentlich, das Becken auf der
Suche nach neuen „Ebbetümpeln" zu verlassen. Eine zuverlässige Abdeckung ist
hier also stets Voraussetzung.

Korallenwelse (Plotosidae)

Nur eine Korallenwels-Art wird regel-
mäßig eingeführt, *Plotosus lineatus*, der
Gestreifte Korallenwels.
Fütterung: Mit allem handelsüblichen Fut-
ter möglich.
Vergesellschaftung: Korallenwelse sind als
Jungtiere harmlos. Erwachsene Tiere sind

schon aufgrund ihrer Größe für kleinere
Garnelen und Fische eine Gefahr.
Besonderheiten: Korallenwelse haben
Giftstacheln an den Rücken- und Brust-
flossen. Vorsicht bei der Handhabung ist
daher geboten. Normalerweise werden
Jungtiere eingeführt, die im extrem dichten
Schwarmverband leben. Die erwachsenen
Tiere werden aber bis zu 30 cm groß und
leben dann einzeln und versteckt.

Seenadeln und Seepferdchen
(Syngnathidae)

Seepferdchen und Seenadeln gelten nicht
zu Unrecht als anspruchsvolle Pfleglinge.
Da sie fast ausschließlich Lebendfutter
verzehren, ist ihre Haltung nur denjenigen
zu empfehlen, die das ständige Anbieten
und die Aufzucht von lebenden *Artemia*
auf sich nehmen wollen und garantieren
können.

Die Gewöhnung an Gefrierfutter ist
schwierig und nur manchmal erfolgreich.
Erfahrungsgemäß ist es sinnvoll, zunächst
mit lebenden *Artemia* zu beginnen und
erst später mit toten *Artemia* weiterzufüt-
tern. Erst wenn diese gefressen werden,
wird auch anderes Gefrierfutter angenom-

162

men, beispielsweise gefrorene *Mysis.* Ist das Problem der Ernährung gelöst, können auch Zuchtversuche unternommen werden (siehe Kapitel „Zucht").

Seepferdchen benötigen zum Wohlbefinden höhere Algen oder Gorgonienfächer zum Festhalten mit ihrem Greifschwanz. Die Strömung im Becken sollte nicht zu stark sein. Ideal sind Riffbecken mit vielen, nicht nesselnden Wirbellosen, reichlich Algenwuchs und am besten ohne andere Fische. Auf lebendes Gestein ist besonderer Wert zu legen. Hier finden Seenadeln und Seepferdchen auch Zusatznahrung.

Vergesellschaftung. Seenadeln und Seepferdchen sind langsame Fresser. Alle flinken und lebhaften Fische dürfen also nicht mit ihnen zusammen gehalten werden. Das Gesellschaftsbecken mit Wirbellosen und Fischen scheidet also für ihre Haltung aus. Ideal sind Spezialbecken.

Fütterung. Wie oben erwähnt, mit Lebendfutter und gefrorenem Ersatzfutter. Nahrungskonkurrenten wie Mandarinfische oder andere Kleinzeugfresser sollten, wenn überhaupt, entsprechend der Aquariengröße nur sparsam hinzugesetzt werden.

Besonderheiten. Seepferdchen sind empfindlich gegenüber den feinen Luftblasen aus dem Ausströmer. Diese setzen sich in der Bruttasche der Männchen und an ihrer Außenhaut fest und halten das Tier an der Wasseroberfläche. Vor allem Jungtiere sind hier sehr empfindlich und verhungern auf diese Art schnell. Ausströmer haben also in einem Aquarium mit Seepferdchen und Seenadeln nichts zu suchen.

Skorpionsfische (Scorpaenidae)

Die Pflege der meisten Skorpionsfische ist Geschmackssache und außerdem nicht ganz ungefährlich. Fast alle Arten sind giftig, und schon eine Berührung der zu Injektionsnadeln umgebildeten Rückenflossen- und Kiemenstacheln kann zu ernsthaften Vergiftungen führen. Ansonsten sind die eher ruhigen Fische harte Pfleglinge, die schon bald an totes Ersatzfutter gehen.

Besonders beliebt sind die verschiedenen farbenprächtigen tropischen Rotfeuerfische, die allerdings je nach Art recht groß werden können. Kaum 5 cm große Exemplare des Großen Rotfeuerfisches (*Pterois volitans*) können innerhalb von ein bis zwei Jahren zu stattlichen 30-cm-Riesen heranwachsen. Besonders geeignet sind daher die kleiner bleibenden Arten, wie etwa *Pterois antennata* oder *P. radiata* und die als Zwergrotfeuerfische bezeichneten Arten aus der Gattung *Dendrochirus*. Auch der Schaukelfisch *Taeniotus triacanthus* ist ein interessanter Aquarienbewohner, trotz seiner geringen Größe aber ebenfalls ein arger Räuber.

Den Skorpionsfischen ähnlich, aber nicht näher verwandt sind die interessanten Krötenfische (wie *Antennarius commersoni*). Für diese Arten gilt das gleiche wie für die Skorpionsfische, mit dem Unterschied, daß sie nicht giftig sind. Der Sargassumfisch (*Histrio histrio*), der, wie der Name schon andeutet, meist auf *Sargassum*-Algen zu finden ist, gilt als nicht besonders haltbar. Er wird kaum größer als 15 cm.

Vergesellschaftung. Skorpionsfische kann man mit größeren, einigermaßen friedlichen Krebsen, Seesternen und allen kräftigen Wirbellosen gut vergesellschaften. Hingegen werden alle Garnelen, Fische und andere kleine, bewegliche Wirbellose aber als Futter betrachtet. Lediglich die aggressivsten unter den Riffbarschen (etwa *Dascyllus trimaculatus*) überleben die Gemeinschaft mit diesen Räubern. Die Korallengarnele *Stenopus hispidus* läßt sich ebenfalls mit den meisten Skorpionsfischen zusammen pflegen.

Fütterung. Alle Scorpaenidae sind Räuber, die ihrer Beute unbeweglich auflauern und

Besonderheiten. Alle Scorpaenidae sind giftig. Am bekanntesten ist sicher der Steinfisch (*Synaceus horridus*), der sogar für Unfälle mit Todesfolge verantwortlich ist. Trotzdem kann man die Haltung dieser Tiere unter bestimmten Voraussetzungen verantworten (schließlich werden auch Giftschlangen von Terrarianern gehalten). Man muß sich aber darüber im klaren sein, daß ein Hantieren im Aquarium kaum ohne Gefahr möglich ist. Mindestens dicke Handschuhe sind hierfür erforderlich. Haushalte mit Kindern müssen auf solche Aquarieninsassen natürlich verzichten. Wer Skorpionsfische nur wegen ihrer spektakulären Giftigkeit als Prestigeobjekte hält, ist nicht als ernsthafter Seewasseraquarianer zu bezeichnen.

Zackenbarsche (Serranidae)

Unter den Zackenbarschen finden wir fast ausschließlich große Räuber, die für unsere Aquarien schnell zu groß werden. Einige wenige Arten bleiben jedoch auch kleiner. **Fütterung.** Wie alle Räuber mit tiefgefrorenen Garnelen und Futterfischen. Einige Arten fressen sogar Flocken- und Tablettenfutter. **Vergesellschaftung.** Gleich große Friedfische können mit Zackenbarschen zusammen gehalten werden. Alle anderen Barsche im Becken werden jedoch bekämpft oder als Futter betrachtet. Diese Fischgruppe ist wohl eher für Schauaquarien geeignet.

Fahnenbarsche (Anthiidae)

Mit zu den schönsten Riffischen gehören die Fahnenbarsche, die beispielsweise im Roten Meer in Schwärmen mit Tausenden von Individuen die Korallenriffe bevölkern. Hier ist die häufigste Art *Pseudanthias squamipinnis*, aber auch andere der an die 100 Vertreter dieser Fischgruppe werden eingeführt. Im Mittelmeer lebt, allerdings

Oben: Der Rotfeuerfisch *Pterois miles* ist giftig und ein Räuber.

Unten: Der Krötenfisch *Antennarius commersoni* sieht harmlos aus, frißt aber Fische bis zur eigenen Körpergröße.

sie schlagartig einsaugen. Zunächst müssen sie mit lebendem Futter gefüttert werden (Garnelen, Futterfische). Anfangs muß man die toten Futtertiere mit Hilfe eines Stäbchens vor der „Nase" der Fische bewegen, um sie zum Zuschnappen zu bewegen. Nach kurzer Zeit werden dann von den meisten Arten auch tote Futtertiere, später sogar Futtertabletten problemlos angenommen.

164

erst ab einer Tiefe von etwa 20 m, *Anthias anthias*, der nur in gekühlten Aquarien gehalten werden kann.

Die Fahnenbarsche gehören zu den anspruchsvolleren Aquarientieren, da sie anfangs nur Lebendfutter fressen. In unseren Riffbecken mit Lebenden Steinen, vielen sessilen Wirbellosen und tadelloser Wasserqualität sind Haltungserfolge über Jahre hinweg inzwischen keine Seltenheit mehr.

Fütterung. Zunächst mit Lebendfutter, später mit gefrorenen *Artemia* und *Mysis*. Nach einiger Zeit wird von einigen Arten selbst Trockenfutter gefressen.

Besonderheiten. Fahnenbarsche werden als Weibchen geboren. Einige von ihnen verwandeln sich später zu Männchen, was man an der völlig verschiedenen Färbung gut erkennen kann.

Feenbarsche (Grammidae)

Besonders bekannt ist aus dieser Familie der wunderschöne Königs-*Gramma* (*Gramma loreto*), der im Aquarium viele Jahre lang gehalten werden kann. Wie viele andere Riffbarsche ist auch er zänkisch und darf nur als Einzeltier oder als „echtes" Pärchen eingesetzt werden.

Fütterung. Zur Fütterung eignet sich Ersatzplankton. Nach einiger Zeit wird praktisch alles übliche Fischfutter gefressen.

Besonderheiten. Nach längerem Transport oder beim Umsetzen aus anderen Becken kann es passieren, daß der Fisch wie tot im Transportbehälter und später im Aquarium liegt. Nach einiger Zeit erholt er sich jedoch von diesem offensichtlichen Schutzverhalten wieder. Allerdings zeigen sich neu eingesetzte Tiere meist erst nach etlichen Tagen.

Büschelbarsche, Korallenwächter (Cirrhitidae)

Büschelbarsche sind robust und hart, aber oft sehr räuberisch. Außerdem stellen sie relativ hohe Ansprüche an die Wasserqualität. Trotz ihrer geringen Größe fallen manchen Arten Garnelen und andere zarte Wirbellose früher oder später zum Opfer.

Fütterung. Mit allen üblichen Futtermitteln; die Tiere bevorzugen aber gefrorene *Mysis*, *Artemia* und ähnliches.

Vergesellschaftung. Größeren Fischen und robuste Krebse, Stachelhäuter und sessile

Oben: Der Feenbarsch *Gramma loreto* ist ein idealer Fisch für Riffbecken.

Unten: Büschelbarsche (*Cirrhitichthys falco*) nicht mit zarten Garnelen oder kleinen Fischen vergesellschaften!

165

Wirbellose eignen sich zur Vergesellschaftung.

Besonderheiten. Der auch für Riffbecken gut geeignete Langnasen-Büschelbarsch *Oxycirrhites typus* springt häufig. Eine entsprechende Abdeckung ist unbedingt notwendig. Auch bei seiner Haltung muß man aber auf zarte Garnelen und kleine Fische verzichten, da er sie als Nahrung betrachtet.

Mirakelbarsche (Plesiopidae)

Die unglaublich schönen Mirakelbarsche sind gut haltbare und relativ friedliche Aquarienfische. Für Riffbecken sind sie gut geeignet.

Vergesellschaftung. Mit allen friedlichen Wirbellosen. Aufgrund ihrer Größe können Mirakelbarsche eine Gefahr für kleine Fische und Garnelen darstellen.

Fütterung. Tiefgeforene *Mysis*, *Artemia* und ähnliches werden bevorzugt.

Besonderheiten. Dämmerungsaktiv. Verstecke und Höhlen werden benötigt. Wurde schon nachgezüchtet.

Zwergbarsche (Pseudochromidae)

Einige Vertreter dieser Familie sind derart auffallend gefärbt, daß man sie im Korallenriff trotz ihrer Kleinheit kaum übersehen kann. Im Aquarium sind sie gut haltbare Einzelgänger, die man nur dann paarweise halten kann, wenn man sicher ein eingespieltes Pärchen erhält.

Fütterung. Alle Arten von Ersatzplankton.

Vergesellschaftung. Ideal für Riffbecken mit vielen sessilen Wirbellosen.

Kardinalfische (Apogonidae)

In der Jugend sind viele Kardinalfische Schwarmfische. Im Alter werden manche Arten aber so zänkisch, daß sich Einzelhaltung empfiehlt. Mit anderen Arten lassen sie sich jedoch zusammen pflegen. *Apogon compressus*, *Pterapogon kauderni* und *Siphamia nematopterus* lassen sich in genügend großen Aquarien aber gut in Gruppen halten, obwohl auch sie keine echten Schwarmfische sind. Die tief orangerote Mittelmeerart *Apogon imberbis*, der Meerbarbenkönig, ist nur mit entsprechender Kühlung haltbar. Alle tropischen Arten sind hervorragende Fische für Riffbecken.

Fütterung. Das große Maul dieser Fische ist geeignet, auch größere Brocken zu verschlingen. Vor allem kleine Garnelen sind daher unter Umständen gefährdet. Die meisten anderen Wirbellosen werden aber in Ruhe gelassen. Gefressen wird jede Art von Futter.

Besonderheiten. Die meisten Kardinalfische sind Maulbrüter. Die Eier werden bis zum Schlupf der Jungen im Maul getragen. Sind sie geschlüpft, werden die Jungfische (außer bei *Pterapogon kauderni*) allerdings nicht mehr zurückgenommen, sondern dem Plankton anvertraut. Kardinalfische, vor allem solche aus den tropischen Ebbetümpeln, sind erstaunlich resistent gegen die meisten Krankheiten und damit auch für Anfänger geeignet.

Falterfische (Chaetodontidae)

Die Falterfische werden gern und oft gehalten. Dies liegt sicher an der Farbenpracht der Tiere. Leider sind sie oft empfindlich und hinfällig. Einige Arten sind aber härter und können durchaus empfohlen werden. Für Wirbellosenbecken sind die meisten jedoch nicht geeignet, da sie überall herumzupfen. Gegenüber Artgenossen sind viele unverträglich. Manche Arten sind kupferempfindlich.

Durch die Artenschutzverordnung waren bis vor kurzem alle Falterfische streng geschützt. Inwieweit dieses Pauschalhaltungsverbot gerechtfertigt war, sei zunächst dahingestellt. Für viele der betroffenen Arten schien diese Regelung durchaus sinnvoll zu sein, da sie schwierig zu haltende Nahrungsspezialisten sind. Inzwischen dürfen nach erfolgter Veränderung des Artenschutzgesetzes im Rahmen der EU-Verordnungen einige Arten wieder eingeführt werden. Für die robusten Arten unter den Chaetodontiden ist dies durchaus zu verantworten.

Fütterung. Die robusten Arten fressen bald auch tiefgefrorenes Ersatzfutter wie *Mysis* oder *Artemia*. Empfindliche Arten nehmen häufig nur Lebendfutter oder verweigern die Nahrung ganz. Viele Arten sind Nahrungsspezialisten, die ausschließlich Korallenpolypen, Schwämme und andere Wirbellose fressen. Dies macht man sich auch zunutze, wenn man Glasrosen ins Aquarium eingeschleppt hat. Die Arten *Chaetodon rostratus* und *C. kleinii* fressen nämlich gerade diese Hohltiere gern.

Kaiserfische (Pomacanthidae)

Für viele Kaiserfische gilt das gleiche wie für die Falterfische. Sie sind oft empfindlich und werden häufig für Normalaquarien zu groß. Gut haltbar sind einige kleine Kaiserfischarten, die denn auch teilweise wieder eingeführt werden dürfen. Die meisten Arten sind inzwischen aber geschützt. Von einigen Arten dürfen nur Jungfische gefangen werden, die dann leichter einzugewöhnen sind, allerdings auch empfindlicher gegen Krankheiten sind. Einmal eingewöhnt, sind die meisten Kaiserfische jedoch gut haltbar.

Fütterung. Normalerweise nehmen Jungfische schnell entsprechendes Ersatzfutter an. Gefüttert wird abwechslungsreich mit tiefgefrorenen Garnelen, *Artemia*, feingeschnittenem Fisch. Vor allem Jungtiere müssen mehrfach am Tag gefüttert werden, da sie sonst schnell verhungern.

Vergesellschaftung. Mit allen robusten Wirbellosen und den meisten nicht zu kleinen Fischen. Kaiserfische sind Revierfische, und Tiere der gleichen Art können nur einzeln gehalten werden.

Besonderheiten. Junge der Kaiserfische sind oft völlig anders gefärbt als die Alttiere. Dadurch können die Jungtiere noch

eine Weile unbehelligt im Revier der Eltern weiterleben. Sobald die Umfärbung erfolgt, werden sie jedoch verjagt. Unter den beengten Verhältnissen des Aquariums funktioniert dieser Trick jedoch kaum.

Riffbarsche (Pomacentridae)

Die Riffbarsche der Familie Pomacentridae sind ideal für Riffbecken. Sie zählen daher zu den beliebtesten, aber auch härtesten und unempfindlichsten Aquarienfischen. Trotzdem muß man bei der Auswahl der Arten sehr vorsichtig sein. Einige sind nämlich derart aggressiv, daß sie damit, gelinde gesagt, lästig werden können.

Zu ihnen gehört *Dascyllus trimaculatus*. Kauft man mehrere Jungfische dieser Art (die auch in der Natur gern in größeren Schwärmen schwimmen), so bleibt schon nach kurzer Zeit nur noch ein Pärchen übrig. Bei guten Wasserverhältnissen laicht das Weibchen dann öfters, das Männchen bedrängt es aber so lange, bis es schließlich aufgibt und sich irgendwo versteckt und oft eingeht. Einzelexemplare lassen sich also nur mit großen Fischen oder Räubern vergesellschaften. Selbst höhere Algen werden von diesen rabiaten Tieren so lange ausgerissen, bis sie eingehen.

Man sollte sich nicht dazu verleiten lassen, Arten, die beim Zoohändler friedlich zusammen schwimmen, im Aquarium ebenfalls zusammen zu halten. Im Zoohändlerbecken können die Tiere mangels Platz keine Reviere bilden und dulden sich daher eine Zeitlang. Im eigenen Aquarium geht das meist schief. Hier hilft nur der Rat eines erfahrenen Aquarianers oder eines guten Zoofachhändlers.

Gut zu halten sind auch die meisten *Amphiprion*-Arten, die in Symbiose mit Riffanemonen leben. Man kann sie zwar auch ohne Anemone halten; trotzdem ist die gemeinsame Haltung artgerechter. Hierbei muß aber darauf geachtet werden, daß mehrere und nicht zu kleine Anemonen an-

167

Links oben: Der maulbrütende Kardinalfisch *Sphaeramia nematoptera* wird häufig eingeführt und eignet sich als ruhiger Freiwasserschwimmer besonders für Aquarien mit empfindlichen Wirbellosen.

Rechts: Das gleiche gilt für den verwandten *Pterapogon kauderni*, dessen Larven schon öfter aufgezogen wurden.

geboten werden, da diese sonst mit der Zeit kümmern und schließlich eingehen.

Vor allem groß werdende Anemonenarten (*Heteractis, Stichodactyla*) sind besonders geeignet. Häufig werden aber auch andere, kleinere Arten angenommen, was diesen auf Dauer nicht immer gut bekommt. Sogar Lederkorallen werden manchmal kleinen Anemonen vorgezogen. Den *Sarcophyton*-Arten scheint dies nichts auszumachen.

Auf die schon häufig gelungene Zucht der „Clownfische" wird im Kapitel „Zucht" näher eingegangen. Die meisten Arten sind, wie viele Riffbarsche, zänkisch und nur einzeln oder in Paaren zu halten.

Häufig eingeführt werden außerdem Riffbarsche aus den Gattungen *Abudefduf*, *Chromis*, *Chrysiptera* und *Dascyllus*. Im kühlen Aquarium ist auch die aus dem

Mittelmeer stammende Art *Chromis chromis* gut zu pflegen.

Fütterung. Riffbarsche sind nicht wählerisch und fressen sämtliche Futterarten.

Vergesellschaftung. Mit allen Wirbellosen möglich. Lediglich die größeren und zänkischen Arten sollten nur mit robusteren Wirbellosen zusammen gehalten werden. Riffbarsche können auch mit nicht zu räuberischen, aber deutlich größeren Fischen vergesellschaftet werden.

Lippfische (Labridae)

Lippfische sind zwar meist leicht zu halten, aber innerhalb der Arten untereinander unverträglich. Selbst nur ähnlich aussehende Tiere werden manchmal bekämpft. Für die Vergesellschaftung mit Wirbellosen eignen sich nur wenige Ar-

168

ten. Für die meisten jedoch gilt: An allem wird herumgezupft, bis das Opfer schließlich eingeht oder gefressen wird.

Die meisten Lippfische werden recht groß und eignen sich lediglich für große Fischbecken. Viele Lippfische schlafen im Sand und brauchen eine mindestens 5 cm dicke, feine Sandschicht zu ihrem Wohlbefinden. Die meisten Arten zeichnen sich durch einen intensiven Farbwechsel während der Entwicklung aus. Bei einigen Arten ist auch Geschlechtsumwandlung bekannt. Eine Ausnahme bilden die haltbaren und friedlichen Putzerfische, die ebenfalls zu den Lippfischen gehören, aber in Aquarien vor allem den kleinen Fischen recht lästig werden können, da sie pausenlos und hartnäckig putzen wollen.
Fütterung. Viele Lippfische sind anspruchslose Allesfresser. Einige Arten sind jedoch

wählerisch. Mit Frostfutter kann man aber praktisch alle gut ernähren.
Vergesellschaftung. Außer den verträglichen Arten müssen Lippfische, vor allem aber die größeren, in Fischbecken mit robusten Wirbellosen und anderen Fischen zusammengehalten werden. Nicht geeignet sind viele Hohltiere, Röhrenwürmer und sonstige empfindliche sessile Wirbellose. Gute Artenkenntnis ist, wie immer, auch hier gefragt.

Schleimfische (Blenniidae)

Die Gruppe der Schleimfische besteht aus recht unterschiedlichen Fischtypen. Die friedlichen Blenniiden, vor allem kleinere Arten, erkennt man ganz gut an den wulstigen Lippen. Sie leben von Algenaufwuchs und sind auch im Aquarium ver-

Oben: *Salarias fasciatus* ist ein lebhafter, maximal 10 cm lang werdender, harmloser Schleimfisch, der in indopazifischen Korallenriffen schon im flachen Wasser angetroffen wird.

Unten: Dieser unbestimmte Zwergbarsch wird öfter eingeführt und paßt gut in Riffbecken.

169

Abbildungen von
Leierfischen siehe
Seite 172.

träglich. Die Säbelzahnschleimfische besitzen spitze Zähne, und manche von ihnen, wie der berühmte Putzernachahmer (*Aspidontus taeniatus*), eignen sich höchstens für Spezialbecken. Andere Säbelzahnschleimfische (Gattung *Meiacanthus*) besitzen spitze Giftzähne, sind aber harmlos.

Ideale Pfleglinge sind die Spitzkopfschleimfische (*Tripterygion*-Arten) des Mittelmeeres und ihre tropischen Verwandten. Sie leben von Kleinkrebsen und lassen sich im Aquarium mit allerlei totem und gefriergetrocknetem Ersatzfutter ernähren.

Alle Schleimfische brauchen Unterschlupf in Form von Höhlen und Spalten. Einige Arten wurden schon erfolgreich nachgezüchtet (beispielsweise *Blennius pavo*).

Fütterung. Fast alle Schleimfische sind Allesfresser. Lediglich die *Tripterygion*- und die *Meiacanthus*-Arten brauchen regelmäßig *Mysis*, Bosminiden und ähnliches. Die algenfressenden Arten halten zu üppigen Algenaufwuchs in Grenzen. Schmieralgen werden aber leider verschmäht.

Vergesellschaftung. Die friedlichen Arten lassen sich mit allen robusten Wirbellosen vergesellschaften, die *Tripterygion*-Arten sogar mit zarten Arten. Räuberische Schleimfische, darunter praktisch alle größeren Vertreter dieser Familie, sind in Becken mit sessilen Wirbellosen und größeren Fischen, Krebsen und Stachelhäutern richtig aufgehoben.

Besonderheiten. Der Name Schleimfisch stammt von der schuppenlosen, schleimigen Körperoberfläche, die vor Austrocknung bei den gelegentlichen, mehr oder weniger freiwilligen Landgängen mancher Arten bei Ebbe schützt. Arten, die in Ebbetümpeln leben, verlassen nämlich ihre Gewässer mit gewandten Sprüngen, um bessere (kühlere) Tümpel zu finden oder sich vor Feinden zu retten. Diese Angewohnheit wird von Arten der Brandungszone auch im Aquarium beibehalten. Daher sind die Becken gut abzudecken.

Leierfische (Callionymidae)

Zu den Leierfischen gehören die interessanten *Synchiropus*-Arten, etwa der wunderschöne Mandarinfisch *S. splendidus*. Sie leben am Bodengrund und auf der Felsdekoration, schwimmen also nie frei. Es wurden schon häufig Paarungen und Eiablagen beobachtet. Diese idealen Wirbellosenpartner sind nicht nur besonders farbenprächtig, sondern in großen Riffaquarien mit reichlich Kleinlebewesen auch gut haltbar. Allerdings lassen sie sich nur schwer an gefrorenes Futter gewöhnen. Es gilt im Prinzip das gleiche wie für die Haltung von Seenadeln und Seepferdchen.

Fütterung. Leierfische suchen unermüdlich nach Kleinkrebsen. Sind im Becken genügend Lebende Steine und Algen, so finden sie in der Regel genügend Nahrung. Eine Zusatzfütterung ist aber zumindest in kleineren Becken oder bei Nahrungskonkurrenz durch Arten mit gleicher Lebensweise notwendig. Gefüttert wird dann mit Lebendfutter (*Artemia*, Wasserflöhe) und, nach erfolgreicher Eingewöhnung, auch mit gefrorenen *Mysis*, *Artemia* oder Bosminiden.

Vergesellschaftung. Mit allen Wirbellosen und zarteren Fischen möglich, die aber möglichst keine Nahrungskonkurrenz darstellen sollten.

Grundeln (Gobiidae)

Grundeln besitzen zu einem Saugtrichter umgebildete Brustflossen. Sie sind zwar anspruchslos, benötigen aber wie die Schleimfische Unterschlupfmöglichkeiten. Einige Arten sind zänkisch. Die größeren Vertreter leben begrenzt räuberisch. Das große Maul einiger Arten sollte Besitzer von zarten Garnelen zur Vorsicht mahnen. Bekannt sind Symbiosen von Grundeln mit Knallkrebsen oder mit der Wachsrose (*Anemonia sulcata*) des Mittelmeeres. Die Neongrundel (*Gobiosoma oceanops*) betätigt sich ebenfalls als Putzer. Vielen Grundeln fehlt wie den Schleimfischen die Schwimmblase.

Zu den Grundeln gehören auch so beliebte Aquarienfische wie die Schwertgrundeln (Gattung *Nemaeleotris*), Schläfergrundeln (Gattung *Valenciennea*) die Torpedogrundeln (*Ptereleotris*) und die interessanten Partnergrundeln (Gattung *Amblyeleotris* und andere), die häufig zusammen mit ihren Symbiosepartnern, Pistolenkrebsen aus der Gattung *Alpheus*, eingeführt werden.

Fütterung. Viele Grundeln sind anspruchslos und nehmen jede Form von Futter an. Alle Schwertgrundeln, Torpedogrundeln, Korallengrundeln und *Gobiosoma*-Arten benötigen jedoch Ersatzplankton. Die Schläfergrundeln brauchen ausreichend Bodengrund zum Wühlen.

Vergesellschaftung. Die zarten Schwertgrundeln und die Torpedogrundeln sind im Gegensatz zu den meisten anderen Grundeln Fische des offenen Wassers. Sie können mit allen Wirbellosen vergesellschaftet werden.

Besonderheiten. Schläfergrundeln fressen nur im Wasser schwimmendes Futter, außerdem springen sie gern. Becken gut abdecken! Große Grundelarten betrachten, je nach ihrer Größe, Garnelen und andere Tiere als Nahrung.

Doktorfische (Acanthuridae)

Diese wehrhaften Algenfresser lassen sich oft gut mit Wirbellosen vergesellschaften. Leider werden die meisten Arten recht groß, so daß die Auswahl dadurch begrenzt ist. Am Schwanzstiel führen die Doktorfische ein oder zwei messerartige Waffen mit sich, die ausgeklappt werden können oder feststehen. Damit können sie sich gegenüber Konkurrenten sehr schnell Respekt verschaffen.

Fast alle Arten sind untereinander unverträglich, obwohl viele Arten in der Natur zumindest zeitweilig im Schwarm schwimmen. Es sollten also Einzelexemplare angeschafft werden.

Fütterung. Viele Doktorfische sind auch Pflanzenfresser und werden daher zur Algenbekämpfung eingesetzt. Reichlich Algennahrung sollte also angeboten werden. Auch Algenersatzfutter wird nach Gewöhnung angenommen (überbrühter Salat, pflanzliches Flockenfutter). Manche Arten sind aber auf Algen spezialisiert und schwer an anderes Futter zu gewöhnen. Diese Arten gelten als empfindlich, obwohl sie genauso gut haltbar sind wie die anderen Arten, wenn man das richtige Futter anbieten kann. Wieder einmal ist hier Artenkenntnis gefragt.

Vergesellschaftung. Mit den meisten robusten Wirbellosen und mit Fischen möglich, die keine Gegner darstellen.

Kugelfische (Tetraodontidae)
Igelfische (Diodontidae)
Kofferfische (Ostraciidae)

Fische aus diesen Familien scheiden bei Gefahr, Streß oder beim Sterben ein Gift (Tetrodotoxin, Ostracitoxin) aus, das für andere Beckeninsassen tödlich ist. Sie sind also nur bedingt für Gesellschaftsaquarien geeignet. Heizer sind unbedingt zu verstecken oder mit Plexiglasrohr zu schützen. Die Kugelfische nagen nämlich oft daran herum und können dann das Glas durchbeißen. Ansonsten sind die meisten Arten gut haltbar, wobei es auch hier Nahrungsspezialisten gibt. Kugelfische brauchen harte Nahrung, um ihr Gebiß abzuwetzen.

Vergesellschaftung. Für Wirbellosenbecken nicht geeignet. Ansonsten ist die Vergesellschaftung mit allen robusten Fischen möglich.

Besonderheiten. Oft werden Jungtiere dieser Fischgruppen eingeführt, die putzig aussehen und in dieser Größe sicher auch ungefährlich sind. Fast alle Arten werden aber recht groß und haben dann die oben beschriebenen Eigenschaften.

171

Der Mandarinfisch *Synchiropus splendidus* ist einer der schönsten Fische für Riffbecken. Er benötigt viel lebendes Kleinfutter.

Der mit dem Mandarinfisch eng verwandte LSD-Mandarinfisch (*Synchiropus picturatus*) sollte ebenfalls in gut mit Lebenden Steinen ausgestatteten Riffbecken gehalten werden.

172

Drückerfische (Balistidae)

Auch Drückerfische nagen gern am Heizer. Untereinander (innerartlich) sind sie unverträglich. Einige Arten sind relativ friedlich.

Fütterung. Drückerfische knacken Seeigel und Krebse und sind auch sonst nicht wählerisch, solange kräftige Nahrung angeboten wird (etwa ganze, ungeschälte Garnelen).

Vergesellschaftung. Die meisten Drückerfische sind unverträglich. Für Wirbellosenbecken sind sie durchweg ungeeignet, da sie alles annagen.

Besonderheiten. Seeigel werden von manchen Arten als Nahrung betrachtet und geschickt verspeist. Die Technik, mit der manche Drückerfischarten Seeigel verspeisen, ist ein Schauspiel für sich. Das Opfer wird dabei vom Drückerfisch so lange von der Seite „angeblasen", bis es sich vom Boden löst. Nun bläst der Drückerfisch von unten gegen den Seeigel, um ihn so ins Wasser hochzuschleudern. Da die Seeigelstacheln an der Unterseite wesentlich kürzer sind, kommt nun das Knackgebiß des Drückerfisches zum Einsatz, und der Seeigel wird Stück für Stück vertilgt.

Rechts oben: Die Neongrundel (*Gobiosoma oceanops*) sitzt gerne auf Korallen und putzt gelegentlich andere Fische.

Unten: Der Hawaii-Seebader (*Zebrasoma flavescens*) ist einer der am besten haltbaren Doktorfische, der jede pflanzliche Ersatznahrung annimmt.

173

Fang, Kauf und Transport

Tiere aus dem Urlaub mitbringen?

Sehr viele Aquarianer haben heute den Wunsch, sich Aquarientiere selbst aus dem Urlaub mitzubringen. Günstige Pauschalangebote ermöglichen Reisen in die entlegensten Gebiete der Erde. Der Tauchsport hat in den letzten Jahren viele Anhänger, vor allem unter Aquarianern, gefunden, ermöglicht optimale Naturbeobachtungen unter Wasser und erleichtert den gezielten Fang von Meerestieren.

Schon eine Fahrt zum Mittelmeer lohnt sich für den engagierten Aquarianer. Gerade von hier kann man sich nämlich Tiere mitbringen, die im Zoohandel praktisch nie erhältlich sind. Der Transport über die Grenze ist legal, solange man keine Schutzbestimmungen verletzt. Man muß aber die Anzahl der Tiere in einem vernünftigen Rahmen halten. Transporte für kommerzielle Zwecke sind ohnehin genehmigungspflichtig. Oberstes Gebot ist stets, daß nur die Tiere mitgenommen werden, die man auch optimal transportieren und zu Hause unterbringen kann.

Vorwürfe, Aquarianer würden dadurch die ohnehin bedrohte Unterwasserwelt schädigen, sind unberechtigt. Wenn man bedenkt, wie viele Meerestiere auf dem Fischmarkt oder in den Töpfen der Spezialitätenrestaurants enden, erkennt man schnell, daß wir Aquarianer die Meere nicht leerfischen können. Von der zunehmenden Umweltverschmutzung an den Mittelmeerküsten und dem dadurch zu verzeichnenden Artenrückgang ganz zu schweigen. Hinzu kommt, daß sich gerade an schon verschmutzten Küstenabschnitten bestimmte Arten über die Maßen vermehren – interessanterweise häufig gerade die, die sich aufgrund ihrer Anpassungsfähigkeit für die Aquarienhaltung am besten eignen.

Für uns Aquarianer muß es jedoch selbstverständlich sein, daß keine Tierarten gefangen werden, die in der Roten Liste der bedrohten Tierarten aufgeführt sind. Auch dürfen keine Tiere entnommen werden, von denen bekannt ist, daß sie in Aquarien nicht lange leben. Bei dem Artenreichtum, den man schon im knietiefen Wasser antrifft, fällt es allerdings manchmal schwer, seine Sammelleidenschaft im Zaum zu halten. Trotzdem dürfen nur so viele Tiere mitgenommen werden, wie tatsächlich im Aquarium zu Hause Platz finden.

Man hat viel mehr Freude an einigen wenigen, interessanten und gesunden Tieren als an einem Sammelsurium von Arten, die sich untereinander nicht vertragen und unter den beengten Verhältnissen im Aquarium schnell krank werden. Eine einzige, kleine Languste in einem geräumigen Aquarium kann interessanter sein als ein Becken voller bunter Fische.

Was bei Mittelmeerreisen meist kein Problem darstellt, kann bei Flugreisen hingegen erhebliche Schwierigkeiten bereiten. Die meisten tropischen Länder machen nämlich die Ausfuhr lebender Tiere von einer Genehmigung abhängig.

174

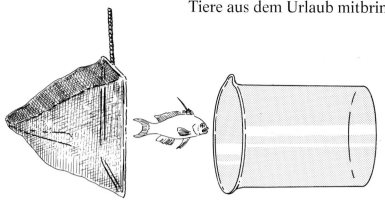

Schonender Fang mit
Netz und Fangglas.

Wer seine Fische bei einem ortsansässigen, lizenzierten Fänger direkt kauft, erhält normalerweise mit dem Kauf diese Genehmigung.

Wer seine Tiere selbst fangen will, sollte sich vorher bei der zuständigen Stelle eine Genehmigung besorgen. Zuständig sind Fischereiministerien, wissenschaftliche Institute oder die Botschaften oder Konsulate des jeweiligen Landes. Oft können die örtlichen Tierschutzorganisationen oder das Zollamt Auskunft geben. Auf jeden Fall sollte man sich lange vor der Reise informieren. Die Genehmigungsverfahren und der Briefwechsel mit Behörden können nämlich erhebliche Zeit beanspruchen.

Fangmethoden

Am einfachsten zu fangen sind Tiere, die im Flachwasser unter Steinen leben. Man dreht die Steine schnell um und sammelt die flüchtenden Tiere einfach ein. Nach dem Einsammeln muß der Stein wieder

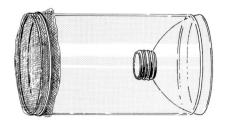

in seine alte Lage zurückgesetzt werden, und zwar so, daß die verbliebenen Tiere dabei nicht zerquetscht werden. Zurückgesetzt werden müssen die Steine auf alle Fälle, da die Tiere sich darunter gegen die sengende Sonne bis zur nächsten Flut schützen. Der lichtabgewandte Bewuchs dieser Steine würde in der Sonne außerdem absterben. Daher müssen die Steine in die ursprüngliche Position zurückgelegt werden.

Viele Wirbellose kann man beim Schnorcheln oder Tauchen mit der Hand aufsammeln und in Behältern oder Plastiktüten an die Wasseroberfläche transportieren. Festgewachsene Organismen, etwa Seescheiden oder Röhrenwürmer, werden vorsichtig mit einem kleinen Stück des Substrats abgestemmt. Tiere ohne solche Substratstücke sind meist Todeskandidaten, da sie im Aquarium nicht wieder anwachsen können.

Beim Fang vieler Wirbelloser ist es wichtig, daß sie nicht der Luft ausgesetzt werden. Bei Stachelhäutern können sich unbemerkt Luftblasen im Körper bilden, die über kurz oder lang zum sicheren Tod des Tieres führen. Alle Tiere werden also möglichst unter Wasser vom Fanggefäß oder -netz in das Transportgefäß umgesetzt.

Kleine Krebse und Garnelen sind oft schwer mit Netzen zu fangen. Hier hilft eine einfache Reuse. Aus einer Kunststoffflasche und einem Stück Nylon-

Links:
Einfache Fangreuse
aus einer Plastik-
flasche.

175

strumpf lassen sich solche Kleinreusen leicht selbst basteln (Abbildung Seite 175). Als Köder dient ein Stück Fisch- oder Krebsfleisch.

Die Reuse wird mit einem Stein beschwert und in der Nähe von Felsspalten am Boden verankert. Am besten läßt man sie über Nacht dort liegen, da die meisten Garnelen nachtaktiv sind. Diese Methode kann man übrigens auch im Aquarium anwenden, um scheue Tiere zu fangen, ohne gleich das ganze Aquarium ausräumen zu müssen.

Der Fang von Fischen muß besonders vorsichtig erfolgen. Allzu leicht wird mit einem gewöhnlichen Netz die empfindliche Schleimschicht verletzt. Die gebräuchlichste Fangart ist die mit dem Stellnetz. Hierbei werden die Fische in ein Netz getrieben, das oben mit Korken versehen ist. An der Unterseite sind kleine Gewichte angebracht. Dadurch steht das Netz aufrecht im Wasser. Die Fische verfangen sich in den Maschen des Netzes.

Diese Methode eignet sich nur für größere Fische. Für kleine und empfindliche Tiere ist sie ungeeignet. Am besten treibt man solche Fische mit einem Handnetz in einen durchsichtigen Plastikbehälter oder -beutel, den man dann schnell verschließt (Abbildung Seite 175).

Schleimfische und andere, in Löchern lebende Tiere kann man mit einer speziellen Vorrichtung regelrecht aus ihrem Unterschlupf heraustreiben. Diese Methode wird von vielen Fischfängern in den Tropen angewandt. Ein Plastikbeutel wird an das Versteck des Fisches angesetzt. Mit einem seitlich durch ein kleines Loch eingeführten weichen langen Stäbchen stochert man nun vorsichtig im Unterschlupf des Fisches herum, bis dieser in den Beutel flieht.

Früher wurden versteckt lebende Fische und andere schwer zu fangende Tiere mit Gift betäubt. Das Betäubungsmittel wurde in die Felsspalten und Löcher des Riffs gespritzt, und die Tiere wurden

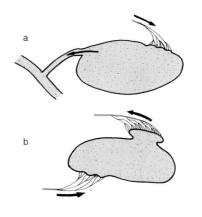

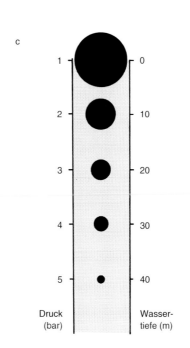

Druck (bar) — Wassertiefe (m)

Die Schwimmblase.
a) Offene Schwimmblase (Physostomen, z.B. Hering, Lachsartige, Hechte). Nur hier hat die Schwimmblase eine direkte Verbindung zum Ösophagus.
b) Geschlossene Schwimmblase (Physoklisten, fast alle höherentwickelten Knochenfischarten, z.B. alle Barschartigen, Drückerfische, Feilenfische, Seepferdchen und Seenadeln usw.).
c) Theoretische Volumenänderung einer Schwimmblase bei zu schnellem Hochziehen eines Fisches aus 40 m Tiefe. In Wirklichkeit würde eine Schwimmblase bei dem beschriebenen Vorgang platzen.

anschließend eingesammelt. Nach einiger Zeit erholten sich die meisten Fische zwar wieder, waren aber häufig so stark geschädigt, daß sie bereits nach wenigen Tagen oder Wochen, manche sogar erst nach Monaten eingingen. Da man äußerlich keine Schäden feststellen konnte, war der Nachweis des Giftfangs nur schwer zu erbringen.

Linke Seite:
Ein Drop-off (senkrechte Steilwand) eines indopazifischen Korallenriffs. Hier in der Schwachlichtzone setzen sich Tiere fest, die das Sonnenlicht nicht vertragen. In der Bildmitte erkennt man die Zackenauster *Lopha folium*, die von Gorgonien und Schwämmen völlig überwuchert ist (Malediven).

Inzwischen scheinen die Importeure die Sache besser im Griff zu haben. Konsequentes Ablehnen von Lieferungen aus Gebieten, in denen sich Todesfälle äußerlich unversehrter Fische häufen, hat offensichtlich dazu geführt, daß die Giftfischerei seltener geworden ist. Leider kommen auch heute noch immer wieder Giftfälle vor. Wenn man dies bemerkt, sollte man unbedingt die Händler auf diesen Umstand aufmerksam machen, da auch sie oft nicht wissen, wie die von ihnen georderten Fische gefangen werden. Nur ständige Wachsamkeit kann dieser gefährlichen Unsitte ein Ende setzen.

Fische, die aus Tiefen von über 5 m stammen, dürfen nur langsam an die Wasseroberfläche gebracht werden. Ihre Schwimmblase muß sich erst an die sich verändernden Druckverhältnisse anpassen, die im Flachwasser herrschen. Je tiefer der Fangort, desto länger müssen die Fische „dekomprimieren". Zu diesem Zweck bringt man sie am Fangort in einem Behälter unter, der an einer bis zur Wasseroberfläche reichenden Leine festgemacht wird. Diese Leine wird nun sehr langsam hochgezogen. Bei Fängen aus 10 m Tiefe und mehr sollte man sich dazu mindestens eine halbe Stunde Zeit lassen.

Der Bereich von 10 m Tiefe bis zur Wasseroberfläche ist der gefährlichste. Hier sind die Druckunterschiede am größten, und die Schwimmblase kann leicht platzen. Beim Heraufziehen der Fische bis zur Wasseroberfläche würde sich das Volumen der Schwimmblase verdoppeln, wenn man ihr nicht Zeit geben würde, langsam „Druck" abzulassen. Deshalb muß der Behälter gerade in diesem Bereich besonders behutsam heraufgeholt werden. Schleimfische und andere Fische ohne Schwimmblase bedürfen einer solchen Behandlung natürlich nicht. Die Abbildung auf der vorigen Seite zeigt die Zusammenhänge auf.

Der Kauf von Fischen und Wirbellosen

Die weitaus einfachste Methode, zu schönen und gesunden Tieren für das Meeresaquarium zu kommen, ist der Kauf in einem guten Zoofachgeschäft. Vergleicht man die Kosten für eine schöne Aquarienbesatzung mit den Kosten für eine Tropenreise, so kommt man auf diesem Weg allemal preiswerter zu den Tieren. Hinzu kommt, daß sowohl der Ärger mit Genehmigungen als auch Transportschwierigkeiten wegfallen.

Trotzdem ist jeder Tierkauf stets Vertrauenssache. Ein Blick auf die Sauberkeit der Aquarienabteilung in einer Zoohandlung und ein ausgiebiges Gespräch mit dem Händler sagen oft mehr aus als die Werbung in Zeitschriften. Im Händlerbecken sieht man den Tieren allerdings nur offensichtliche Mängel an. Fische mit eingefallenen Bäuchen und anderen, augenfälligen Krankheitssymptomen dürfen natürlich nicht gekauft werden. Ein seriöser Händler wird seinen Kunden solche kranken Tiere erst gar nicht anbieten.

Bei manchen Händlern und Importeuren hat es sich inzwischen sogar eingebürgert, alle neuen Fische zunächst einer Quarantäne zu unterziehen. In diesem Zeitraum werden dann die Tiere auch gleich an das Ersatzfutter gewöhnt. Solche Fische sind trotz des höheren Preises stets vorzuziehen. Auf eine weitere Quarantäne zu Hause kann man dann verzichten.

Wichtig ist auch, daß man darauf achtet, wie der Händler mit den ausgewählten Tieren umgeht. Nimmt er Seeigel oder Seesterne mit der Hand aus dem Wasser und trägt sie womöglich noch durch das halbe Geschäft, bevor er sie in den Transportbehälter gibt, so können der ganze Aufwand und die Sorgfalt, die beim Fang verwandt wurden, umsonst ge-

178

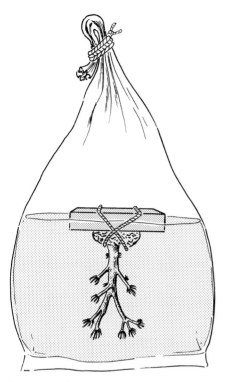

So transportiert man empfindliche Weich-korallen.

Der Transport von Meerestieren

Fische und Wirbellose werden in den meisten Fällen mit wenig Wasser in große Plastikbeutel verpackt, die mit Sauerstoff gefüllt und anschließend verschlossen werden. Bei kürzeren Transporten oder wenn nur sehr wenige Tiere in den Beuteln untergebracht werden, kann man auf den Sauerstoff auch verzichten. Wichtig ist, daß die Fische ein bis zwei Tage vor dem Verpacken nicht gefüttert wurden, damit durch die Exkremente das Wasser nicht verpestet wird.

In einen zehn Liter fassenden Beutel sollten nicht mehr als zwei bis drei Liter sauberes, möglichst gefiltertes Meerwasser eingefüllt werden. Normalerweise reicht ein solcher Beutel für einen 10 bis 15 cm langen Fisch oder für vier bis fünf kleinere. Besser ist es aber, auch kleinere Fische einzeln zu verpacken. Dann reichen auch entsprechend kleinere Beutel aus.

Garnelen müssen einzeln verpackt werden. Nur solche, die auch in der Natur in großen Gruppen vorkommen (beispielsweise *Rhynchocinetes*) dürfen auch zu mehreren in einen Beutel. Dazu gibt man dann ein kleines Stück einer abgestorbenen (gereinigten) Koralle, an der sich die Garnelen festhalten können. Unterläßt man dies, halten sich die Tiere aneinander fest und verletzen oder töten sich dabei.

Grundsätzlich müssen die Tiere getrennt nach Arten in den Transportbehältern untergebracht werden. Auf diesem engen Raum würden sich auch ansonsten friedliebende Arten gegenseitig umbringen. Am besten ist immer der Einzeltransport.

Für empfindliche Weichkorallen hat sich der Transport mit einem Styroporstückchen bewährt. Das Tier wird mitsamt dem Substratstück, an dem es fest-

wesen sein. Fische werden auch im Händlerbecken nie mit dem Netz allein gefangen, sondern stets mit einem Kunststoff- oder Glasbehälter (siehe Seite 175) aus dem Aquarium gefischt.

Alle Wirbellosen werden stets unter Wasser verpackt und zum Heimtransport mit Zeitungspapier isoliert oder, noch besser, in Styroporbehälter verpackt. Manche Zoohändler leihen solche Behälter für längere Transporte sogar aus. Besser ist es aber, man bringt eine eigene Kühltasche oder ähnliches schon in weiser Voraussicht zum Zoohändler mit. Das gilt nicht nur im Winter, sondern auch für heiße Tage, denn Überhitzung beim Transport schadet fast noch mehr als eine leichte Unterkühlung.

gewachsen ist, an ein Styroporstückchen angebunden (unter Wasser!) und so in den Beutel gegeben (Abbildung Seite 179). Während des Transportes muß natürlich darauf geachtet werden, daß der Beutel senkrecht stehen bleibt.

Seeigel werden besser nicht in Plastikbeuteln transportiert. Selbst wenn man mehrere Beutel verwendet, kann es nämlich vorkommen, daß sich die Tiere mit ihren Stacheln das Wasser selbst „abgraben". Hier bewähren sich geräumige Kunststoff-Haushaltsdosen (lebensmittelecht!) oder Eimer. Auch hier sollte jeweils nur ein Tier in einem Behälter untergebracht werden.

Nicht alle Tiere muß man mit Wasser transportieren. Viele Bewohner der Brandungszone, wie Erdbeerrosen, kleine Einsiedlerkrebse, Krabben, Schnecken und Muscheln, lassen sich, nur in feuchte Algen eingebettet, oft tagelang am Leben halten. Dieses Verfahren erfordert aber die genaue Kenntnis der Lebensgewohnheiten. Manche Arten ertrinken beim Transport mit Wasser geradezu. Dies gilt für einige Winkerkrabbenarten (*Uca* sp.) und ähnliche Strandkrabben.

Tiere aus dem Mittelmeer sollten so kühl wie möglich transportiert werden. Der Grund: Die Stoffwechselgeschwindigkeit der Tiere wird je 5 °C Abkühlung halbiert. So ergeben sich eine geringere NH_3-Ausscheidung, geringerer Streß und ein niedrigerer O_2-Verbrauch der Tiere. Die Transportbeutel stellt man daher in einen isolierenden Behälter aus Styropor oder in eine Kühlbox für Campingzwecke. In diese Box gibt man zusätzlich etwas Eis oder die überall erhältlichen Kühlakkus. Das Abkühlen sollte aber nicht zu schnell erfolgen, da Temperaturschocks vermieden werden müssen. Das Eis darf auch nicht mit den Beuteln direkt in Berührung kommen. Es muß also in Zeitungspapier verpackt werden, bevor es in die Transportbehälter kommt. Sogar Fahrten von weit über 15 Stunden

sind mit derart präparierten Behältern kein Problem.

Bei tropischen Tieren ist das Gegenteil der Fall. Die Transporttemperatur darf zwar um einige Grad absinken; unter 20 °C sollte sie allerdings nicht fallen. Wer also seine Tiere im Gepäckraum eines Flugzeuges transportieren will, muß sich vorher genau erkundigen, ob dieser ausreichend geheizt ist. Am besten ist die Unterbringung im Handgepäck, da der Passagierraum stets temperiert ist. Bei manchen Fluggesellschaften wird der Transport von lebenden Tieren aber abgelehnt. Informieren Sie sich also vorher über die Bestimmungen; fragen Sie auch nach der Möglichkeit der Unterbringung in der Passagierzelle (Cabin load).

Auch bei tropischen Tieren ist auf eine gute Isolation der Behälter zu achten. Beim Transport zum Flughafen des Fanggebietes können sich diese nämlich durch Sonneneinstrahlung stark erwärmen, und beim Verlassen des Flugzeugs nach Beendigung des Heimflugs können die heimatlichen Temperaturen zu einer starken Abkühlung führen.

Zu Hause angekommen, werden die Tiere zunächst ausgepackt und mit den Transportbeuteln auf die Wasseroberfläche der für sie vorgesehenen Aquarien gelegt oder mit einer Wäscheklammer am Aquarienrand befestigt. Dort bleiben sie so lange liegen, bis sich die Temperatur im Beutel an die Aquarientemperatur angeglichen hat. Die Temperaturanpassung ist normalerweise nach 15 bis 20 Minuten abgeschlossen.

Nun wird der Beutel geöffnet. Mit einem kleinen Gefäß füllt man nun alle paar Minuten eine kleine Menge Aquarienwasser in den Beutel. Dabei können sich das Tier oder die Pflanze an die unterschiedliche Wasserqualität gewöhnen. Je mehr man sich für diesen Vorgang Zeit läßt, desto größer sind die Überlebenschancen der Tiere. Vor allem Garnelen und Stachelhäuter sind hier besonders

180

empfindlich. Erst nach längerer Zeit derartiger Gewöhnung darf man die Tiere nun in ihren neuen Lebensraum entlassen. Um Streß zu vermeiden, schaltet man dazu das Hauptlicht einige Zeit aus. Blaue Zusatzlampen dürfen brennen, aber auch schon die Zimmerbeleuchtung oder Tageslicht genügen.

Die oben beschriebene Methode muß natürlich auch bei im Zoohandel gekauften Tieren angewendet werden, ja sogar dann, wenn die Tiere von einem Aquarium zum anderen umgesetzt werden sollen. Auch der Wechsel von einem Quarantänebecken ins Hauptbecken darf nicht abrupt geschehen. Selbst wenn hier dasselbe Ausgangswasser verwendet wurde, sollte man den Tieren die Möglichkeit geben, sich langsam an die neuen (und schon nach wenigen Tagen veränderten) Wasserverhältnisse gewöhnen zu können.

Ungeduld und Zeitmangel sind in dieser Phase nicht angebracht. Findet man am nächsten Tag tote Tiere im Becken, die tags zuvor den langen Transport vom Urlaubsort oder Zoofachhändler noch klaglos überstanden hatten oder die beim Händler kerngesund waren, so sind der Ärger und die Enttäuschung groß. In diesem Fall hätte man die Tiere dann lieber an ihrem natürlichen Standort belassen.

Artenschutz und Meerwasseraquaristik

Täglich wird allein in der Bundesrepublik Land in der Größe eines Fußballplatzes zubetoniert. Umweltskandale wie die „Algenpest" oder Ölkatastrophen sorgen ständig für Schlagzeilen. Fast täglich stirbt eine Tierart aus.

In den letzten Jahren hat sich daher auch in der Aquaristik die Diskussion um den Artenschutz ständig verschärft. Die gesetzlichen Bestimmungen sind härter geworden, und nicht jeder Fisch, der bisher in unseren Aquarien schwimmen durfte, darf dies auch weiterhin tun. Die Meinungen dazu sind unterschiedlich und oft von Emotionen, falschen Vorstellungen und sicher auch von Unkenntnis beeinflußt.

Über einzelne Bestimmungen läßt sich sicher streiten, über das Grundanliegen der Artenschutzgesetze, wie über den Umwelt- und Tierschutz überhaupt, jedoch nicht. Viel zu lange wurden Tiere gekauft, die in unseren Aquarien nur ein tristes und kurzes Dasein fristen konnten. Bestimmte Fische konnte man schon mangels geeigneten Futters nicht lange halten. Zum Glück ist die Mode der Schmetterlings- und Kaiserfische vorbei, und man wendet sich wieder den leichter zu pflegenden, problemlosen Arten und vor allem den interessanten Wirbellosen zu.

Parallel dazu haben sich auch die Fang- und Transportbedingungen verbessert. Dadurch ist die Überlebensrate der Fische und der Wirbellosen, die sich inzwischen viel erfolgreicher als früher pflegen lassen, wesentlich gestiegen.

Jeder von uns kann seinen Beitrag zum Artenschutz leisten. Dazu gehört, daß man in den Aquarien optimale Bedingungen schafft und auf empfindliche oder gar seltene Arten verzichtet. Dieses Buch will auch eine Lanze brechen für die Tierarten, die vom Handel noch selten angeboten werden, obwohl sie leicht zu halten sind und in der Natur im Überfluß vorkommen. Nur wenn wir Aquarianer auf zur Pflege nicht geeignete Arten verzichten und sie von vornherein nicht verlangen, werden die Händler solche Tiere nicht mehr bestellen.

Verantwortungsbewußte Aquarianer sollten im Zoofachgeschäft sogar gezielt auf schlecht oder gar nicht haltbare Arten und auf die Bestimmungen hinweisen, wenn sie dort eine geschützte Art entdecken. Oft wissen Hobbyspezialisten besser Bescheid über bestimmte Tiergrup-

Getrocknete Seepferdchen als Massenware.

182

pen als Zoofachhändler, die sich nicht um jede Tierart gleich intensiv kümmern können.

Oft wird das Argument angeführt, die Importbeschränkungen würden die Erforschung neuer, noch unbekannter Tierarten behindern. Diese Aussage ist jedoch nicht haltbar. Geschützt sind derzeit nur Arten, die wissenschaftlich gesehen keine großen Geheimnisse mehr erwarten lassen. Ernsthafte Aquarianer und Biologen werden also auch in Zukunft die Möglichkeit haben, Raritäten zu pflegen und Verhaltensstudien anzustellen oder Zuchtversuche zu unternehmen.

Die Bestimmungen enthalten außerdem keinen Passus, der verhindert, daß neue, noch unbekannte Arten eingeführt werden, es sei denn, sie stammen aus komplett geschützten Tiergruppen. Wenn sich allerdings herausstellt, daß diese Arten in der Natur sehr selten sind oder in Aquarien ohnehin hinfällig, muß ihre Einfuhr verhindert oder zumindest geregelt werden. Gerade hier sind wir Aquarianer aufgefordert, mitzumachen und über Erfahrungen und Beobachtungen in der Fachpresse zu berichten. Nur ein umfangreiches Fachwissen macht uns zu ernsthaften Gesprächspartnern der zuständigen Behörden und verleiht unseren Wünschen und Forderungen den nötigen Nachdruck.

Für alle Spezialisten, denen die neuen Artenschutzbestimmungen nun doch Probleme bereiten, ein Rat. Es ist heute kein Problem mehr, in die größten und schönsten Aquarien der Welt einzutauchen und die Fische dort zu beobachten. Überall wo Korallenriffe sind, werden Tauchkurse und Tauchreisen angeboten. Viele Seewasseraquarianer zählen zu den Ärmsten nicht. Wer sich Dutzende von Schmetterlings- und Kaiserfischen kaufen kann, kann sich auch einen solchen Urlaub leisten. Auf den Anblick seiner speziellen Lieblinge braucht er also nicht zu verzichten.

Doch nicht der Fang von Meerestieren für den Bedarf der Aquarianer ist die Hauptbedrohung für die Existenz der Korallenriffe. Die Zerstörung ganzer Biotope vernichtet den Lebensraum der Tiere und Pflanzen im großen Stil. In Korallenriffen wird auch heute noch mit Dynamit und Gift gefischt – nicht etwa für die Aquarianer, sondern für die menschliche Ernährung. Ganze Riffabschnitte werden dabei vernichtet. Nur ein Bruchteil der getöteten Tiere wird verwertet.

Schiffe reinigen ihre Öltanks auf hoher See, in der Nordsee wird Dünnsäure verklappt, und sogar Atommüll wird in die Tiefsee geworfen; in Fässern, die schon beim Absinken durch den ungeheuren Druck zerspringen. Ganze Industrien leiten ihre Abwässer ins Meer, und die meisten Städte am Mittelmeer besitzen heute noch keine Kläranlagen. Wenn die Menschheit so weiter wirtschaftet, wird das Werk von Jahrmillionen in wenigen Jahrzehnten zerstört sein.

So weit darf und wird es aber nicht kommen. Es hilft hier auch nicht viel, mit dem Finger immer auf andere zu zeigen. Umweltschutz fängt im kleinen an; zu Hause, beim Müll, beim Auto. Alle müssen zusammenarbeiten, um unsere Umwelt dauerhaft zu erhalten. Die Heimat unserer Aquarientiere sollte uns dabei genauso am Herzen liegen wie unsere eigene.

Gesetzliche Regelungen

Die derzeitigen Bestimmungen, die unsere Aquarientiere betreffen, sind relativ unübersichtlich, was sich hoffentlich bald ändern wird. Durften viele Tiere bis vor kurzem nur mit CITES-Bescheinigungen gehalten werden, so ist der Aquarianer wohl in Zukunft nicht mehr selbst für diese Bescheinigung verantwortlich, sondern der Importeur und Händler. Die bisherigen restriktiven Vorschriften mußten dem

183

Europarecht weichen, das die besonderen Bestimmungen, die ohnehin nur in Deutschland galten, nicht kennt. Obwohl nun wieder etliche Arten eingeführt werden dürfen, kann man mit dieser Regelung auch als Aquarianer kaum zufrieden sein, läßt sie doch dem Mißbrauch wieder Tür und Tor offen. Hoffentlich wird hier in Zukunft Klarheit und Übersichtlichkeit geschaffen. Bei Drucklegung lagen jedenfalls nur für den Terrarienbereich verbindliche Listen vor.

Die bisherige Einteilung in Schutzkategorien hat sich hiernach ebenfalls geändert. Man unterscheidet in:

Anhang A: Arten, deren Bestand durch den Handel gefährdet würde. Wildexemplare dürfen nicht für kommerzielle oder private Zwecke importiert werden. Die Einfuhr von Nachzuchten ist in bestimmten Fällen möglich. Neben der CITES*-Bescheinigung ist bei der Einfuhr aus Drittländern eine Importgenehmigung nötig. Die Tiere sind auch innerhalb der EG CITES-pflichtig.

Anhang B: Hauptsächlich Arten des Anhang II des WA. Für die Einfuhr in die EU sind Importgenehmigungen und, wo nötig, CITES-Bescheinigungen vorge-schrieben. Innerhalb der EU dürfen die Tiere auch ohne CITES-Bescheinigung gehandelt werden. Auf jeden Fall sind Belege über den rechtmäßigen Erwerb aufzuheben!

Anhang C und D: Exemplare der Arten dieser Anhänge dürfen ohne Importgenehmigung eingeführt werden. Die Einfuhr muß jedoch gemeldet werden. Zu Anhang C gehörende Arten (hauptsächlich Arten des Anhang II des WA) sind in ihren Herkunftsländern geschützt, so daß auch eine Exportgenehmigung des entsprechenden Landes vorliegen muß.

Für diese Anhänge werden Listen veröffentlicht, die sich vermutlich in nächster Zeit noch des öfteren ändern werden. Die Grundlage für alle diese Bestimmungen ist das Washingtoner Artenschutzübereinkommen (WA). Es ist also notwendig, daß wir Aquarianer uns ständig auf dem laufenden halten, was diese Bestimmungen betrifft. Keinesfalls dürfen wir gegen solche Beschränkungen verstoßen, wenn wir unser Hobby auch in Zukunft betreiben wollen. Fachzeitschriften, wie die DATZ, veröffentlichen stets die neuesten Bestimmungen und machen sie so für jeden Aquarianer zugänglich.

---

* CITES = Convention on International Trade in endangered Species of wild Fauna and Flora

Die Nachzucht von Meerestieren

Was in der Süßwasseraquaristik heute als selbstverständlich gilt, ist in der Meerwasseraquaristik noch immer eher die Ausnahme und mit Problemen verbunden: die Nachzucht von Fischen und Wirbellosen. Viele Fischarten laichen zwar häufig im Seewasseraquarium, und auch Garnelen und andere Krebse setzen regelmäßig ihre Larven ab; eine erfolgreiche Aufzucht scheiterte bislang aber häufig am Fehlen geeigneten Futters und an ungeeigneten Aufzuchtmethoden.

Der Hauptgrund dafür ist in der geringen Größe vieler Larven und in der Entwicklung der meisten Meerestiere zu suchen. Fast alle Wirbellosen- und Fischlarven machen nämlich eine planktonische Phase durch, das heißt, sie schwimmen mehr oder weniger lange, sich treiben lassend, im offenen Wasser und müssen sich daher von anderen Planktonorganismen ernähren. Sowohl die sichere Hälterung der Larven – jeder stärkere Filter saugt sie sofort an und beschädigt sie dabei – als auch die kontinuierliche Versorgung mit geeignetem Plankton sind daher die Hauptschwierigkeiten einer erfolgreichen Aufzucht.

Trotz dieser Probleme werden immer häufiger Erfolge erzielt, die aufhorchen lassen. Vor allem das dauerhafte und von jedem Anfänger nachvollziehbare Züchten von tierischem und pflanzlichem Plankton hat die Vermehrung von Meerwassertieren einen deutlichen Schritt nach vorne gebracht. Dadurch wurde die Ernährung von vielen Fischlarven und auch von manchen Wirbellosenlarven er-

möglicht. Hinzu kommen die erheblichen Fortschritte in der Aquarientechnik, die Wasserverhältnisse wie noch nie ermöglichen. Noch sind aber nicht alle Probleme gelöst; für den engagierten Aquarianer eine Herausforderung, die er auch annehmen sollte.

Inzwischen wird die Liste der gezüchteten Arten immer länger. Die Vorreiter dieser Entwicklung sind nicht nur die großen Schauaquarien, auch Aquarianer waren häufig erfolgreich. Inzwischen ist es sogar für fast jeden möglich, einige Fischarten und Wirbellose nachzuzüchten. Manche Aquarianer vermehren zum Beispiel Anemonenfische in so großer Zahl, daß sie sogar in der Lage sind, Jungtiere zu verkaufen.

In Florida werden verschiedene *Amphiprion*-Arten und andere Meerwasserfische sogar kommerziell nachgezüchtet und in den Zoogeschäften verkauft. Auch die Seepferdchenzucht gehört bei manchen Arten inzwischen zum leicht nachvollziehbaren Standard, und viele Weich- und Steinkorallen werden heute in unseren Aquarien vermehrt, wenn auch in den meisten Fällen durch Teilung.

Das Aufzuchtfutter

Der erste Schritt zur Nachzucht von Seewasserfischen ist das Anlegen einer Planktonzucht. Die Zuchtansätze der einzelnen Planktonarten erhält man im Zoofachhandel, direkt bei Spezialfirmen oder von Aquarianern, die sich schon länger mit

Links: Einzeller für
Planktonzuchten.
a) *Euplotes*,
b) *Brachionus*.

Rechts: Plankton-
aufzuchtflasche.

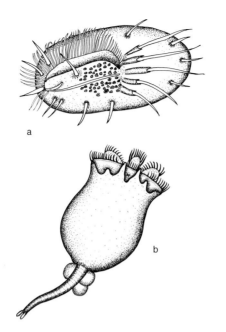

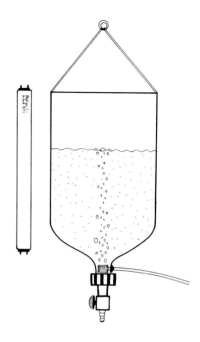

der Nachzucht von Aquarientieren beschäftigen.

Am häufigsten angeboten wird zur Zeit
das Rädertierchen *Brachionus plicatilis*,
ein nur etwa 1/16 mm großer Vielzeller,
der sich leicht züchten läßt. Auch *Euplotes*, ein Einzeller, eignet sich für unsere
Zwecke. Beide Arten fressen planktonische Algen, aber auch die im Fachhandel
zu diesem Zweck angebotenen Flüssigfutter. Sogar mit einfachem, fein zerriebe-
nem und aufgeschwemmtem Flockenfutter
(*Euplotes*) oder mit Hefe kann man
Erfolg haben. Am sichersten ist immer die
Methode, die man von demjenigen übernimmt, von dem man den Zuchtansatz erhält.

Der Zuchtansatz wird in ein 10-l-
Aquarium gegeben, das schwach durchlüftet wird. Gut eignen sich auch umgedreht aufgehängte, oben offene Flaschen,
die von unten belüftet werden (Abbildung
oben). Die Zuchtbehälter für die Algen
müssen kräftig beleuchtet werden. Dazu
benutzt man am besten Leuchtstoffröhren

oder HQL-Strahler, die etwas näher als
sonst über den Behältern angebracht werden, um eine hohe Lichtintensität zu erreichen.

Die Behälter mit dem *Brachionus*-
Zuchtansatz werden nur schwach beleuchtet (Schmieralgen). Eine Wassertemperatur von höchstens 30 °C sollte
nicht überschritten werden. Im Sommer
können die Becken oder Flaschen auch an
ein sonniges Fenster (Südseite) gestellt
werden. Das Becken füllt man nun mit
frisch angesetztem Salzwasser bis zur
Hälfte auf. Nach einigen Tagen Wartezeit
– inzwischen wird ständig leicht durchlüftet – kann man den Zuchtansatz (beispielsweise *Brachionus*) in das Becken
geben.

Als Futter kann man die im Handel
angebotenen Flüssigfutter verwenden.
Es geht aber auch mit feinstem, aufgeschwemmtem Flockenfutter, mit für die
Ernährung von Filtrierern hergestelltem
Planktonersatz oder mit aufgeschwemmter Hefe.Wer es besonders gut machen

186

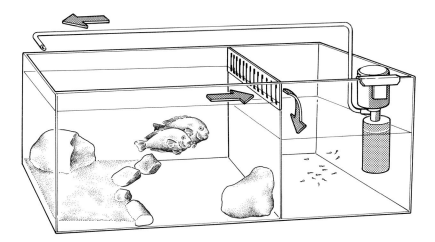

Aufzuchtbecken
(System Preis).

will, füttert einzellige Algen, beispielsweise *Dunaliella*, die aber ebenfalls erst in genügender Menge gezüchtet werden müssen.

Gefüttert wird erst dann, wenn das Wasser von der vorigen Fütterung wieder klar ist. Vermehren sich die Planktontiere stark, so werden immer wieder welche entnommen und in andere Flaschen umgefüllt. Auf diese Weise erhält man nach einiger Zeit eine ausreichende Menge an Futter. Entscheidend ist, daß die Zucht schon auf Hochtouren läuft, wenn die ersten Fische laichen. Beginnt man erst mit der Planktonkultur, wenn die Fische ihre Eier abgelegt haben, ist es zumindest für diese Brut zu spät.

Andererseits laichen aber viele Zuchtpaare nach dem ersten Mal regelmäßig in kurzen Abständen wieder. Man kann also auch erst dann mit der Zucht beginnen, wenn zum ersten Male gelaicht wurde. Auf die erste Brut muß man dann natürlich verzichten. Bei selteneren Fischen oder bei Seepferdchen und Seenadeln sollte man aber dieses Risiko nicht unbedingt eingehen. Ihre Brutpflege dauert Wochen, und bis zur nächsten Brut kann es unter Umständen lange dauern.

Anemonenfische waren die ersten Seewasserfische, die im Aquarium nachgezüchtet worden sind. Mehrere *Amphiprion*-Arten eignen sich durch ihre problemlose Haltung und die relativ großen Eier, die entsprechend große Larven bedeuten, besonders gut zur Zucht. Das gleiche gilt für die schon vielfach geglückte Zucht von bestimmten Seepferdchenarten. Am Beispiel der Anemonenfische und der Seepferdchen soll daher hier eine nachvollziehbare Zuchtmethode aufgezeigt werden. Aber auch Methoden und Geräte für die Zucht von Wirbellosen sollen beschrieben werden.

Anemonenfische betreiben Brutpflege

Will man Anemonenfische züchten, so kauft man am besten einige halbwüchsige Tiere, aus denen sich meist schnell ein Paar herauskristallisiert. Ideal sind Nachzuchten, die meist untereinander verträglicher sind als Wildfänge. Alle anderen Fische müssen nach der Eiablage herausgefangen werden, da sie die Eltern bei der Brutpflege nur stören. Nur in großen Aquarien kann man eventuell darauf verzichten. Artfremde Fische werden allerdings häufig geduldet.

187

Das Zuchtpaar erkennt man an dem Bemühen, einen glatten Stein oder ähnliches für die Eiablage zu reinigen. Häufig findet man das Gelege auch auf demselben Stein, auf dem sich die Wirtsanemone festgesetzt hat. Die Eier von Anemonenfischen sind kurz gestielt und, verglichen mit denen anderer Riffbarsche, recht groß. Von den Eltern werden die abgelegten Eier durch Flossenschlagen und Anblasen ständig bewegt, und abgestorbene oder verpilzte Eier werden herausgepickt.

Bald schlüpfen die Jungen und müssen nun in das Aufzuchtbecken überführt werden. Das Herausfangen geschieht am besten bei Dunkelheit. Die Jungfische werden dann mit einer Lampe zur Wasseroberfläche gelockt und mit einem Becherglas vorsichtig herausgeschöpft. Der Fang mit dem Netz würde die empfindlichen Fischlarven verletzen. Eine noch schonendere Methode, die Jungfische von den Erwachsenen zu trennen, ist das Preis-System (siehe Abbildung auf Seite 187). Da die Larven stets nach oben an die Wasseroberfläche schwimmen, werden sie regelrecht in den anderen Beckenteil gespült. Ein grobes Sieb hindert die Eltern am Hinüberschwimmen. Die Methode ist zwar verblüffend einfach, aber sehr wirkungsvoll.

Das Aufzuchtbecken sollte mindestens 40 oder 50 l fassen und wird mit dem Wasser aus dem Zuchtbecken aufgefüllt. Es wurde rechtzeitig mit Einzellern aus unserer Planktonzucht geimpft. Die Jungfische müssen nun regelrecht im Futter schwimmen. Das Becken wird dabei nur schwach durchlüftet. Nach einiger Zeit ist das Plankton aufgebraucht. Immer wieder gibt man nun Plankton aus der Zucht nach, bis auch dieses verbraucht ist. Schon nach etwa zehn Tagen kann man zusätzlich mit frischgeschlüpften *Artemia* füttern. Langsam gewöhnt man die Jungfische auch an feines Trockenfutter. Bei guter Fütterung sind die jungen Clownfi-

sche nach einem halben Jahr schon 3–5 cm groß.

Amphiprion-Larven sind auch schon erfolgreich allein mit pulverisiertem Tetra-Marin-Flockenfutter aufgezogen worden. Die Überlebensquote ist dabei natürlich erheblich geringer als bei der Fütterung mit lebendem Plankton.

Natürlich läßt sich die beschriebene Standardmethode noch wesentlich verbessern. Ein noch nicht befriedigend gelöstes Problem ist das der Wasserqualität im Aufzuchtbecken, die durch das Fehlen von entsprechenden Filtern ständig schlechter wird. Auch hierbei ist die von Preis angewandte Methode überlegen, da hierbei das Wasser im Elternbecken (-abteil) herkömmlich mit Abschäumer und Filter gereinigt werden kann. Die in der Abbildung sichtbare Pumpe im Larventeil darf allerdings nur langsam laufen und muß mit einer Schaumstoffpatrone bestückt sein, da sonst das gesamte Plankton schnell weggefiltert würde.

Ein weiteres Problem ist die dauernde Verfügbarkeit von Futter. Der berufstätige Aquarianer kann während der Arbeitswoche nicht ständig zu Hause sein, um die Jungfische laufend zu füttern. Hier könnte ein Futterautomat helfen, der lebendes Plankton verfüttern kann. Einige Aquarianer haben mit solchen Geräten schon experimentiert. Eine kleine Pumpe, verbunden mit einer Schaltuhr, füttert in gleichmäßigen Abständen Plankton nach. Andere Aquarianer arbeiten mit der Tropfmethode: Sie geben das Futter tropfenweise in das Becken, die Futterflasche hängt dabei über dem Becken. Ein Schlauch mit einer Klemme übernimmt die Dosierung.

Hier kann also auch der interessierte Aquarianer noch einiges tun, um die Zuchtmethoden zu verbessern. Auch die Fachliteratur berichtet laufend über neue Zuchtversuche und -verfahren, von denen man die Erfolgreichsten übernehmen sollte.

188

Wer die Möglichkeit hat, nachgezüchtete Clownfische zu erstehen, sollte diesen Vorteil auf alle Fälle nutzen. Diese Tiere sind nämlich erfahrungsgemäß erheblich verträglicher als Wildfänge, da sie an die beengten Verhältnisse im Aquarium eher gewöhnt sind. Hinzu kommt, daß sie unempfindlicher sind.

Bei Seepferdchen werden die Männchen „schwanger"

Auch bei den Seepferdchen und Seenadeln muß man mehrere Tiere anschaffen, um ein Zuchtpaar zu finden. Geübte erkennen allerdings die Geschlechtsunterschiede von Seepferdchen und können so gezielt Männchen und Weibchen heraussuchen. Die männlichen Seepferdchen besitzen nämlich eine deutlich sichtbare Bruttasche, in die die Weibchen die Eier legen und so den Männchen das Aufziehen der Brut überlassen.

Bei Seenadeln ist die Unterscheidung der Geschlechter schwieriger. Im Gegensatz zu den Seepferdchen tragen die Seenadeln ihre Eier nicht in einer Bauchtasche, sondern kleben sie nur an die Bauchunterseite. In beiden Fällen aber sind es stets die Männchen, die die Eier austragen. Die Weibchen legen zwar die Eier, übergeben sie aber dann den Männchen zur Befruchtung und auch zur Brutpflege.

Sobald man ein Seepferdmännchen mit gefüllter Bauchtasche im Aquarium findet, sollte man es in ein gesondertes, zu diesem Zweck aber schon lange Zeit vorher eingerichtetes Becken geben. Das ist aber nur notwendig, wenn sich die Seepferdchen in einem großen Gesellschaftsbecken mit anderen kleinen Fischen befinden. Ansonsten kann die Zucht auch im Wirbellosenbecken stattfinden. Feinde der Seepferdchen dürfen natürlich nicht unter den Beckeninsassen sein (siehe auch im systematischen Teil unter Seepferdchen/Seenadeln).

Nach einiger Zeit schlüpfen die jungen Seepferdchen. Der Vater preßt die winzigen, ihren Eltern bereits vollständig gleichenden Tiere eines nach dem anderen aus seiner Bauchtasche. Am sichersten fängt man nun die Jungtiere aus dem Hauptbecken und überführt sie in ein vorbereitetes Aufzuchtbecken mit demselben Wasser. Die Larven sind dann einfacher und gezielter zu überwachen und zu füttern.

Von nun an muß täglich mehrfach gefüttert werden, da die Jungen sonst verhungern. Die neugeborenen Seepferdchen sind zwar schon recht groß; trotzdem sollte man zuerst mit Plankton füttern. Bietet man dann nach einigen Tagen frischgeschlüpfte *Artemia*-Nauplien an, so ist die Überlebensrate meist recht hoch. Die Eltern vergreifen sich an ihren Jungen übrigens nicht. Wer also das Zuchtpaar von vornherein in einem gesonderten Zuchtbecken hält, braucht die frischgeschlüpften Seepferdchen nicht aus diesem Becken herauszufangen.

Wichtig bei der Fütterung ist, daß die *Artemia*-Nauplien frei von Schalen sind, an denen die kleinen Seepferdchen eingehen können, wenn sie sie verschlucken. Wer sich das eigentlich einfache Trennen von Nauplien und Eischalen nicht zutraut, kann die im Handel erhältlichen geschälten Artemiaeier verwenden. Sie sind bereits ohne Eischalen und somit für die jungen Seepferdchen ungefährlich.

Sind die Seepferdchen groß genug, müssen sie langsam an totes Futter gewöhnt werden. Man bietet also nach einiger Zeit auch totes Futter (Bosminiden, *Cyclops*, kleine *Mysis*, *Artemia* und anderes) neben Lebendfutter an. Leider gelingt dieses Umgewöhnen nur manchmal.

189

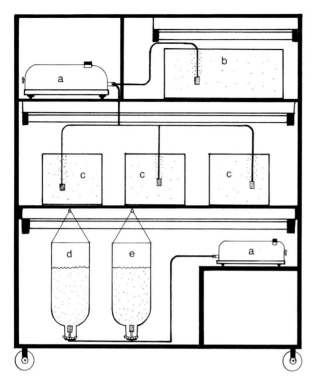

Vorschlag für ein Aufzuchtmodul (nach INGLE und CLARK 1977).

Perlongaze besteht. Ein Filter mit Schaumstoffpatrone pumpt ständig das Wasser aus diesem Behälter in das Becken. Die Schaumstoffpatrone verhindert das Absaugen des Aufzuchtfutters. Man kann aber auch Wasser in das Aufzuchtbecken pumpen, das dann über die Perlongaze wieder abläuft.

Manche Krebslarven fressen bereits frischgeschlüpfte *Artemia*. Man muß aber, je nach Tierart und Larvenform, auch mit einzelligen Algen (beispielsweise *Dunaliella*) und anderen Futterarten experimentieren. Erfolge wurden sogar schon mit feinem Trockenfutter oder püriertem Rinderherz erzielt. Die Überlebensrate ist allerdings, genauso wie in der Natur, nicht sehr hoch. Unter Laborbedingungen werden Aufzuchtquoten von 20 % und mehr erreicht.

In vielen wissenschaftlichen Instituten gehört die Aufzucht von Krebslarven bereits zur Routine. Hierfür wurden spezielle Aufzuchtstationen entwickelt, in denen die verschiedensten Larven aufgezogen werden können. Die Abbildung zeigt ein solches „Aufzuchtmodul". Ein derartiges, durchaus brauchbares Gerät könnte, in kleinerem Stil, als Anregung für eigene Zuchtversuche dienen. Erfolge wurden auch mit dem Einsatz eines Planktonkreisels erzielt.

Die Zucht von Garnelen und anderen Krebsen

Relativ selten bemühen sich Aquarianer um die Aufzucht von Crustaceen. Eigentlich ist dies schade, denn auch die Larven von Garnelen und anderen Krebsen wurden wiederholt aufgezogen. Von den weiblichen Zuchttieren werden die am Bauch haftenden Eier und Larven so lange getragen, bis sie ein bestimmtes, bei den einzelnen Arten unterschiedliches Stadium erreicht haben. Dann werden sie einfach abgestoßen und sich selbst überlassen.

Diese meist frei im Wasser schwebenden Larven fängt man vorsichtig heraus und gibt sie in den Aufzuchtbehälter. Durchaus brauchbar für diesen Zweck sind ins Aquarium gehängte Plastikbehälter, bei denen eine Seitenwand aus feiner

Die Vermehrung weiterer Wirbelloser

Auch andere Wirbellose können im Aquarium vermehrt werden. Bekannt ist die Zucht von *Sepia*-Tintenfischen. Sie ist allerdings schwierig und soll daher hier nicht beschrieben werden. Das gleiche gilt für die Zucht von verschiedenen Quallen.

Manche Seesterne (zum Beispiel *Asterina gibbosa*) vermehren sich im Aquarium oft von selbst, genauso wie manche Gehäuseschnecken. Auch von der Vermehrung von kleinen Röhrenwürmern wurde schon berichtet.

Viel Erfolg kann man allerdings bei der vegetativen Vermehrung von Hohltieren haben. Voraussetzung ist, daß die Tiere, wie Scheiben- oder Krustenanemonen, im Aquarium hervorragend gedeihen und immer größer werden. Dann kann man Teile der Kolonie oder auch Teile eines Polypen mit einem scharfen Messer abschneiden und in einen schmalen Spalt im Dekorationsgestein klemmen. Dort setzt er sich meist schnell fest und wächst bald zu einer neuen Kolonie heran. Mit den verschiedensten Weich- und Lederkorallen kann man so verfahren.

Bei Korallenanemonen reicht es oft, wenn man einen einzelnen Polypen mit einem Stäbchen auf einen anderen Stein abdrängt. Dort teilt er sich bei entsprechender Beleuchtung nach einiger Zeit und überzieht auch bald diesen Stein. Inzwischen züchten erfahrene Aquarianer und Profis sogar die früher als empfindlich bezeichneten *Xenia*-Korallen in so großem Stil nach, daß laufend Tiere aus den Zuchtbecken für den Verkauf oder Tausch entnommen werden können. Das gleiche gilt für einige Korallenanemonen und Lederkorallen.

Auch Steinkorallen werden von Spezialisten inzwischen nachgezüchtet und im Handel angeboten. Noch sind es einige wenige, die dies in größerem Stil tun, aber es werden mehr. Vielleicht können wir in Zukunft auf einen gewissen Teil der Importe sogar verzichten. Leider wird von den erfolgreichen Aquarianern immer noch zu wenig berichtet. Gerade diese Spezialisten aber sollten ihre Zuchterfolge in der Fachliteratur veröffentlichen. Nur so können die Erfolge in der Meerwasseraquaristik dokumentiert werden und Nachahmer finden.

Der Trend geht heutzutage aber auch dahin, daß sich die derzeitigen Importländer verstärkt um die Nachzucht von Aquarientieren bemühen. Dies bietet sich natürlich an, da diese Länder von den klimatischen und örtlichen Gegebenheiten her prädestiniert für solche Aufgaben sind. Es genügt dort die Entnahme geringer Mengen von Zuchtmaterial, um etwa Steinkorallen in großem Umfang zu vermehren. Dies ist sicher die für die Korallenriffe schonendste Methode.

191

Ein Aquarium wird eingerichtet

Rein systematisch betrachtet, müßte dieses Kapitel eigentlich viel weiter vorne in diesem Buch stehen. Die Plazierung an dieser Stelle hat aber einen guten Grund. Bevor man nämlich tatsächlich mit dem Aufstellen und Einrichten eines Beckens beginnt, sollten die bisherigen Kapitel bereits gelesen und verstanden sein.

Für den erfahrenen Meerwasseraquarianer, für den sicher einiges in diesem Buch ein „alter Hut" und nur noch Bestätigung dessen ist, was er ohnehin bereits weiß, ist dieses Kapitel natürlich nicht gedacht. Für den Anfänger mit wenig Erfahrung wird diese Zusammenstellung aber eine wertvolle Hilfe sein, eine Checkliste sozusagen, die bei der Einrichtung des ersten Meerwasseraquariums nützlich sein kann.

Der Unterschrank wird aufgestellt und ausgerichtet

Der Schrank wird an der gewünschten Stelle des Zimmers aufgestellt und dann mit der Wasserwaage ausgerichtet. Befindet sich ein Teppich oder Teppichboden unter dem Schrank, so wird dieser entweder ausgeschnitten oder der Schrank wird an dieser Stelle mit Leisten unterlegt. Ansonsten kann er sich nämlich, vor allem später, wenn das Aquarium gefüllt und schwer ist, ungleichmäßig in den weichen Untergrund eindrücken.

Wichtig: Schon jetzt müssen die Kabel für die Geräte gelegt werden, da bei gefülltem Aquarium nichts mehr umgestellt werden kann! Löcher für die Zu- und Ableitungen des Biofilters im Schrank anbringen!

Unterlage und Hintergrund anbringen

Auf den Unterschrank wird nun die Styropor- oder Neoprenunterlage gelegt und mit Doppelklebeband oder einigen Tropfen Kontaktkleber gegen Verrutschen gesichert. An dem noch auf dem Boden stehenden Aquarium wird die Hintergrundfolie angebracht. An der Oberkante des Beckens wird diese mit Silikonkleber oder wasserfestem Klebeband abgedichtet. Dadurch kann hier später kein Salz eindringen.

Becken aufstellen und ausrichten

Nun wird das Becken auf den Schrank gestellt und in seine endgültige Position geschoben. Wieder wird der Stand mit der Wasserwaage kontrolliert. Jetzt kann man das Becken zu einem Drittel mit Wasser auffüllen und, wenn notwendig, neu auswiegen (falls nötig, Leisten unterlegen). Das Becken muß jetzt exakt gerade stehen! Wasser am Schluß wieder ablassen.

Beleuchtung und technische Geräte anbringen

Als nächstes werden die Lampen über dem Aquarium aufgehängt. Wichtig ist, daß die Entfernung Lampe–Wasseroberfläche entsprechend der bereits im Kapitel „Beleuchtung" erwähnten Methode ermittelt wird. Die Entfernung ausmessen! Vor dem Befestigen der Lampe den Brenner oder die Röhren entfernen, falls doch etwas schiefgeht. Schnellfilter und Heizer kommen nun an ihren Platz. Immer daran denken, daß man später möglichst wenig davon se-

192

hen soll. Auch der Rieselfilter und der Abschäumer werden jetzt im Unterschrank oder am vorgesehenen Platz neben dem Aquarium installiert. Schläuche und Kabel sauber verlegen. Das erleichtert Wartung und Reinigung sowie Fehlerkontrolle.

Letzte Kontrolle des Standes

Das Becken muß jetzt vollständig gefüllt werden. Zur Sicherheit sollte man es ein bis zwei Tage stehen lassen. Dadurch wird das Becken gleichzeitig gewässert und von eventuellen Fremdkörpern gereinigt. Es wird ein letztes Mal ausgerichtet und eventuell leicht korrigiert.

Sand und Steine

Nun wird das Wasser wieder abgelassen, und die zurechtgeschnittene Plexiglasplatte wird auf dem Beckenboden verlegt. Die großen Steine werden zuerst aufgeschichtet und, wenn notwendig, verklebt oder verdübelt. Erst dann folgen die kleinen. Dabei nicht vergessen, daß nachher auch noch Lebende Steine, Korallen etc. untergebracht werden sollen. Also nur das „Grundgerüst" des Miniriffs aufbauen. Der Korallensand wird gleichmäßig eingeschüttet und verteilt (auch hinter die größeren Steine).

Wasser auffüllen und das Aquarium in Betrieb nehmen

Nun werden das Wasser eingefüllt und die Geräte eingeschaltet. Langsam kann man jetzt das Salz in mehreren Teilmengen in einem Eimer Wasser auflösen und das Ganze in die Strömung des Schnellfilters schütten. Sind etwa 80 % der vorher errechneten Menge (siehe Seite 71) aufgelöst, wird mit dem Dichtemesser kontrolliert (auf Eichtemperatur des Aräometers achten). Dann wird so lange aufgelöstes Salz nachgegeben und nachgemessen, bis etwa 1,025 am Aräometer abzulesen ist.

Die ersten Pflanzen und Tiere

Nach etwa zwei Wochen Einlaufzeit, einige Niedere Algen wachsen schon, können nun die ersten *Caulerpa*-Algen eingepflanzt werden. Man legt die Rhizome und Stolonen einfach auf die gewünschte Stelle und beschwert sie mit kleinen Steinchen oder Sand. Einige kleine Einsiedlerkrebse können ebenfalls eingesetzt werden.

Lebende Steine

Weitere zwei Wochen später können die ersten lebenden Steine eingebracht werden. Eventuell können nun ein paar harte Pfleglinge (Felsengarnelen, Schleimfische) dazugesetzt werden. Besser sollte man aber noch warten!

Erster Wasserwechsel

Nach einer weiteren Woche wird ein kleiner Teil (10 %) des Wassers gewechselt. Sollten bereits Niedere Algen absterben, kann man sie gleich absaugen. Während der Einlaufzeit werden alle Geräte, also auch Filter und Eiweißabschäumer, normal gewartet oder gereinigt, obwohl das Becken noch nicht voll besetzt ist.

Endgültiger Besatz

Einige Zeit später – je länger, desto besser – wird das Becken nach und nach mit den gewünschten Tieren und Pflanzen besetzt. Zur Sicherheit wird zwischendurch nochmals eine komplette Wasseranalyse gemacht (Nitrit, Ammonium, pH-Wert, Dichte, Temperatur). Erst wenn diese Analyse zufriedenstellend war, darf weiter eingekauft werden! Nicht die empfindlichen Tiere zuerst kaufen, sondern die bewährten und haltbaren. Nicht vergessen: Die Tiere so langsam wie möglich an das neue Wasser gewöhnen. Nicht sofort füttern. Die Tiere müssen sich erst an die neue Umgebung gewöhnen.

193

Das Aquarium im Urlaub

Natürlich gehen auch Aquarianer in Urlaub. Oft ist das Ziel eine Meeresküste, an der man einige Tiere für das Becken zu Hause fangen oder die Heimat der Pfleglinge mit Maske und Schnorchel erkunden will. Solch ein Urlaub muß aber gut vorbereitet sein.

Die Fütterung der meisten Tiere macht noch am wenigsten Probleme. Eine Woche können fast alle hungern, und mit Futterautomaten ist nicht einmal das nötig. Futterautomaten gibt es sowohl netzunabhängig mit einer Batterie, die viele Urlaubswochen ausreicht, oder auch als netzbetriebene Geräte für den Dauerbetrieb. Beide Varianten arbeiten sehr zuverlässig. Ideal sind Geräte mit mehreren Kammern. Dadurch kann man mit dem Futter besser abwechseln.

Empfindliche Bewohner, die vielleicht Lebendfutter oder Tiefgefrorenes benötigen, müssen aber von Hand gefüttert werden. Die Schwiegermutter und das Mädchen oder der Junge von Nebenan sollten also rechtzeitig und gründlich eingearbeitet werden. Auch das notwendige Reinigen des Abschäumers, auf jeden Fall aber des Schnellfilters darf nicht länger als eine Woche unterbleiben und muß einige Male geübt werden.

Das wichtigste ist aber sicher das alle zwei bis drei Tage notwendige Nachfüllen des verdunsteten Wassers. Wer über ein automatisches Nachfüllgerät verfügt, hat hier schon eine Sorge weniger, denn die Vorratsbehälter halten, je nach Größe, bis zu zwei Wochen. Erst danach muß wieder nachgefüllt werden – für weitere zwei Wochen!

Zur Sicherheit und für Notfälle sollte stets die Telefonnummer eines befreundeten Seewasseraquarianers oder des Zoofachhändlers bereitliegen. Sicher ist sicher.

Beobachtungen im Aquarium

Keine Frage, die Aquaristik ist ein spannendes und interessantes Hobby. Kaum irgendwo hat man die Möglichkeit, so intensiv zu beobachten und Verhaltensweisen von Tieren zu studieren, wie vor einem Aquarium. Vor allem in Wirbellosenbecken ist ständig etwas los. Wer hier die Zeit aufbringt, und die muß man haben, soll die Aquaristik sinnvoll sein, der erlebt täglich neue Abenteuer.

Die Beobachtungen haben aber nicht nur einen ideellen Wert, sondern sind darüber hinaus auch für andere Aquarianer, möglicherweise sogar für die Wissenschaft interessant. Daher sollte jeder Aquarianer über seine Beobachtungen Buch führen. Eine Liste hilft hierbei (Abbildung Seite 196). Hier können die Beobachtungen gezielt und vollständig eingetragen werden. Mit der Zeit bekommt man dann ein umfassendes Bild von den einzelnen Lebenwesen, die man in seinem Aquarium pflegt.

Interessant sind in diesem Zusammenhang nicht nur die Fragen der Fortpflanzung, des Sozialverhaltens oder der besonderen Futteransprüche, sondern auch so (scheinbar) banale Dinge, wie etwa die Lebensdauer, die von vielen Wirbellosen völlig unbekannt ist.

Immer wieder vergessen wird das Beobachten des Aquariums bei Nacht. Tatsächlich unterliegt eine Aquarienbesatzung den gleichen ausgeprägten Tages- und Nachtrhythmen wie die Tiere in einem Korallenriff. Vor allem die vielen Crustaceen, allen voran einige Garnelen und Seespinnen, sind auch im Aquarium zumindest in den ersten Wochen wie in der Natur nachtaktiv und können daher kaum vor 22 Uhr beobachtet werden. Den gesamten Tag über verstecken sie sich in der Dekoration.

Ohnehin sind manche Aquarianer aufs höchste erstaunt, wenn sie um 23 Uhr mit der Taschenlampe in ihr Meerwasserbecken leuchten. Da spazieren plötzlich bisher unbekannte Schnecken über die Algen, eine Seespinne, bislang nicht im Becken vermutet, kriecht über einen Korallenstock und ein Knallkrebs, durch seine schußähnlichen Lautäußerungen bisher bereits im Aquarium vermutet, aber nie beobachtet, bewegt sich ungeniert über den Sandboden.

Die Aquarienbeobachtung bei Nacht ist also ein unbedingtes Muß für jeden ernsthaften Seewasseraquarianer. Eine Taschenlampe und die nötige Geduld genügen, um in diese unbekannte Welt einzudringen.

Einem versierten Taucher braucht man diese Information nicht erst zu geben. Er weiß aus Erfahrung, daß Nachttauchgänge im Riff, und unsere Aquarien sind ja ein – wenn auch kleines – Spiegelbild davon, zum schönsten gehören, das Taucher erleben können.

Beispiel einer Beobachtungsliste.

Art: *Lysmata amboinensis* (Zwitter)	Kaufdatum:
Gehalten bis:	Verlustursache:

Beobachtungen:

19.4.   1. Häutung und bereits Eier sichtbar.

3. 5.   Alle Larven weg. Einzelne im Filter gefunden.

} Entwicklungszeit 14 Tage

4. 5.   2. Häutung - Eier sichtbar

21. 5.   Larven wieder entlassen, einige gefangen.

} Entwicklungszeit 14 Tage

Kurz vor dem Entlassen der Larven keine Nahrungsaufnahme mehr (wahrscheinlich, weil dann auch die nächste Häutung bevorsteht).
Die Pleopoden werden weit abgespreizt, dann werden die Larven regelrecht ins Wasser geschleudert. Die Larven sinken zunächst ab. Unbedingt Aufzucht versuchen!

196

Einige beispielhafte Aquarien

Die folgenden Beispiele für Meerwasseraquarien sind Anregungen, wie Becken aussehen könnten. Sie sollen vor allem dem Anfänger eine Vorstellung davon geben, welche Gerätekombinationen und Artenzusammenstellungen möglich sind. Selbstverständlich können die Geräte und die Maße variiert oder auch gegen entsprechende gleichwertige andere Fabrikate ausgetauscht werden.

Mittelmeeraquarium mit Tieren aus dem Flachwasser der Felsenküste

Anfängerbecken

Becken
120 cm × 40 cm × 50 cm (L × B × H); 240 l
mit 15 cm breiter Sichtblende aus kunststoffbeschichtetem Holz (keine Abdeckung)

Technik
1 Kraftabschäumer
1 Schnellfilter (ca. 1000 l/h)
2 × 80-W-HQL-Lampen
1 Regelheizer 150 W

Einrichtung
10 kg Foraminiferensand mit 5 kg mittelgrobem Korallenschutt gemischt
Aufbauten aus Kalktuff lose übereinandergebaut.

Besatz
8 faustgroße Lebende Steine aus dem Mittelmeer
4 Mittelmeerschleimfische (*Blennius incognitus*)
4 Wachsrosen (*Anemone sulcata*)
4 Pferdeaktinien (*Actinia equina*)
2 Fünfeckseesterne (*Asterina gibbosa*)
4 Schlangensterne (*Ophioderma longicaudum*)
5 verschiedene kleine Einsiedlerkrebse
4 Putzergarnelen (*Lysmata seticaudata*)
5 Felsengarnelen (*Palaemon serratus*)
mehrere mit den Lebenden Steinen eingeschleppte Pistolenkrebse (*Alpheus* sp.)
mehrere kleine Schlammschnecken
2 Napfschnecken (*Patella caerulea*)
4 Seeigel (*Paracentrotus lividus* oder *Arbacia lixula*)

Bepflanzung
Caulerpa prolifera (im Sandboden verankern)

Daten
Die Temperatur wird mit dem Heizer im Winter konstant auf etwa 18 °C gehalten, um einigermaßen gleichmäßige Verhältnisse zu erreichen. Im Sommer kann die Temperatur maximal und nur kurzzeitig bis auf 26 °C ansteigen. Erwärmt sich das Wasser noch stärker, so müssen die Beleuchtung ausgeschaltet und der Raum abgedunkelt werden (siehe Kapitel Heizung). Die hier gepflegten Arten werden allerdings in der Natur durchaus mit solchen Temperaturen konfrontiert und überstehen diese für kurze Zeit problemlos.

Gefüttert werden die verschiedenen Seeanemonen gezielt alle drei Tage. Ansonsten wird täglich ein- bis zweimal abwechselnd Trocken- und Gefrierfutter gegeben. Da auf eine biologisch wirksame Zusatzfilterung verzichtet wird, ist der regelmäßige Wasserwechsel besonders wichtig. Das frisch angesetzte Wasser sollte aber möglichst einige Tage belüftet stehen bleiben, da es sonst zu aggressiv ist. Man kann dies umgehen, wenn man nur sehr kleine Mengen (maximal 5 l) auf einmal austauscht.

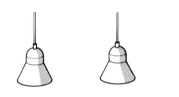

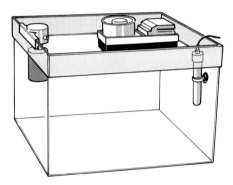

Kommentar
Es sollte versucht werden, *Caulerpa prolifera* anzusiedeln. Auch die Ansiedlung anderer Algenarten sollte ausprobiert werden. Sollten sich die Seeigel an langsam wachsenden Arten vergreifen, so müssen sie entfernt werden (oder man verzichtet auf die entsprechenden Algen). Die *Caulerpa*-Arten werden in der Regel von Seeigeln nur leicht angefressen. Sinnvoll ist es, die Seeigel erst anzuschaffen, wenn sich die Algen gut vermehrt haben. Leichte Fraßschäden schaden dann den Algen kaum, im Gegenteil, sie werden dadurch an zu starker Ausbreitung gehindert.

Mittelmeeraquarium mit Tieren aus dem tieferen Wasser

Geeignet für Aquarianer mit längerer Seewassererfahrung

Beckengröße
120 cm × 40 cm × 50 cm; 240 l
ohne Abdeckung, mit Sichtblende

Technik
1 membranpumpenbetriebener Innenabschäumer
1 Schnellfilter 1000–2000 l/h
1 Leuchtstoffröhre über die ganze Beckenlänge (Lichtfarbe blau)
1 Kühlaggregat

Einrichtung
10 kg Foraminiferensand oder Korallengrus fein
Aufbauten aus Kalktuff oder lebenden Steinen

Besatz
einige lebende Steine
2–3 Gorgonienfächer
  (*Eunicella cavolinii*)
mehrere Steinstücke mit gelben Krustenanemonen (*Parazoanthus axinellae*)
  (ohne Schwämme!)
2 Röhrenwürmer (*Spirographis spallanzani*)
1 Scherengarnele (*Stenopus spinosus*)
einige winzige Einsiedler (beispielsweise *Cestopagurus*)
3–4 Spitzkopfschleimfische (*Tripterygion minor*)
2 Gestreifte Schleimfische (*Blennius rouxi*)
mehrere Schlangensterne
1–2 Purpursterne (*Echinaster sepositus*)

Bepflanzung
langsam wachsende Rotalgen, eventuell *Halimeda*

keine *Caulerpa*-Arten, da die Beleuchtung zu schwach ist

Daten

Die Temperatur darf nie über 18 °C steigen, ideal sind 14 bis16 °C. Die Beleuchtungsfarben der Leuchtstoffröhren sollten ins Blaue tendieren, um die Tiefe des Biotops zu simulieren. Gefüttert wird vor allem mit Ersatzplankton, lebenden *Artemia*-Nauplien, gefrorenen *Mysis* und Bosminiden.

Kommentar

Die Beleuchtungsstärke wird so schwach gewählt, da die meisten der Tiere aus größeren Tiefen stammen und auf keinen Fall veralgen dürfen. Bei *Eunicella singularis* darf etwas stärker beleuchtet werden, so daß Algen noch wachsen können, da sie auch in der Natur schon ab etwa 10 m Tiefe vorkommt und Zooxanthellen aufweist.

Die Rote Gorgonie (*Paramuricea clavata*) darf nur noch schwach beleuchtet werden. Sie lebt im Schatten der Felswände ab mindestens 25 m Tiefe. Direkt gefüttert werden nur die Gorgonien und die Krustenanemonen, alle anderen Insassen leben von den Resten. Keine untergetaucht betriebenen Pumpen verwenden, sie heizen das Wasser nur auf. Das gleiche gilt in noch größerem Maße für HQL- und HQI-Strahler. Das Kühlaggregat muß so untergebracht werden, daß die entstehende Abwärme problemlos abziehen kann.

Mittelmeeraquarium mit Tieren aus dem Flachwasser

Geeignet für Anfänger

Beckengröße

120–150 cm × 50 cm × 50 cm; 200–300 l
mit 20 cm hohem Rand aus kunststoffbeschichtetem Holz oder einer Abdeckung aus Glas oder Kunststoffstegplatten

Technik

1 komplettes Filtersystem mit Abschäumer, Schnellfilter und eventuell mit Biofilter und Nachfüllautomatik für verdunstetes Wasser
2–3 Leuchtstoffröhren über die gesamte Beckenlänge
1 Regelheizer 200 W

Einrichtung

Wie bei vorigem Beispiel. Für die Lippfische muß eine mindestens 8–10 cm dicke Sandschicht vorhanden sein (nur ein Teil des Beckens). Für die Drachenköpfe werden einige Versteckplätze benötigt. Einige übereinander gestellte Steinbrocken reichen aus. Lebende Steine sind nicht notwendig, schaden aber keineswegs.

Besatz

1–2 Drachenköpfe (*Scorpaena porcus*)
1 Einsiedlerkrebs (*Dardanus arrosor* oder ähnliche)
2–3 große Schleimfische (etwa *Blennius pavo*)
2–3 Meerjunker (*Coris julis*)
einige Pferdeaktinien (*Actinia equina*) oder Wachsrosen (*Anemone sulcata*)

Bepflanzung
Caulerpa prolifera

199

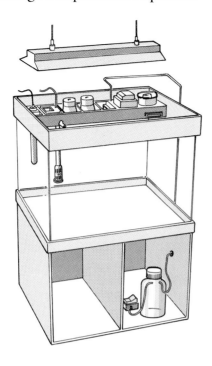

Aquarium mit tropischen Aktinien und Clownfischen

Für Anfänger und Fortgeschrittene

Beckengröße
120 × 40 × 50; 200 l
mit oder ohne Abdeckung

Technik
1 Eiweißabschäumer
1 Topffilter, mindestens 600 l/h
1 Strömungspumpe
2 × 70-W-HQI-Lampen
1 Regelheizer 150 W

Einrichtung
10 kg Biofora-Foraminiferensand mit 6 kg
mittelgrobem Korallengrus gemischt
Aufbau aus Kalktuff und gut strukturierten Lebenden Steinen (zum Festsetzen für
die Aktinien und als Ablaichsteine)

Besatz
2–3 Riffanemonen (*Stoichactis,
Heteractis* oder ähnliche)
5 junge Clownfische (*Amphiprion ocellaris*)
einige kleine Einsiedlerkrebse
2 Putzergarnelen (*Lysmata amboinensis*)

Bepflanzung
Caulerpa sertularoides

Daten
Temperatur konstant 24–26 °C. Es schadet nicht, wenn sie im Sommer kurzfristig
noch höher steigt. Über 30 °C werden
aber höchstens kurzfristig vertragen. In
diesem Fall Lampen aus, Fensterläden
tagsüber schließen, nachts gut lüften.
Anemonen und Fische sollten erst ins
Becken kommen, wenn die *Caulerpa* gut
angewachsen sind. Dann folgen die Riffanemonen. Haben sich diese festgesetzt,
werden die Clownfische angeschafft.

Daten
Der Heizer wird nur im Winter benötigt
(maximal auf 18 °C einstellen). Für Wohnungen, die sich im Sommer stark aufheizen, nicht geeignet (etwa Dachwohnungen). Hier ist dann ein Kühlaggregat notwendig. Die Algen kann man ruhig kräftig
wuchern lassen. Lediglich die Wachsrosen
müssen durch Auslichten freigehalten
werden. Gefüttert wird mit gefrorenen
Sandgarnelen, Futtertabletten, *Mysis*
(Anemonen und Lippfische). Ab und zu
erhalten die Drachenköpfe einen gefrorenen Kleinfisch. Nur beim Eingewöhnen
muß Lebendfutter gereicht werden. Wichtig sind, wie immer, Abwechslung und
sparsames Füttern. Der Einsiedler braucht
einige leere Schneckenhäuschen (größere
als das bisherige) zur Auswahl. Die Abdeckung wird benötigt, da die Drachenköpfe und auch manche Schleimfische gerne springen (vor allem im Sommer, wenn das Wasser wärmer wird).

200

Amphiprion ocellaris wurde wegen der geringen Größe und der Robustheit ausgewählt. Natürlich eignen sich auch andere Arten (je nach Beckengröße). Die Anemonen dürfen nicht zu klein gewählt werden, da sie sonst von den Fischen zu sehr in Mitleidenschaft gezogen werden. Besser ein Exemplar mehr als eines zu wenig. Wichtig ist vor allem die kräftige Beleuchtung (Zooxanthellen) der Riffanemonen.

Fütterung

möglichst abwechslungsreich mit gefrorenen *Mysis*, *Artemia*, zerkleinerten Sandgarnelen, Flocken- und Tablettenfutter. Bei der gezielten Fütterung der Anemonen erhalten die Clownfische in der Regel genug Nahrung, so daß sich eine Zusatzfütterung erübrigt. Hat sich ein Paar gefunden, kann man auch an eine Vermehrung denken (siehe Seite 187).

Aquarium mit verschiedenen tropischen Wirbellosen

Becken für Anfänger und Fortgeschrittene

Beckengröße

120 cm × 40 cm × 50 cm, 240 l mit oder ohne Abdeckung, aber mit Sichtblende

Technik

komplett im Unterschrank eingebaut
1 Kraftabschäumer
1 Schnellfilter
1 Biofilter
1 × 150-W-HQI-Lampe
1 Regelheizer 150 W

Einrichtung

10 kg Biofora-Foraminiferensand mit 5 kg mittelgrobem Korallengrus gemischt
Aufbauten aus Kalktuff oder anderem Kalkgestein

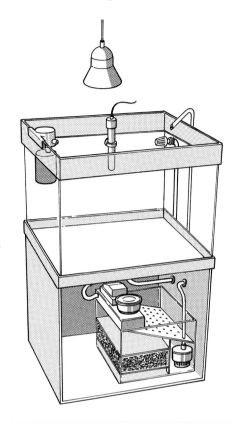

Besatz

mehrere Lebende Steine
mehrere Scheibenanemonen (*Actinodiscus*)
mehrere verschiedene Krustenanemonen
   (*Zoanthus*, *Protopalythoa*)
mehrere Röhrenwürmer (*Sabellastarte*
   indica oder *S. magnifica*)
mehrere Garnelen (beispielsweise *Lysmata amboinensis*, *L. debelius*)
1 Scherengarnele (*Stenopus hispidus*)

Für Anfänger

mindestens 5 besser 10 grüne Demoisellen (*Chromis caerulea*)

Für Fortgeschrittene

beliebige Auswahl siehe Kapitel Fische

Bepflanzung

Caulerpa sertularoides und mit der Zeit auch andere Algenarten

201

Daten

Temperatur zwischen 23 und 26 °C. Die Krustenanemonen und Scheibenanemonen brauchen viel Licht, dürfen aber nicht veralgen. Rund um diese Tiere muß *Caulerpa* ständig ausgelichtet werden. Bei guter Beleuchtung brauchen die Scheibenanemonen nicht gefüttert zu werden. Gelegentlich sollte man aber die Krustenanemonen mit Bosminiden oder *Artemia* füttern. Der Wirbellosenbestand kann nach und nach auch durch empfindlichere Arten (etwa *Xenia*) ergänzt werden.

Aquarium mit verschiedenen tropischen Wirbellosen und Fischen

Becken für Fortgeschrittene

Beckengröße

sechseckiges Panoramabecken mit etwa 450 l Inhalt, Geräte und Filter im Unterschrank
15 cm hohe Sichtblende aus kunststoffüberzogenem Holz oder Kunststoffplatten Bohrungen für Filterstation im Unterschrank berücksichtigen!

Technik

1 Unterschrank-Filterstation (Eiweißabschäumer und Nitrat- oder Rieselfilter)
1 Schnellfilter (Eheim, Tunze)
1 Strömungspumpe
1 × 150-W-HQI-Lampe und 1–2 blaue Leuchtstoffröhren
1 Niedervolt-Regelheizer im Unterschrankbehälter

Einrichtung

15 kg Biofora-Foraminiferensand mit 7 kg mittelgrobem Korallengrus gemischt
Aufbauten aus Kalktuff oder Sandstein

Besatz

möglichst viele Lebende Steine
entweder eine Sammlung verschiedener Krustenanemonen, Scheibenanemonen, Weichkorallen, Röhrenwürmer, nichträuberischer Seesterne (beispielsweise *Linckia*), Seeigel (etwa *Echinometra mathaei*), die mit zarten Fischen (kleine Riffbarsche, Schläfergrundeln, Fahnenbarsche, Mandarinfische) vergesellschaftet werden können
oder mehrere Aktinien (räumlich weit voneinander getrennt)
mehrere kleinere und größere Fische
1 oder 2 Putzerfische
kleine bis mittelgroße Einsiedlerkrebse
1 oder 2 Seeigel (keine räuberischen Arten)
1 Scherengarnele (*Stenopus hispidus*)

Bepflanzung

Caulerpa sertularoides und möglichst viele andere Algenarten

Daten

Die HQI-Leuchte sollte lediglich acht bis zehn Stunden täglich eingesetzt werden, während die Leuchtstoffröhren bis zu 14 Stunden eingeschaltet bleiben dürfen (getrennte Schaltuhren). Temperatur 23–26 °C. Gefüttert werden muß gezielt und abwechslungsreich. Das Algenwachstum ist zwar wichtig, darf aber auch nicht überhandnehmen (auslichten). Ein Doktorfisch, etwa ein Gelber Hawaiiseebader, hilft hierbei. Dieses Becken erfordert schon recht viel Erfahrung. Ein Tip: Mit den Algen und einigen wenigen Tieren anfangen. Erst nach einiger Zeit einzelne Neulinge zusetzen. Genau beobachten. Die Pflegehinweise im Kapitel „Tiere im Meerwasseraquarium" beachten. Ein einziger großer Räuber im Becken kann die gesamte Lebensgemeinschaft zum Zusammenbrechen bringen. Weniger ist hier immer mehr!

202

Literaturverzeichnis

ARNBERGER, E., & H. (1988): Die tropischen Inseln des Indischen und Pazifischen Ozeans. Verlag Franz Deuticke, Wien.

ALLEN, G. R. (1978): Die Anemonenfische. Mergus Verlag, Melle.

BAENSCH, H. A. (1986): Neue Meerwasser-Praxis. Tetra-Verlag, Melle.

– & H. Debelius (1992): Meerwasseratlas. Mergus Verlag, Melle.

BAUMEISTER, W. (1993): Farbatlas Meeresfauna. Rotes Meer, Indischer Ozean. Niedere Tiere. Verlag Eugen Ulmer, Stuttgart.

BREMER, H. (1997): Aquarienfische gesund ernähren. Verlag Eugen Ulmer, Stuttgart.

CAMPBELL, A. C. (1983): Was lebt im Mittelmeer. Franckh'sche Verlagshandlung, Stuttgart.

CARCASSON, R. H. (1977): Coral Reef Fishes of the Indian and West Pacific Oceans. William Collins Sons & Co Ltd, Glasgow.

COLEMAN, N. (1981): Marine Life of South-Eastern Australia. Rigby Publishers Limited, Adelaide.

DATZ, Die Aquarien- und Terrarien-Zeitschrift. Verlag Eugen Ulmer, Stuttgart.

DEBELIUS, H. (1989): Gepanzerte Meeresritter. Verlag Eugen Ulmer, Stuttgart.

– (1989): Fische als Partner Niederer Tiere. Verlag Eugen Ulmer, Stuttgart.

GÖTHEL, H. (1994): Farbatlas Meeresfauna. Rotes Meer, Indischer Ozean. Fische. Verlag Eugen Ulmer, Stuttgart.

GRZIMEK, B. (Hrsg.) (1979): Grzimeks Tierleben, Band 1: Niedere Tiere.

Deutscher Taschenbuch Verlag, München.

– (1979): Grizmeks Tierleben, Band 3: Weichtiere und Stachelhäuter. Deutscher Taschenbuch Verlag, München.

GROSSKOPF, J. (1996): Das Korallenriff im Wohnzimmer. 2. Auflage. Florauna Buchvertrieb, Nürnberg.

GUILLE, A., P. LABOUTE & J. L. MENOU (1986): Guide des étoiles de mer, oursins et autres échinodermes du lagon de Nouvelle-Calédonie. Éditions de l'ORstom, Paris.

KAPLAN, E. H. (1982): A field guide to Coral reefs of the Caribbean and Florida including Bermuda and the Bahamas. Houghton Mifflin Company, Boston.

KIPPER, H. E. (1986): Das optimale Meerwasseraquarium. Aquadocumenta Verlag, Bielefeld.

MARSHALL, N. B. (1965): Das Leben der Fische, Band I & II. Editions Recontre, Lausanne.

McKERROW, W. S. (1981): Palökologie. Franckh'sche Verlagshandlung, Stuttgart.

NYBAKKEN, J. W. (1997): Marine Biology. An Ecolocial Approach. 4. Auflage. Addison-Wesley Educational Publishers Inc., Reading.

OTT, J. (1988): Meereskunde. Verlag Eugen Ulmer, Stuttgart.

PATZNER, R. A. (1989): Meeresbiologie. Verlag Stephanie Naglschmid, Stuttgart.

– & H. DEBELIUS (1984): Partnerschaft im Meer. Engelbert Pfriem Verlag, Wuppertal.

Literaturverzeichnis

PROBST, K., & J. LANGE (1975): Das große Buch der Meeresaquaristik. Verlag Eugen Ulmer, Stuttgart.

RANDALL, J. E. (1983): Caribbean Reef Fishes. T. F. H. Publications, Neptune City.

RIEDL, R. (1983): Fauna und Flora des Mittelmeeres. Verlag Paul Parey, Hamburg und Berlin.

SCHMID, P. (1985): Gefahr erkannt, Gefahr gebannt. Verlag Stephanie Naglschmid, Stuttgart.

–, W. BAUMEISTER & K. KÖHLER (1985): Exkursionsberichte Mittelmeer. Verlag Stephanie Naglschmid, Stuttgart.

–, U. KULL & K. KÖHLER (1980, 1981, 1983): Eilat und das Riff, Band 1 bis Band 3. Arbeiten und Mitteilungen aus dem biologischen Institut der Universität Stuttgart.

SCHUHMACHER, H. (1976): Korallenriffe. BLV-Verlagsgesellschaft, München.

SELZLE, H., & J. LEMKEMEYER (1985): Moderne Meerwasseraquaristik. Selzle Labortechnik, Taufkirchen.

SMITH, J. E., R. B. CLARK, G. CHAPMANN & J. D. CARTHY (1971): Die Wirbellosen Tiere. Editions Recontre, Lausanne.

TAIT, R. V. (1971): Meeresökologie. Georg Thieme Verlag, Stuttgart.

TALBOT, F., & R. STEENE (1987): The Reader's Digest Book of the Great Barrier Reef. Reader's Digest, Sydney.

TARDENT, P. (1979): Meeresbiologie. Georg Thieme Verlag, Stuttgart.

VALENTIN, C. (1986): Faszinierende Unterwasserwelt des Mittelmeeres. Pacini Editore, Pisa.

Verschiedene Autoren: Tunze-Beiträge zur Aquaristik. Tunze Aquaristik, Penzberg.

WILKENS, P. (1973): Niedere Tiere im tropischen Seewasseraquarium. Engelbert Pfriem Verlag, Wuppertal.

– (1980): Niedere Tiere im tropischen Seewasseraquarium. Engelbert Pfriem Verlag, Wuppertal.

– & J. Birkholz (1986): Niedere Tiere, Röhren-, Leder- und Hornkorallen. Engelbert Pfriem Verlag, Wuppertal.

Bildquellen

Alle Fotos stammen, wenn nicht anders vermerkt, vom Autor.

Folgende Zeichnungen fertigte Helmuth Flubacher, Waiblingen, nach Vorlagen des Autors an: Seite 11, 12, 13, 15, 17 oben, 24, 26, 29, 41, 42, 57, 85, 86, 90, 92, 93, 96, 97, 98, 99, 100, 101, 106, 107, 110 links, 111 oben, 175, 187, 198, 200, 201. Alle anderen Zeichnungen stammen vom Autor.

Register

Register

209

Register

Register

213

Welke bietet Meer

Willkommen in der faszinierenden Welt der Meeresaquaristik. Planen und realisieren Sie gemeinsam mit uns Ihr Traumaquarium. Wir verfügen über eine große Erfahrung, von der Anlageberatung bis zur speziellen Problemlösung.

Bei uns sind Sie in guten Händen. Die von uns realisierten Meerwasseraquarienanlagen werden höchsten Ansprüchen gerecht. Damit Sie von Anfang an viel Freude haben.

Duisburg
Herr Lehde, 34 Jahre. Bei Mega Pet seit der ersten Stunde. Meerwasseraquarianer aus Leidenschaft. Die Wissensgebiete Fische, Wirbellose und Technik beherrscht er wie kaum ein anderer. Auf einer Fläche von mehr als 400 qm präsentieren wir Ihnen zwei 4.000 Liter-Aquarien für Wirbellose und für Lebendgestein sowie weitere 40 Aquarien für Korallenfische. Zusammen 25.000 Liter. Ein Wahnsinnserlebnis! Unser 4.500-Liter-Korallenriff-Schauaquarium wird Sie begeistern. Hier können Sie sich von der Faszination Meerwasseraquaristik überzeugen.

Köln
Herr Vennewald, 40 Jahre. Seit 17 Jahren in unserem Unternehmen. Der Techniker, dem keine Herausforderung zu groß ist oder zu kompliziert sein kann. In Europas größten Zoofachmarkt präsentieren wir Ihnen auf 4.000 qm alles rund ums Tier. Nach der Neueröffnung können wir Ihnen bei einem Gesamtvolumen von 15.000 Liter Meerwasser ein großes Sortiment Korallenfische und Wirbellose anbieten sowie das gesamte Zubehör. Erleben Sie auch hier ein 3 m-Korallenriff-Schauaquarium.

Lünen
Herr Hartl, 29 Jahre. Bei uns seit 8 Jahren. Beherrscht alle Wissensgebiete der Meerwasseraquaristik. Weiterbildung im Urlaub als aktiver Taucher in tropischen Meeren. In Lünen erwartet Sie ebenfalls eine Riesenauswahl ausgesuchter Qualitätsprodukte zu günstigen Preisen. Nahezu wöchentlich erhalten wir neue Importe aus allen Fanggebieten. Vertrauen Sie unserer langjährigen Erfahrung, welche wir an unserem 2.500 Liter-Schauaquarium demonstrieren.

Besuchen Sie uns im Internet!
http://www.zoocenter.de
EmailAdresse: welke@zoocenter.de

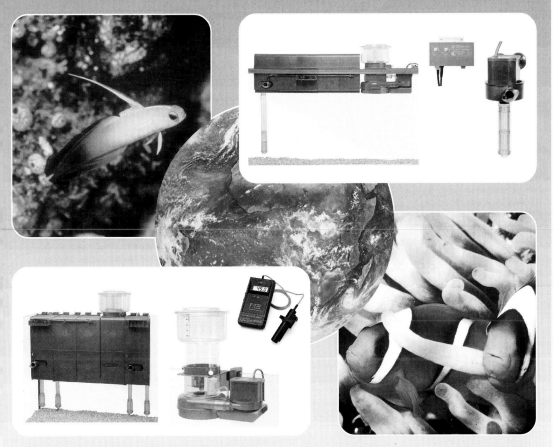